BUSINESS
&
LAW

法商实务系列

企业法律顾问

张扬律师团队

专注企业法律服务

HR 高效解决方案

法律风险防范与证据指引

张扬 ◎著

中国法制出版社
CHINA LEGAL PUBLISHING HOUSE

序

公司治理、商业经营、人力资源，这是笔者服务企业、担任企业法律顾问主要处理的三大领域。人力资源管理涉及公司内部人员管理问题，无论市场经济情况如何，这部分都是重头戏。经济好的时候涉及招聘和用工的管理，而经济不景气时则涉及大量的调岗、降薪以及解雇裁员的工作。无论任何性质的企业，劳动用工的成本在企业经营成本中占据很大的比例。如何在避免劳动纠纷的同时减少用工成本，在合法用工的同时达到劳资关系的和谐，是目前许多企业管理者非常注重的问题。笔者服务的顾问单位中有许多较大型的国有及外资知名企业，企业的负责人都非常注重劳动用工法律问题。劳动法律方面的咨询，几乎占了法律顾问总咨询量的一半。一家港资企业曾希望聘请笔者的团队担任法律顾问，该企业负责人第一次见面时向笔者询问的一个问题就是："律师，你是否熟悉劳动与雇佣方面的法律？是否有代表企业办理劳动纠纷案件的经验？"

"十打九输""总是败诉"是许多企业面临劳动纠纷时的感受。笔者认为，企业在劳动纠纷诉讼中败诉的主要原因在于：（1）企业使用的劳动用工文件和表单不符合法律规范。（2）企业在处理与员工关系的过程中缺乏风险防范意识。对于企业法律顾问来说，其职责包含对公司劳动合同、保密协议等文件的草拟、审查，以及对公司与员工关系处理问题（如调岗、减薪、辞退等）的方案设计、代理公司出庭应诉等。笔者的感触是，一位谙熟劳动法律以及劳动争议纠纷审判规则的法律顾问，对维护企业的合法权益，保持企业团队精神和鼓舞士气有着相当重要的作用。

本书是笔者结合团队多年来的劳动用工办案经验和研究成果，以法院公布和笔者团队实际经办的劳动纠纷案例为基础，为企业分析员工入职、在职、离职三大环节中的常见法律风险，提醒企业在每一个风险点上应该采取怎样的风险防范措施。企业 HR 可以在了解基本的法律规定的基础上，从本书的风险提示、证据指引和应对方案中发现企业存在的类似问题并找到解决方法。在此需要特别说明的是，因篇幅所限及内容具有一定的概括性，书中所提观点并不能当具体个案的法律意见来作援引。

本书之所以能够出版，首先要感谢中国法制出版社王佩琳和林林两位编辑所付出的辛劳。除此之外，还要感谢笔者团队的每一位小伙伴，是她们在日常协助笔者服务企业、办理案件的过程中总结经验、汇总案例、研讨企业应对方案，才有了今天笔者的这份成果。本书的内容具有很强的实操性和可读性，与团队成员的努力工作密不可分。律师这个职业充满魅力，做律师、做好律师，需要不断努力和坚持，所以最后笔者要感谢上天赐予的好运气，以及家人的关爱、体谅与支持。笔者才疏学浅，书中难免存在疏漏之处，读者在阅读本书的过程中，如有相关建议或批评意见，敬请不吝指正。

张扬

二〇一九年四月于广州

目　录

绪 论

自从2008年《劳动合同法》实施以来，随着劳动关系复杂程度的增加以及劳动者维权意识的提高，劳动争议案件数量居高不下。对法院近年来审理的劳动争议案件进行汇总可以发现，企业在劳动争议中反而是“弱势群体”，尤其是在劳动者作为原告的情况下，企业的完全胜诉率仅有10%左右。笔者在对服务企业提供法律顾问工作的过程中，通过接触大量的劳动人事争议纠纷案件，认为在司法实践中，劳动法律的适用存在以下特点：（1）法律制定较倾向劳动者；（2）法律条文繁杂；（3）劳动仲裁只是前置程序，司法程序才是最终裁判；（4）司法审判受不同时期政治和经济环境的影响。笔者认为，由于劳动法本身就是一个倾斜性的立法，如果企业没有守法、合规的意识，人力资源管理存在漏洞，那么企业在劳动争议案件中就会处于非常被动的地位。

一、法律制定较倾向劳动者

由于企业在经济实力和管理角色上均处于强势地位，劳动者往往是受管理、被“欺负”的弱势一方，所以立法倾向保护劳动者是国际上普遍通行的做法，也是我国《劳动合同法》立法宗旨之一[①]。在我国的劳动法律法规中存在着大量的强制性规范，对企业方规定了较多法律义务，主要表现

① 《劳动合同法》第一条规定：为了完善劳动合同制度，明确劳动合同双方当事人的权利和义务，保护劳动者的合法权益，构建和发展和谐稳定的劳动关系，制定本法。

在以下方面：

1. 在劳动合同的订立方面，用人单位必须在用工之日起一个月内与劳动者订立书面劳动合同，否则用人单位将会承担支付双倍工资甚至视同订立无固定期限劳动合同的风险。

2. 在规章制度的制定方面，对于直接涉及劳动者切身利益的规章制度或者重大事项，如果用人单位未经民主程序制定或者制定后未予以公示，那么在日后出现劳动争议时，劳动人事争议仲裁委员会或法院很可能会认定其无效。

3. 在劳动关系的解除方面，员工跳槽比较容易，只要提前通知用人单位就可以了；企业则不能无理由解除劳动关系，否则就要承担支付高额的经济补偿金或赔偿金的义务。

此外，在劳动争议案件的处理中，举证责任倒置是公司的一个“紧箍咒”。《最高人民法院关于审理劳动争议案件适用法律若干问题的解释》第十三条规定，“因用人单位作出的开除、除名、辞退、解除劳动合同、减少劳动报酬、计算劳动者工作年限等决定而发生的劳动争议，用人单位负举证责任”，而根据各地法院公布的劳动争议白皮书来看，这几个方面都是占比较大的劳动争议原因，如果用人单位处理不当，就要承担“举证不能”的后果。例如，北京市第二中级人民法院审理的一宗公司因为生产经营发生严重困难要与员工解除劳动合同的案件，因为公司无法举证证明自己存在生产经营困难而败诉，在该案（2017）京 02 民终 9274 号判决书中，法院指出：“依据法律规定，在用人单位的生产经营发生严重困难或者其他因劳动合同订立时所依据的客观经济情况发生重大变化，致使劳动合同无法继续履行时，用人单位在履行法定程序以后可以解除与劳动者之间的劳动合同，但用人单位应当提交充分证据证明其解除行为符合上述情形，否则应当承担举证不能的不利后果。”

二、法律条文繁杂

1995 年 1 月 1 日起实施的《劳动法》是我国劳动法律体系中的基本法，

20多年来，在适应社会经济发展需要的基础上，我国的立法机构又制定和颁布了一大批劳动法律、法规，如《劳动合同法》《女职工劳动保护特别规定》《劳务派遣暂行规定》等。除此之外，各省、各市甚至各区还有很多地方性的规章制度以及政策。广东省劳动人事争议仲裁院在2010年汇编的《劳动人事争议处理法规政策大全》，整理了全国适用的劳动法律法规、司法解释，以及仅限于广东地区适用的与劳动用工相关的地方性规章和政策制度，其他非广东地区均未涉及，即便如此，整本书也有1503页之多。笔者认为，没有任何一个领域的法律法规会更为庞杂和多样。

劳动法律体系庞杂带来的首要问题就是法律规范的冲突。例如，一周的标准工作时间是多少？很多人可能会认为，根据《国务院关于职工工作时间的规定》，应该是每日工作8小时、每周工作40小时，但是《劳动法》第三十六条至今还保留着“国家实行劳动者每日工作时间不超过八小时、平均每周工作时间不超过四十四小时的工时制度”的规定。虽然实践中“五天八小时制”的观念已深入人心，但是从法律效力位阶上看，显然《劳动法》的规定效力更高。

还有一种情况是：新法没有作出规定的内容，如果旧法有规定，是否应该适用旧法？例如，公司解除或终止患病职工的劳动合同，是否需要支付医疗补助费？我们都知道，《劳动合同法》中规定了经济补偿金和赔偿金，并没有提到医疗补助费，但是在早年实施的《关于贯彻执行〈劳动法〉若干问题的意见》《关于实行劳动合同制度若干问题的通知》《违反和解除劳动合同的经济补偿办法》（已于2017年11月24日废止）中却有相关的规定。司法实践中，不同的法院对此看法也不一致。笔者服务过的一家外资企业，为了避免劳动争议，只好采取了最保险的做法，除了支付经济补偿金，又向劳动者支付了6个月的医疗补助费。

此外，由于立法技术的缺陷和理解的差异，对同一法律规范的理解和适用，不同地区的法院裁判观点不一。例如，连续订立两次固定期限劳动合同后，公司是否有无固定期限劳动合同续订的选择权？对于这个问题，《劳动合同法》第十四条明确规定，“有下列情形之一，劳动者提出或者同意续订、订立劳动合同的，除劳动者提出订立固定期限劳动合同外，应当订立无固定期限劳动合同：……（三）连续订立二次固定期限劳动合同，且劳动者没有本法第三十九条和第四十条第一项、第二项规定的情形，续订劳动合同的”。但是笔者在检索了各地的裁判指引后发现，除上海市的法院支持用人单位有选择权外，北京市、江苏省、广东省、青岛市、成都市、宁波市、天津市等地法院都认为用人单位无选择权。

笔者因担任多家公司的法律顾问，已经处理了大量劳动争议案件，然而，在起诉、应诉、开庭、宣判的时候，依然会遇到自己之前没有留意到的地方规章或政策，甚至有些刚出台的法规政策，裁审人员都难以第一时间掌握清楚。而且，即便在同一个市，由于用工环境不同，各区的劳动用工政策也不尽相同。以笔者执业的广州市为例，开发区的企业、高管等公司管理人员可以申请不定时工作制，而在广州市的其他行政区，申请不定时工作制却十分困难。试想，劳动用工、人力资源管理的法律法规以及政策如此复杂，律师甚至法官都难以掌握得清清楚楚，那么公司和员工想彻底了解劳动法律就更难了。

三、劳动仲裁与法院审判不一致

与一般民事程序不同，我国劳动争议案件实行“先裁后审、一裁两审”的模式，劳动仲裁是劳动争议案件进入诉讼程序的前置程序。尽管《劳动争议调解仲裁法》设置了部分劳动争议一裁终局，但是大部分劳动人事争议案件都会经历仲裁、诉讼两道程序。

设置劳动仲裁前置程序的本来目的，是通过行政上的劳动仲裁裁决来减轻法院的压力，让一部分劳动争议案件可以在司法程序之前通过行政裁决妥善解决。但实际上，劳动仲裁机构和人民法院是两个系统，劳动仲裁委员会归属于行政机关的劳动局管理，其裁决更多地需要考虑行政意志和政策，与作为司法机关的法院在法条理解和执法思想上难免会有不同；而且，劳动仲裁员的法律专业性也普遍不如法院的法官。另外，因为行政机关与司法机关相互独立，二者既没有上下级的领导关系，也不存在相互制约的监督关系，所以劳动仲裁委员会的裁决若日后被法院改判，也不会受到错案追究的影响，因此，劳动仲裁被法院判决改变的情况并不少见。例如，2018 年 8 月，深圳市劳动人事争议仲裁委员会和深圳市中级人民法院联合发布了《深圳市劳动争议裁审工作白皮书（2013—2017）》。根据该份文件显示，深圳地区劳动人事争议案件法院和劳动人事争议仲裁委员会同裁同判情况，完全一致率只有 61.36%，也就是说，法院判决完全变更或部分变更劳动仲裁结果的案件，达到 38.64%。

不过需要肯定的是，随着裁审衔接机制日益成熟，法院和劳动仲裁部门的联系沟通渠道日益畅通，裁审理念和标准不断规范统一，裁审差异将逐步缩小，劳动仲裁的权威也能大大提升，这将为企业依法用工和劳动者依法维权提供良好的导向作用。

四、司法审判受到不同时期政治和经济环境的影响

不同时期的政策以及经济环境，都会影响劳动争议案件的裁判。比如，在经济势头好的时候，司法裁判会以有利于劳动者的原则进行处理，而作为行政机关下属的劳动仲裁委，在许多时候则考虑“维稳”等因素，裁决劳动者胜诉。但是在经济不景气的时候，为了“保增长”，司法裁判往往会对公司“网开一面”，以促使公司顺利渡过经济难关。例如，2009 年南京市中级人民法院发布了《关于积极应对和妥善审理宏观经济形势变化时期劳动争议案件的实施意见》，其中第四条对在全球金融危机背景下如何处理劳动争议案件作了详细指引：对确因金融危机的影响，生产经营严重困难的企业，如该企业采用轮岗、在最低工资保障范围内通过减少劳动时间而相对降低工资待遇，但不采取裁员的途径解决困难的，人民法院应当从宽把握，不轻易认定企业的行为违法。对企业以工会组织、职代会等形式通过的应对金融危机的临时性规章制度，人民法院不宜简单以其程序上的轻微瑕疵而否定其效力。如用人单位在仲裁或诉讼阶段的合理时间内，经过合法程

序对相关规章制度的程序瑕疵进行弥补的，人民法院可视情况综合认定该规章制度的效力。在地方政府因经济形势变化已出台减轻企业负担的相应政策，如降低社会保险费率、用人单位可以缓交社会保险费等时，如劳动者在缓交期内主张补交，或仅以此为由解除劳动合同并要求用人单位支付解除劳动关系经济补偿金的，不宜认定用人单位具有过错，进而支持劳动者要求支付经济补偿金的主张。用人单位已支付一定的加班工资，仅在加班工资的计算标准等方面与劳动者存在争议，不宜认定用人单位存在故意克扣、拖欠加班工资的情形，劳动者仅以此提出解除劳动合同的，人民法院可酌情判决不支持劳动者要求支付解除劳动合同经济补偿金的请求。

此外，随着互联网技术的飞速发展和应用，网约车、网络主播等基于网络平台运营的新型行业不断涌现，从而引发了大量要求确认劳动关系的案件，法院的审判观点也会适应国家政策而作出调整。最高人民法院在《第八次全国法院民商事审判工作会议（民事部分）纪要》第六条中指出："劳动争议案件的审理对于构建和谐劳动关系，优化劳动力、资本、技术、管理等要素配置，激发创新创业活力，推动大众创业、万众创新，促进新技术新产业的发展具有重要意义。应当坚持依法保护劳动者合法权益和维护用人单位生存发展并重的原则，严格依法区分劳动关系和劳务关系，防止认定劳动关系泛化。"由此可见，在强调"大众创业、万众创新"的背景下，平台与从业人员可以不建立劳动关系已是大势所趋。2018 年 8 月 8 日，《广东省高级人民法院、广东省劳动人事争议仲裁委员会关于劳动人事争议仲裁与诉讼衔接若干意见》中也确认了网络平台与从业人员之间可以约定无劳动关系。

五、企业在劳动用工管理上普遍存在不规范现象

从各地区发布的劳动争议白皮书可以看出，公司作为用人单位，本身法治意识不强，不了解用工规范，不严格适用劳动合同法，不能做到合法用工等，也是产生劳动争议的主要原因之一。

北京市第一中级人民法院在2018年3月发布的《劳动争议审判白皮书（2010—2018）》中指出，用人单位败诉率较高的原因如下：

一是欠缺法律意识，用工管理过程中随意性较大。有的企业对工资制度、人事管理制度、绩效考核制度等规章制度的制定与执行存在无序性，在考勤备案、调岗调薪等用工过程中存在诸多程序性瑕疵，有的企业故意模糊工资标准，在招录劳动者时采取笼统模糊的约定方式，混淆提成和奖金的概念。

二是欠缺程序意识。有的企业未按法定民主程序制定内部规章制度，容易导致企业劳动纪律不规范；有的企业在没有事实依据和法律依据的情况下与劳动者解除劳动合同，未事先通知工会，缺乏保存员工违纪证据、固定解除理由和履行正当解约程序的意识。

三是欠缺社保意识。有的企业不为劳动者缴纳社保，或者不足额缴纳社保，或者缴纳社保险种单一、险种不全，或者与劳动者签署自愿不缴纳社保协议，违反了社保缴纳的强制性义务。

四是欠缺证据意识。有的企业对重要的人事资料及档案材料缺乏严格的、必要的整理与管理，导致用工档案缺失；有的企业在依法制定了相应的规章制度后未向劳动者予以公示或者告知劳动者但未保留相应的证据备查；有的企业不建立工资台账备查，采取现金方式发放时未能留存劳动者签收确认记录。

五是欠缺劳动争议内部处理机制。有的企业与劳动者发生争议后不注重化解纠纷导致矛盾激化，进入仲裁和诉讼程序。

目前，"人工""税费""融资"应该算是公司肩膀上的"三座大山"，其中"人工"问题不仅包括工资，更可以宽泛地理解为劳动用工的成本支出。而法律在制定之时就较为倾向于劳动者的利益保护，因此，公司的人力资源管理需要更加慎重。

第一章

招聘及入职管理

第一节 招聘

一、谨防招聘信息中的用工条件变成劳动合同的承诺

风险提示

劳动合同属于合同的一种，在具体操作上也需要适用《合同法》中规定的一般原则。根据《合同法》的规定，当事人之间订立合同，可以采取两种方式：一种是“要约—承诺”的方式，另一种是“要约邀请—要约—承诺”的方式。一方发出要约，另一方作出承诺，合同即成立；一方发出要约邀请，另一方接受邀请发出要约，之前发出要约邀请的一方作出承诺，合同也成立。

所谓的要约，是指邀请对方发出承诺的行为，根据《合同法》第十四条的规定，认定为要约需要具备以下两个条件：（1）内容具体确定；（2）表明经受要约人承诺，要约人即受该意思表示约束。要约邀请，则是向不特定的公众发出邀请信息，希望不特定的公众发出要约，自己再作出承诺的行为。一般情况下，寄送的价目表、拍卖公告、招标公告、招股说明书、商业广告等都属于要约邀请，符合上述要约条件的则除外。

例如，餐厅的菜单，法律会将其认定为要约邀请，菜单上的菜品及价格是餐厅邀请顾客点餐之用，顾客根据菜单进行点餐的行为属于要约，服务生写单确认下单则属于承诺，如此合同成立。所以，若顾客根据菜单点餐而服务生说这个菜已经卖完了，顾客是不能起诉餐厅承担违约责任的，因为这个时候合同还没有成立。又如，一位作家出版了一本小说，原价 50 元，但因为销量不好，有一天这位作家对外叫卖：“本书五折大甩卖！ 25 元一本！”这位作家的叫卖行为属于要约，当有人回应：“我要买 10 本！”则该回应行为属于承诺，这位作家必须要按照一本书 25 块钱的价格卖 10 本

给这个作出承诺的人。

当事人一方一旦对“要约”作出“承诺”，双方的合同即成立。不按照合同约定履行的一方就需要承担违约责任。

当一家公司对外发布招聘信息时，就是希望向社会上符合条件的应聘者发布信息，并希望得到回应，然后，公司根据应聘的人进行选择并决定录用。因此招聘信息是要约邀请，应聘者应聘是要约，公司的录用行为是承诺。在这个过程之后，公司会与劳动者签订劳动合同，通过劳动合同明确约定公司与劳动者之间的权利与义务。劳动合同中所约定的内容跟招聘广告上的内容有冲突的（如招聘信息中约定入职后月工资为 5000 元，但签订劳动合同的时候约定入职后月工资为 4000 元），如果劳动者在劳动合同上签了字，则视为劳资双方就之前招聘和应聘时所确定的内容进行了变更，最终要以劳动合同约定的为准。公司在录用劳动者后没有跟劳动者签订劳动合同的，公司在招聘信息中所确认的内容就要兑现承诺，如果公司不兑现承诺，就会被认定为违约。

以案说法

某信息技术公司对外发布了一则招聘信息，招聘信息中主要内容有：公司招聘程序员一名，要求本科学历，月薪为 5000 元，工作地点为广州市某区。

陈某参加公司应聘后，公司觉得陈某合适，便与陈某签订了劳动合同。在劳动合同中，双方并没有对陈某的月基本工资进行约定。

实际上，劳动合同签订后，公司每月发给陈某的月工资为 4300 元，并没有按照之前招聘信息中所说的月薪 5000 元的标准发放。陈某向公司提出，当初的招聘信息中说明月薪为 5000 元，希望公司填补每月 700 元的差额。而公司认为陈某应聘的是程序员的岗位，每个月都要加班，算上加班费，陈某的月工资并不低于 5000 元。

【律师评析】

案例中，信息技术公司在对外发布招聘信息的时候明确了招募的员工月薪为 5000 元，按照普通人的理解，应是指基本工作时间的工资，并不包括加班费，因为加班费是根据加班的实际情况进行支付的。

如上文阐述，招聘信息是要约邀请，陈某根据要约邀请向公司作出了属于要约性质的应聘行为，公司的录用行为则属于承诺。如果公司与陈某没有对月工资进行重新约定，公司需要按照招聘信息中提出的条件，按照基本工资 5000 元的标准向陈某支付工资。

证据指引

1. 招聘信息

招聘信息虽然是要约邀请，但应聘者是根据招聘信息中的内容进行应聘的。如果日后公司无法作出与原来招聘信息中相同的承诺，则容易引发不必要的纠纷。所以招聘信息只需要写明招聘的岗位以及简单的要求即可，如公司招聘平面广告设计员，招聘信息可说明要求应聘者熟练掌握 photoshop、coreldraw、illustrator 等软件，待遇面议。工作地点、工作时间和工资等与签订劳动合同紧密相关的内容尽量不要写在招聘信息中，可以在应聘者前来应聘后双方另行协商，并将协商后的事项写入劳动合同中。

2. 劳动合同

劳动合同是劳资双方协商一致后的结果，双方最终应按照劳动合同中所约定的内容履行劳动关系。公司一方如果对招聘的员工不能按照招聘信息提出的内容作出承诺，应在劳动合同中明确具体的信息，避免员工日后以公司承诺和实际履行不一致为理由对公司提起诉讼。

法律依据

《合同法》

第十三条 当事人订立合同，采取要约、承诺方式。

第十四条 要约是希望和他人订立合同的意思表示，该意思表示应当符合下列规定：

（一）内容具体确定；

（二）表明经受要约人承诺，要约人即受该意思表示约束。

第十五条 要约邀请是希望他人向自己发出要约的意思表示。寄送的价目表、拍卖公告、招标公告、招股说明书、商业广告等为要约邀请。

商业广告的内容符合要约规定的，视为要约。

第二十一条 承诺是受要约人同意要约的意思表示。

第二十五条 承诺生效时合同成立。

二、录用通知书的法律效力

风险提示

一些公司在招聘中确定了应聘者后，会向应聘者发出录用通知书，以告知应聘者已经被公司录用，并希望应聘者与公司签订建立劳动关系的文件。笔者在前文对招聘过程中的要约和承诺问题作了说明，而公司在招聘过程中发出录用通知书的行为，其实是公司向应聘者又发出了一个要约，希望应聘者前来“承诺”。录用通知书的英文为“offer”，与法律上要约的英文是相同的。

根据《合同法》第十八条和第十九条的相关规定，若受要约人有理由相信要约是不可撤销的，并且已经为履行合同做好准备工作的，则要约在送达受要约人之后，是不可以撤销的。另外，一些录用通知书会给予劳动者一个报到的时间，而报到时间其实可以视作要约的期限，若录用通知书送达劳动者后，公司是不可以在录用通知书上要求报到的期限内单方撤销的。所以笔者认为，录用通知书是在一定程度上不可撤销的要约。

应聘者收到录用通知书后，是否签约的主动权就在应聘者的身上。如果公司在发出录用通知书后觉得不妥想反悔的话，只能在应聘者没有签收录用通知书之前撤回。应聘者收到录用通知书后公司却单方面撤销的，法律会认为公司的这个行为违反了诚实信用原则，公司要承担“缔约过失责任”，应聘者因此而产生的损失，由公司负责赔偿。

以案说法

案例 1

健某生物医药公司于 2016 年 3 月招聘研发人员，公司向社会发布招聘信息后引来了数十人投简历应聘。公司经过多轮面试，最终决定录用香港大学毕业的吴某。

公司的研发岗位重要，且公司看重吴某的才学，于是公司在 2016 年 3 月 30 日用快递的方式向吴某寄送了录用通知书，录用通知书称公司经过慎重考虑决定录用吴某担任研发人员，并欢迎吴某前来公司办理入职手续，吴某需在 2016 年 4 月 15 日前携带身份资料等文件前来报到。快递信息显示次日吴某本人签收了文件。

2016 年 4 月 10 日，公司行政人事部门工作人员发现了一份陈某投递来的简历，查看简历后邀陈某面试。工作人员与陈某见面后，认为陈某更加适合公司研发岗位，但鉴于公司预算有限，于是想撤销对吴某的录用。2016 年 4 月 11 日，公司向吴某发出撤销录用通知书。

吴某收到撤销录用通知书后联系公司，称自己在收到录用通知书后与原任职公司办理了离职手续，如果公司决定不录用他，则属于违约行为，要求公司对他进行赔偿。而公司认为自己都没有跟吴某签订劳动合同，现在撤回录用通知书是没有过错的。

【律师评析】

健某生物医药公司在决定录用吴某的情况下向吴某发出了录用通知书，在通知书中明确要求吴某在 4 月 15 日之前来公司报到，并且吴某签收了该通知书。因此，在 4 月 15 日之前，公司是不能单方面撤销这份录用通知书的。公司向应聘者发出录用通知书，应聘者在看到录用通知书后完全有理由相信公司已经决定录用自己，并且要为入职做准备（如租房、向原工作单位辞职等），而一旦公司单方面撤销录用通知书，势必会给应聘者造成损失。

《合同法》第四十二条第（三）项规定，当事人在订立合同过程中有违背诚实信用原则的行为，给对方造成损失的，应当承担损害赔偿责任。本案中，吴某在收到录用通知书后向原公司辞职，如今健某公司却反悔不录用吴某，吴某可以要求健某公司赔偿自己因为辞职而产生的工资损失。因为法律没有对赔偿损失的数额作明确规定，具体该赔多少钱，由法官就个案考虑实际情况来作出裁判。

案例 2

恒某电子公司因为业务发展需要决定再招聘一名程序员。公司通过面试后，决定录用吴某，于是在 2015 年 10 月 20 日以快递的方式向吴某发出了录用通知书。通知书上称公司决定录用吴某并希望吴某尽快到公司办理入职手续。快递信息显示吴某在 10 月 25 日签收了文件。

公司发出录用通知书后一直没有得到吴某的答复，打电话给吴某也没有人接。因为人手不足急需要程序员入职，公司于是在 11 月 10 日再次通过对外招聘录用了王某。12 月 15 日，吴某带资料前来公司报到入职，公司说："找你这么久都没有回应，打你电话也打不通，公司已经找其他人入职了。"吴某不服，说自己这段时间出国旅游，且录用通知书上也没有说明报到时间限制，因此要求公司给予他程序员的岗位。

【律师评析】

公司在向吴某发出的录用通知书中，并没有明确要求吴某前来公司报到的时间，极端地说，吴某持有这份录用通知书，可以想什么时候报到就什么时候来报到。

本案中，公司称因为缺人而吴某迟迟不来报到、电话也打不通，无奈再另外请人，难道在这种情况下公司还要留个位置给吴某以便他随时来？公司的观点看似有道理，但实际上公司之所以会吃亏主要是因为没有做好事先防范，没有在录用通知书中写明细节，反而使得该通知书给公司造成了不利影响。

证据指引

1. 录用通知书

一般情况下，录用通知书一经发出并由对方签收后，公司是不能单方撤销的。但是如果公司在录用通知书中设定了失效条件，则在出现失效条件的时候录用通知书失效。这样可以避免录用通知书发出去之后对方拖延时间迟迟不来报到，同时，当入职劳动者存在欺诈、提供资料不齐时，保证公司有可以不录用的权利。

公司给应聘者发出的录用通知书里，应该要设定一些生效的条件，这样可以避免公司发出录用通知书后将所有的主动权都交给应聘者而导致公司遭受不必要的损失。例如，公司可以在录用通知书上写明“劳动者收到录用通知书之日起 ×× 日内应回复”，或设定具体的录用通知书失效条件，如“体检不合格”“迟延回复”“入职资料不齐全”的，公司有权单方面决定不予录用。

录用通知书是公司额外给自己增加的义务，无疑这么做会增加引发纠纷的风险，所以笔者建议如非重要的工作岗位，公司一般情况下不要随意发录用通知书。对于一般岗位公司只需要口头通知录用并向应聘者告知报到时间即可。

2. 快递签收凭证

要约在送达受要约人之前可以撤回，受要约人收到要约后，发出要约一方是不可以单方面撤销要约的。

录用通知书是要约的性质，如果公司寄出录用通知书后由应聘者签收了，公司就不可以单方面提出反悔，否则应聘者可以凭借快递签收凭证来主张公司存在缔约过失责任并要求公司赔偿。相反，公司也可以通过快递签收凭证来证明快递尚未送达应聘者，以此来主张自己单方面撤销录用通知书的合法性。

至于目前社会上普遍的快递由他人代签收的问题，有的公司会有疑问，他人代签收录用通知书是否属于应聘人自己签收？这个时候录用通知书能撤销吗？笔者认为这个问题目前虽然存在争议，但是在法庭上若应聘者持有公司发出的录用通知书原件，则法官一般情况下还是会认定自签收之日起公司原则上不得单方撤销（除非如前文所述录用通知书上设定了期限或通知书失效的条件）。

法律依据

《合同法》

第十七条 要约可以撤回。撤回要约的通知应当在要约到达受要约人之前或者与要约同时到达受要约人。

第十九条 有下列情形之一的，要约不得撤销：

（一）要约人确定了承诺期限或者以其他形式明示要约不可撤销；

（二）受要约人有理由认为要约是不可撤销的，并已经为履行合同作了准备工作。

第四十二条 当事人在订立合同过程中有下列情形之一，给对方造成损失的，应当承担损害赔偿责任：

（一）假借订立合同，恶意进行磋商；

（二）故意隐瞒与订立合同有关的重要事实或者提供虚假情况；

（三）有其他违背诚实信用原则的行为。

三、招聘员工时如何避免用工歧视？

风险提示

公司招聘新员工，肯定希望能招到最适合公司的人，也当然会在招聘前设定一个录用标准。一些公司在招聘信息中会写明应聘条件，如“未婚者优先”“211 大学毕业优先”“气质好、样貌佳优先”“不招女性只招男性”等。

《就业促进法》第三条规定：“劳动者依法享有平等就业和自主择业的权利。劳动者就业，不因民族、种族、性别、宗教信仰等不同而受歧视。”如果公司在招聘人员的过程中有歧视性的限制条件而导致应聘者不服提起诉讼，那么公司可能会面临承担赔偿责任的风险。有一些特殊的工作岗位，如食品或医疗等行业的一些岗位，法律允许公司招聘的时候不录用患有乙肝的人（对于出现乙肝疾病的员工，公司也可以进行调岗）。而对于那些非特殊工种，公司不能设定招聘录用门槛。

以案说法

2014 年 6 月，正在找工作的郭某在第三方招聘网站上看到某烹饪技能培训公司要招两名文案的招聘信息，郭某认为自己的各项条件均符合烹饪公司的需求，于是就在网上投递了简历。郭某确认公司收到了简历，却一直没有等来公司的回复，于是打电话询问自己的应聘情况。公司工作人员答复，文案工作因为要经常出差，所以只招男不招女。郭某不服，她认为自己完全可以胜任该工作，于是到招聘现场又应聘了一次，但得到的还是同样的答复。郭某觉得自己身心受到了伤害，以后找工作的信心也受到了打击，于是向法院起诉，要求公司向她书面道歉，并支付精神损害抚慰金 50000 元。

烹饪公司收到法院传票后觉得自己十分冤枉，认为招聘的岗位具有特殊性，除早晚常态加班外，还须经常陪同校长去外地出差、应酬，出差周期长、应酬次数多，所以聘请女性做这份工作会很不方便。公司认为自己设定限制性条件不仅不是歧视女性，反而是充分尊重和照顾女性。

［判词摘录］①

1. 根据我国相关法律规定，劳动者享有平等就业的权利，劳动者就业不因性别等情况不同而受歧视，国家保障妇女享有与男子平等的劳动权利，用人单位招用人员，除国家规定的不适合妇女的工种或者岗位外，不得以性别为由拒绝录用妇女或者提高对妇女的录用条件。

2. 本案中，被告需招聘的岗位为文案策划，被告并未举证证明该岗位

① 浙江省杭州市西湖区人民法院（2014）杭西民初字第 1848 号判决书。

属于法律、法规所规定的女职工禁忌从事的工作，根据其发布的招聘要求，女性完全可以胜任该岗位工作，其所辩称的需招录男性的理由与法律不符。在此情况下，被告不对原告是否符合招聘条件进行审查，而直接以原告为女性、公司需招录男性为由拒绝原告应聘，该行为侵犯了原告平等就业的权利，对原告实施了就业歧视，给原告造成了一定的精神损害，故原告要求被告赔偿精神损害抚慰金的理由充分，至于具体金额本院根据被告在此过程中的过错程度及给原告造成的损害后果酌情确定为2000元。

3. 原告要求被告书面赔礼道歉的请求法律依据不足，本院不予支持。

证据指引

招聘信息、岗位录用条件信息

公司在招聘信息或岗位录用条件信息中设定一些限制条件的，除非是法律允许的特殊行业的具体岗位，否则一般情况下这么做都是违法的，侵害了劳动者的平等就业权。公司在招聘信息中对性别、学历、血型、星座、属相等方面作出限定性条件的，均属于歧视性条款。

有人会问，公司在招聘时是否可以设定“有同行业 ×× 年工作经验的优先考虑”的条件？笔者认为这样的限定并不涉及歧视，而是公司择优录用人才的正常做法。

招聘信息或岗位录用信息其实不需要穷尽公司的要求，发布信息的目的无非是招揽人才，公司在日后面试应聘者的过程中具体做出筛选即可。

法律依据

《就业促进法》

第三条 劳动者依法享有平等就业和自主择业的权利。

劳动者就业，不因民族、种族、性别、宗教信仰等不同而受歧视。

第二十六条 用人单位招用人员、职业中介机构从事职业中介活动，应当向劳动者提供平等的就业机会和公平的就业条件，不得实施就业歧视。

第二十七条 国家保障妇女享有与男子平等的劳动权利。

用人单位招用人员，除国家规定的不适合妇女的工种或者岗位外，不得以性别为由拒绝录用妇女或者提高对妇女的录用标准。

用人单位录用女职工，不得在劳动合同中规定限制女职工结婚、生育的内容。

第二十八条 各民族劳动者享有平等的劳动权利。

用人单位招用人员，应当依法对少数民族劳动者给予适当照顾。

第二十九条 国家保障残疾人的劳动权利。

各级人民政府应当对残疾人就业统筹规划，为残疾人创造就业条件。

用人单位招用人员，不得歧视残疾人。

第三十条 用人单位招用人员，不得以是传染病病原携带者为由拒绝录用。但是，经医学鉴定传染病病原携带者在治愈前或者排除传染嫌疑前，不得从事法律、行政法规和国务院卫生行政部门规定禁止从事的易使传染病扩散的工作。

第三十一条 农村劳动者进城就业享有与城镇劳动者平等的劳动权利，不得对农村劳动者进城就业设置歧视性限制。

《人力资源和社会保障部、教育部、卫生部关于进一步规范入学和就业体检项目维护乙肝表面抗原携带者入学和就业权利的通知》

除卫生部核准并予以公布的特殊职业外，健康体检非因受检者要求不得检测乙肝项目，用人单位不得以劳动者携带乙肝表面抗原为由予以拒绝招（聘）用或辞退、解聘。

《人力资源社会保障部、教育部等九部门关于进一步规范招聘行为促进妇女就业的通知》

二、依法禁止招聘环节中的就业性别歧视。各类用人单位、人力资源服务机构在拟定招聘计划、发布招聘信息、招用人员过程中，不得限定性别（国家规定的女职工禁忌劳动范围等情况除外）或性别优先，不得以性别为由限制妇女求职就业、拒绝录用妇女，不得询问妇女婚育情况，不得将妊娠测试作为入职体检项目，不得将限制生育作为录用条件，不得差别化地提高对妇女的录用标准。国有企事业单位、公共就业人才服务机构及各部门所属人力资源服务机构要带头遵法守法，坚决禁止就业性别歧视行为。

四、公司应避免招用尚未从其他用人单位离职的应聘者

风险提示

《劳动合同法》第九十一条规定，用人单位招用与其他用人单位尚未解除或者终止劳动合同的劳动者，给其他用人单位造成损失的，应当承担连带赔偿责任。

根据该法条的规定，公司在招聘员工的时候，要事先审查该名员工是否已经与上一家用人单位终止了劳动关系。如果公司招用了与上一家用人单位还存在劳动关系的劳动者，那么公司将有可能面临被索赔的法律风险。

员工入职后公司需要为其购买社保。如果公司在为刚入职员工购买社保的时候发现该名员工因为尚与其他用人单位存在劳动关系而无法参保的情况则应当立即与该名员工断绝一切用工关系。

以案说法

A软件公司于2016年3月底在一场招聘会上面试了前来应聘的谭某，公司发现谭某有多年的软件研发工作经验，于是录用了他。

在谭某入职不久的2016年4月初，A软件公司收到了B软件公司发来的律师函，B公司称谭某一直以来都在B公司工作，因为双方对软件著作权归属存在争议，遂产生纠纷，谭某目前尚未从B公司离职，双方依然存在劳动关系。B公司认为A公司招用谭某涉及知识产权外泄问题，B公司遭受了经济损失，要求A公司停止聘用谭某，并与谭某一起承担赔偿责任。

【律师评析】

谭某因为尚未从B公司处离职，所以他与B公司还存在劳动关系。A公司在招用谭某的时候没有做好调查，没有了解清楚谭某应聘的时候有没

有从上一家公司离职，所以 A 公司有一定的责任。根据《劳动合同法》第九十一条的规定，A 公司招用了尚未与 B 公司解除劳动合同的谭某，如果 B 公司因此发生经济损失，A 公司要与谭某一起承担赔偿责任。

证据指引

1.《离职证明》

为了防止招用尚未从上一家用人单位离职的员工，公司应当要求应聘者提供在上一家用人单位加盖公章的《离职证明》。

2. 主动调查应聘者之前的工作情况

应聘者如果无法提供《离职证明》而公司又希望招用该应聘者的话，公司可以要求其提供上一家用人单位的信息并派人主动联系上一家用人单位，对应聘者进行背景调查，收集应聘者已离职的证据。

如果应聘者既没有提供《离职证明》，又不愿意向公司提供上一家用人单位的联系方式，则公司在招用该名应聘者时要慎重。

3. 员工入职声明

公司可以要求员工入职的时候作出声明，明确自己与其他用人单位不存在劳动关系。员工作虚假证明的，若公司日后遭遇索赔，可以向该名员工追偿损失。

公司可以在《劳动合同》中专门设定条款并由员工签名确认，如“本人在签订本劳动合同时确认与其他用人单位不存在尚未完结的劳动关系”。

法律依据

《劳动合同法》

第九十一条 用人单位招用与其他用人单位尚未解除或者终止劳动合同的劳动者，给其他用人单位造成损失的，应当承担连带赔偿责任。

《违反〈劳动法〉有关劳动合同规定的赔偿办法》

第六条 用人单位招用尚未解除劳动合同的劳动者，对原用人单位造成经济损失的，除该劳动者承担直接赔偿责任外，该用人单位应当承担连带赔偿责任。其连带赔偿的份额应不低于对原用人单位造成经济损失总额的70%。向原用人单位赔偿下列损失：

（一）对生产、经营和工作造成的直接经济损失；

（二）因获取商业秘密给原用人单位造成的经济损失。

赔偿本条第（二）项规定的损失，按《反不正当竞争法》第二十条的规定执行。

《反不正当竞争法》

第十七条 经营者违反本法规定，给他人造成损害的，应当依法承担民事责任。

经营者的合法权益受到不正当竞争行为损害的，可以向人民法院提起诉讼。

因不正当竞争行为受到损害的经营者的赔偿数额，按照其因被侵权所受到的实际损失确定；实际损失难以计算的，按照侵权人因侵权所获得的利益确定。经营者恶意实施侵犯商业秘密行为，情节严重的，可以在按照上述方法确定数额的一倍以上五倍以下确定赔偿数额。赔偿数额还应当包括经营者为制止侵权行为所支付的合理开支。

经营者违反本法第六条、第九条规定，权利人因被侵权所受到的实际损失、侵权人因侵权所获得的利益难以确定的，由人民法院根据侵权行为的情节判决给予权利人五百万元以下的赔偿。

第二节 入职

一、入职登记表能否作为已签订书面劳动合同的证据？

风险提示

一些公司长期以来对人事管理不够重视，在新员工入职时并未签订书面劳动合同，仅让员工填写入职登记表、入职申请表等便草草了事。

因为大多数公司让员工签订的入职登记表并不能完全涵盖劳动合同的所有必备条款，所以一般情况下法院不会将入职登记表认定为劳动合同。如果员工以没有与公司签订书面劳动合同为由要求公司支付双倍工资，公司即使存有员工填写的入职登记表，也不能免除与员工签订书面劳动合同的义务。

如果员工填写的入职登记表或入职文件中的内容涵盖了劳动合同中的必备条款，那么在这种情况下，法院则会认为员工入职时签署的文件具备劳动合同的要件，虽然文件名称不是劳动合同，但也可以认定这份文件属于书面劳动合同。

以案说法

案例 1

李某于 2014 年 9 月 23 日入职某信息咨询公司。入职时，某信息咨询公司并未与李某签订书面劳动合同，仅让他填写了入职登记表。入职登记表中对李某的工作部门、职位、工资报酬等作出约定。李某填写完毕后，该表由公司单方面予以保管。

2015 年 2 月 28 日李某离职，之后便以公司未与其签订书面劳动合同为由诉至法院，要求公司支付因未签订书面劳动合同的二倍工资差额。某信息咨询公司则认为入职登记表中已对劳动合同要求的各项条款作出约定，应视为双方签订的劳动合同。

【律师评析】

本案中，入职登记表虽然已经对劳动者的工作部门、职位、劳动报酬作出约定，但是劳动合同的必备条款还有合同期限、工作时间和休息休假、社会保险、劳动保护、劳动条件和职业危害防护等内容，由于本案的入职登记表缺少部分劳动合同的必备条款，因此该入职登记表不能等同于书面的劳动合同，某信息咨询公司的主张不能得到法院的支持。

案例 2

2013 年 2 月，甘某通过应聘进入珍某建设实业公司工作，担任安装预算员一职。甘某入职时填写了一份《招工简历表》，表中甘某写明了自己的姓名、年龄、性别、学历以及家庭情况，表的末尾由公司填写，明确了甘某的入职日期、到职薪金，以及部门和领导确认录用的签名。

甘某入职一个月后，多次要求公司与其签订劳动合同，但公司均不予理会。之后，甘某根据公司要求填写了《试用期考核表（一）》和《试用期考核表（二）》，对自己的工作能力进行自我评价，但公司随后在 5 月向他发出延长试用期通知。甘某不服，向公司提出了辞职，并且起诉要求公司支付未签订劳动合同的双倍工资差额。

公司应诉认为，《招工简历表》等文件均可以认定为劳动合同，这些文件已经具备了劳动合同主要条款，自己不需要向甘某支付双倍工资。

【判词摘录】①

1. 被申请人②的《招工简历表》《试用期考核表（一）》《试用期考核表（二）》《延长试用期通知》，是被申请人招用和考核员工的内部流程，其没有劳动合同应有的必备条款，更不具劳动合同特性，因此不能替代劳动合同。③

2. 原告④称被告⑤填写的《招工简历表》即临时劳动合同，该表中并未具备劳动合同全部要件，故不应视为劳动合同，原告并未与被告签订书面劳动合同，被告要求原告向其支付未签订劳动合同双倍工资差额有事实和法律依据。

案例 3

张某于 2016 年 5 月 3 日入职利某家具公司。张某在入职前填写了《员工入职登记表》，表中记载了张某的个人身份基本信息以及入职后的相关工

① 广州市黄埔区人民法院（2013）穗黄法民一初字第 271 号民事判决书。
② 指珍某建筑实业公司。
③ 广州市黄埔区劳动争议仲裁委员会穗埔劳仲案字（2013）第 115 号仲裁裁决书。
④ 指珍某建筑实业公司。
⑤ 指甘某。

作承诺。除《员工入职登记表》外，公司还要求张某签署了《利某定制家具入厂须知》，该须知第二条载明："我公司先将张某录为（技术工 / 学徒工 / 实习工）试用期为 1 个月，试用合格转为合同工签订《劳动合同》，否则延长试用期至 2 个月，工资按 85% 发放。试用期间 10 天内自己要求离职的员工，视为自动放弃试工报酬，公司将不支付工资。（试用期 / 学习期）工资为 10000 元 / 月，从 2016 年 5 月 7 日起至 2017 年 5 月 7 日止。注：学徒工入职签订《劳动合同》，合同期间提出离职的扣除该员工学习期间所有培训费、生活费、住宿费等，按违反《劳动合同》办理"。

在劳动关系的履行过程中，张某与公司产生纠纷，张某向法院提出公司未与其签订书面劳动合同，要求公司支付双倍工资差额。

【判词摘录】①

1. 双方未签劳动合同是事实，对于利某家具公司与张某所签《员工入职登记表》及《利某定制家具入厂须知》是否可以视为双方已签劳动合同的问题，经审查，张某填写的《员工入职登记表》中载明了张某的身份信息、岗位职务、劳动报酬。

2. 张某与利某家具公司所签《利某定制家居入厂须知》中亦载明了张某的劳动报酬、合同期限（从 2016 年 5 月 7 日起至 2017 年 5 月 7 日止）、须遵守的规章制度。

3. 张某入职后，利某公司与张某也是按照上述内容实际履行的。由于本案中张某与利某公司所签《员工入职登记表》《利某定制家具入厂须知》中已包含了工作内容、劳动合同期限、劳动报酬等主要内容，双方并按上述内容实际履行，应当视为利某公司与张某签订了书面劳动合同。

证据指引

1. 劳动合同

书面的劳动合同无疑是证明签订劳动合同最为直接、有效的证据，在

① 成都市中级人民法院（2017）川 01 民终 11930 号民事判决书。

此不再赘述劳动合同的必备条款、法定要件。需要提醒用人单位注意的是，与劳动者签订劳动合同不能想当然地直接套用劳动局提供的版本或者采用“拿来主义”到网上下载后一字不改地使用他人的版本，应当知道不同的劳动者尤其是销售人员应注意其特殊性，在劳动合同中作出不同的约定。另外，约定劳动报酬、工作地点等条款时也要注意符合公司情况，这样签订的劳动合同才能最大限度地保障用人单位的权益。劳动合同并非固定模板、固定内容，用人单位可根据实际情况调整内容，只要注意具备劳动合同法定必备的条款即可，因此，用人单位应当好好设计劳动合同，以便更好地保护自身的合法权益。

2. 入职登记表、入职审批表等

入职登记表并非必然地不能作为已签订书面劳动合同的证据，根据前述案例的分析可知，入职登记表视为劳动合同的关键在于它是否满足劳动合同法定的必备条款。一旦不具备，则前提条件便不存在，肯定得不到法院的支持。此外，入职登记表的签订也要体现用人单位与劳动者双方合意，最直观的表现就是入职登记表有双方的盖章、签名，并且各持一份。最后需要说明的是，入职登记表能否作为有效证据，不在于其形式是表格还是其他，而在于其条款、内容均符合劳动合同的法定要件，只要满足，入职登记表作为认定已签订劳动合同的合法证据并无不妥。

法律依据

《劳动合同法》

第十七条 劳动合同应当具备以下条款：

（一）用人单位的名称、住所和法定代表人或者主要负责人；

（二）劳动者的姓名、住址和居民身份证或者其他有效身份证件号码；

（三）劳动合同期限；

（四）工作内容和工作地点；

（五）工作时间和休息休假；

（六）劳动报酬；

（七）社会保险；

（八）劳动保护、劳动条件和职业危害防护；

（九）法律、法规规定应当纳入劳动合同的其他事项。

劳动合同除前款规定的必备条款外，用人单位与劳动者可以约定试用期、培训、保守秘密、补充保险和福利待遇等其他事项。

《广州市中级人民法院关于审理劳动人事争议案件若干问题的研讨会纪要》

22. 用人单位与劳动者签订的劳动合同仅约定了期限、劳动报酬，不完全具备《中华人民共和国劳动合同法》第十七条规定的必备条款，可以视为双方签订了劳动合同，用人单位不需要支付劳动者未签订书面劳动合同的二倍工资。且上述有效的劳动合同条款对双方都具有约束力。

《广东省高级人民法院、广东省劳动人事争议仲裁委员会关于劳动人事争议仲裁与诉讼衔接若干意见》

八、劳动者与用人单位虽未签订名称为劳动合同的书面协议，但双方签订的包含工资、岗位、工作时间、劳动期限等内容的书面协议，具备劳动合同本质特征的，应当认定双方已经订立书面劳动合同。

《上海市劳动合同条例》

第十条 劳动合同应当具备以下条款：

（一）劳动合同期限；

（二）工作内容；

（三）劳动保护和劳动条件；

（四）劳动报酬；

（五）劳动纪律；

（六）劳动合同终止的条件；

（七）违反劳动合同的责任。

劳动合同除前款规定的必备条款外，当事人可以协商约定其他内容。

《上海市劳动和社会保障局关于实施〈上海市劳动合同条例〉若干问题的通知》

二、关于劳动合同的订立

3. 劳动合同必备条款不全，但不影响主要权利义务履行的，劳动合同成立。

《北京市劳动合同规定》

第十二条 劳动合同应当载明用人单位的名称、地址和劳动者的姓名、性别、年龄等基本情况，并具备以下条款：

（一）劳动合同期限；

（二）工作内容；

（三）劳动保护和劳动条件；

（四）劳动报酬；

（五）社会保险；

（六）劳动纪律；

（七）劳动合同的终止条件；

（八）违反劳动合同的责任。

《北京市劳动和社会保障局、市总工会、市工商业联合会、市私营个体经济协会关于进一步推动非公有制企业加强劳动合同管理的通知》

一、凡具有用工行为的非公有制企业，均应当自招用职工之日起依法签订劳动合同，加强劳动合同管理，劳动合同内容必须具备《北京市劳动合同规定》所规定的必备内容；劳动合同双方约定的试用期应包括在劳动合同期限内。

《浙江省高级人民法院民事审判第一庭、浙江省劳动人事争议仲裁院关于印发〈关于审理劳动争议案件若干问题的解答（四）〉的通知》

一、劳动合同缺少《劳动合同法》第十七条第一款规定的劳动合同期限、工作内容、劳动报酬、劳动保护、劳动条件等部分内容的，该劳动合同是否成立，用人单位要否支付未签订书面劳动合同的二倍工资？

答：劳动合同能够确定合同双方当事人主体身份且能够认定该合同系双方的真实意思表示，一般可认定合同成立。对合同欠缺的劳动合同期限、工作内容、劳动报酬、劳动保护、劳动条件等部分内容，可依照《劳动合同法》第十八条及相关规定确定。劳动者主张二倍工资的，不予支持。

二、劳动合同并非证明劳动关系确立的唯一证据

风险提示

公司与员工之间没有签订书面的劳动合同，或者公司虽然与员工签了劳动合同但却自己扣着不给员工一份，这是目前很多公司的陋习。这些公司往往会认为，如果员工手上没有劳动合同，公司日后想解雇员工时，员工无法证明自己与公司有劳动关系，公司就可以侥幸逃避法律责任。书面的劳动合同毋庸置疑是公司与员工之间存在劳动关系最直接有效的凭证，但却并不是唯一凭证。《劳动合同法》第七条规定，劳资双方的劳动关系从用人单位用工之日起即已建立。2014 年，上海市第二中级人民法院审理了一起案件，案中劳资双方没有签订书面劳动合同，庭审中公司方否认与员工之间存在劳动关系，最终法院以一套工作服和两条与公司的手机通话记录作为证明公司与员工之间已建立劳动关系的证据[①]。

在劳动纠纷案件中，员工无法向法院提供书面劳动合同的，并不会必然地产生员工败诉的后果，员工可以通过除劳动合同外的其他证据来证明自己和公司之间存在劳动关系，如工资支付凭证、工作证、工作服等。即使员工提供的证据证明力较弱，只要这些证据之间能够形成证据链，法院就可以确认双方之间存在劳动关系。有法官认为："我国法律规定，用人单位在招用劳动者时未与劳动者签订书面劳动合同，但用人单位和劳动者符合法律、法规规定的主体资格，劳动者受用人单位的劳动管理、从事用人单位安排的有报酬劳动，其提供的劳动是用人单位业务组成部分，且有工资支付凭证或职工工资发放名册、缴纳各项社会保险费记录的，或者有用

① 上海市第二中级人民法院（2014）沪二中民三（民）终字第 1207 号民事判决书。

人单位向劳动者发放的工作证、服务证等能证明身份的证件，劳动者填写的用人单位招工招聘登记表、报名表、考勤记录、其他劳动者证言等，双方存在事实劳动关系。”[①]

以案说法

案例 1

肖某经朋友王某介绍到某酒店设备公司做搬运工，主要负责装卸货物，并将货物分类存放在库房中，具体由酒店设备公司物流部经理为其安排工作。肖某在酒店设备公司工作期间，双方并未签订书面劳动合同。

2012 年 7 月 19 日上午，酒店设备公司经理安排肖某调整货架位置，因肖某所站的铁板断裂导致其从货架上摔下，酒店设备公司将肖某送往医院治疗。之后，由于酒店设备公司否认与肖某存在劳动关系，肖某将公司诉至法院，以印有“×××”字样的工作服及长期在公司工作的证人王某等人提供的证言作为证据，要求确认双方的劳动关系。

酒店设备公司认为公司的主要经营范围是酒店用品销售，偶有笨重物品需要搬运才会雇请临时搬运工，肖某属于设备公司临时雇请的搬运工。公司提供了员工的工资表若干份以及为全体职工缴纳的社会保险明细，拟证明肖某不在员工之列，此外，公司认为肖某领取的报酬也只是劳务费，并提供了肖某签字确认的《搬运人员领取劳务报酬的凭证》及《情况说明》，证明公司与肖某之间不存在劳动关系。

【判词摘录】[②]

1. 在本案中，肖某为证明自己与酒店设备公司之间存在劳动关系，在一审中举示了工作服加以证明，并申请了证人陈某、王某甲、王某乙出庭作证。肖某举示的工作服上印有“×××”字样，酒店设备公司也认可“×××”

① 国家法官学院案例开发研究中心编：《中国法院 2015 年度案例 · 劳动纠纷（含社会保险纠纷）》，中国法制出版社 2015 年版，第 3 页。

② 重庆市第一中级人民法院（2013）渝一中法民终字第 04071 号民事判决书。

系业内对酒店设备公司的一般称呼。因此，该证据可以作为证明双方存在劳动关系的直接证据。证人王某甲、王某乙均临时性地为酒店设备公司做过搬运工作，他们对为酒店设备公司搬运工的工作性质有较深入的了解，在其均陈述肖某是酒店设备公司的“固定工”，长期固定地为酒店设备公司从事搬运工作的情况下，其所作的证言具有较高的可信度。综合上述证据，可以认定肖某与酒店设备公司之间存在劳动关系。

2. 酒店设备公司举示的《搬运人员领取劳务报酬的凭证》上有肖某的签字，举示的社会保险应缴明细上加盖有社会保险局的印章，且肖某对其真实性均无异议，故本院对该两份证据的真实性予以确认。但是，从社会保险应缴明细上可以看出，酒店设备公司于 2010 年 6 月至 2011 年 6 月为王某缴纳了社会保险，说明王某与酒店设备公司之间至少在该期间内存在劳动关系，《搬运人员领取劳务报酬的凭证》上除有肖某的签字外，亦有王某的签字，酒店设备公司亦陈述王某与肖某均系酒店设备公司的临时搬运工，双方之间不存在劳动关系，因此，酒店设备公司举示的上述证据之间以及酒店设备公司自行所作的陈述之间存在矛盾，本院对该两份证据的证明目的不予采信。

3. 相较而言，肖某举示证据所具有的证明力略大于酒店设备公司举示证据所具有的证明力，且酒店设备公司举示的部分证据之间存在矛盾和冲突，在此情况下，酒店设备公司上诉请求认定双方之间不存在劳动关系，所依据的证据不够充分，本院对酒店设备公司的上诉请求不予支持。

案例 2

迪某餐饮公司成立于 2016 年 3 月 14 日。2016 年 9 月 1 日，该公司开设了一家餐厅，余某是餐厅的店长。公司于 2016 年 9 月 1 日餐厅开业时与余某签订了书面的劳动合同。

2016 年 11 月底，余某因为与公司之间产生矛盾而辞职，双方就余某入职的时间产生了不同的说法。余某提出，自己在 2016 年 3 月餐厅筹建期间就入职公司，具体参与了餐厅选址和装修工作。而公司则否认余某的说法，认为签订书面劳动合同的时间才是劳动关系的开始时间。

庭审查明发现，公司的法定代表人刘某甲或财务刘某乙从2016年3月开始每个月以个人账户向余某转入7000元的固定费用，该数额跟余某与公司签订劳动合同后所获得的工资数额一致。

【判词摘录】[①]

1. 公司在2016年9月之前向余某支付的费用在支付时间上具有一定的规律性，该特点符合劳动报酬按月发放的特征，且与余某主张的月工资水平、工资发放时间相对应，因此不可当然排除2016年9月之前公司支付的款项系因余某为公司提供工作而产生。

2. 公司因未提供其他证据对余某入职时间予以证明，综合本案查明的现有证据的证明内容和效力，双方劳动关系自2016年3月开始的待证事实的存在具有高度可能性，据此认定双方当事人存在合法有效的劳动关系。

证据指引

1. 银行的工资支付流水、社保缴费记录

公司向劳动者发了酬劳，劳动者可以打印银行流水予以证明。有公司会提出支付的酬劳仅能证明双方存在劳务关系而并不能证明存在劳动关系，酬劳只是劳务费而并非工资。基于这样的抗辩观点，一般情况下法院是不会采信公司的意见的。

劳动者也可以社保缴费记录证明自己跟公司之间存在劳动关系，通常在这种情况下，法院都会倾向与支持劳动者的主张认定劳动者和公司之间存在劳动。

2. 劳动者工作期间所签名的文件、发送的电子邮件等可证明在公司工作的资料

在工作期间，劳动者通过电子邮箱发送的与工作有关的邮件，或者日

① 广州市天河区劳动人事争议仲裁委员会穗天劳人仲案字（2016）4688号仲裁裁决书。

常工作中的签名文件，均可以认定公司与劳动者之间存在劳动关系。

3. 工卡

工卡是员工身份的证明。以笔者曾经办过的一起劳动案件为例，案件中，劳动者与公司在 2010 年签订了劳动合同，2015 年双方协商一致解除劳动合同，但双方就工龄问题无法达成一致意见，劳动者拿出了一张印有公司名称以及劳动者照片的工卡，工卡上显示发卡日期是 2008 年 5 月，最终法院认定劳动者是 2008 年 5 月入的职。

法律依据

《劳动合同法》

第七条 用人单位自用工之日起即与劳动者建立劳动关系。用人单位应当建立职工名册备查。

第十条 建立劳动关系，应当订立书面劳动合同。

已建立劳动关系，未同时订立书面劳动合同的，应当自用工之日起一个月内订立书面劳动合同。

用人单位与劳动者在用工前订立劳动合同的，劳动关系自用工之日起建立。

《劳动和社会保障部关于确立劳动关系有关事项的通知》

二、用人单位未与劳动者签订劳动合同，认定双方存在劳动关系时可参照下列凭证：

（一）工资支付凭证或记录（职工工资发放花名册）、缴纳各项社会保险费的记录；

（二）用人单位向劳动者发放的“工作证”、“服务证”等能够证明身份的证件；

（三）劳动者填写的用人单位招工招聘“登记表”、“报名表”等招用记录；

（四）考勤记录；

（五）其他劳动者的证言等。

其中，(一)、(三)、(四)项的有关凭证由用人单位负举证责任。

三、公司在劳动者入职时的主动告知义务

风险提示

公司在招聘员工的时候，会通过面试向应聘者询问各种公司希望了解的问题。公司选员工，员工也在选公司。《劳动合同法》第八条规定，公司作为用人单位，要向劳动者履行主动告知义务和被动告知义务。

主动告知义务，是指公司在招聘时，要主动地如实告知应聘者工作内容、工作条件、工作地点、职业危害、安全生产状况、劳动报酬。除此之外，公司还要承担被动告知义务，当应聘者想了解其他与应聘工作有关的信息时，公司也要如实告知。

公司未履行告知义务需要承担怎样的法律后果，《劳动合同法》没有作出进一步的规定，但是如果公司未按照上述法律规定履行告知义务，日后员工有可能会以自己当初在签订劳动合同时公司未尽告知义务导致自己产生错误的理解为由提出劳动合同无效的主张，又或者提出公司存在欺诈行为。若法院认定劳动合同无效且给员工造成损失的，公司作为有过错的一方就需要向员工承担赔偿责任，同时还需要向员工支付经济补偿金。

以案说法

陈某于2016年6月入职某化工燃料公司担任工厂工人。陈某入职时，公司并没有向陈某告知其今后工作中有可能会出现的职业病危害。

2017年2月，在公司组织的体检中，陈某被检查出患有左耳重度混合性听力损失及右耳中度传导性听力损失，体检报告写明，建议公司将陈某调离噪声作业场所。陈某认为自己在公司工作期间患上职业病，公司在其入职时没有按照法律规定对工作中有可能患职业病的问题进行告知，于是向公司提出索赔。

【律师评析】

员工在应聘时，该份工作是否有让自己患上职业病的风险是员工重点考虑的因素，这关系到员工的切身利益。基于此，《劳动合同法》第八条规定了用人单位负有如实告知员工职业危害的义务。

本案中，化工燃料公司面临诉讼时需要举证证明在陈某入职的时候已经向他主动告知了职业病危害。如果公司无法举证则会面临败诉的风险，届时公司不只要向陈某进行赔偿，还有可能在陈某提出解除劳动合同的前提下支付经济补偿金。

证据指引

1. 劳动合同中的必备条款

劳动合同中必须要列明员工的工作内容、工作地点和劳动报酬，上述三项是《劳动合同法》第十七条规定的劳动合同必备条款。如果公司在与员工签订的劳动合同中没有明确工作内容、工作地点和劳动报酬，并且也没有书面文件能够证明员工签收确认知悉上述事项，则公司会因为无法举证证明已尽告知义务而遭遇被员工起诉的风险。

2. 基本情况告知函

公司可以考虑制作一份书面的基本情况告知函，内容涉及《劳动合同法》所规定的公司主动告知事项，通过书面方式向入职员工履行告知义务。告知函交入职员工阅后签名，之后交还公司保存，该告知函在日后发生纠纷时可以成为重要证据，以防员工提出公司未尽告知义务。

3. 特殊行业、高危行业单独制作确认函

对于一些有职业病危害的特殊行业及高危行业，公司可以单独制作确认函让入职员工签名确认。确认函中要明确员工知悉入职后工作所可能发生的职业病危害风险，或知晓工作属于高危行业并同意入职。

法律依据

《劳动合同法》

第八条 用人单位招用劳动者时，应当如实告知劳动者工作内容、工作条件、工作地点、职业危害、安全生产状况、劳动报酬，以及劳动者要求了解的其他情况；用人单位有权了解劳动者与劳动合同直接相关的基本情况，劳动者应当如实说明。

第十七条 劳动合同应当具备以下条款：

（一）用人单位的名称、住所和法定代表人或者主要负责人；

（二）劳动者的姓名、住址和居民身份证或者其他有效身份证件号码；

（三）劳动合同期限；

（四）工作内容和工作地点；

（五）工作时间和休息休假；

（六）劳动报酬；

（七）社会保险；

（八）劳动保护、劳动条件和职业危害防护；

（九）法律、法规规定应当纳入劳动合同的其他事项。

劳动合同除前款规定的必备条款外，用人单位与劳动者可以约定试用期、培训、保守秘密、补充保险和福利待遇等其他事项。

《职业病防治法》

第三十三条 用人单位与劳动者订立劳动合同（含聘用合同，下同）时，应当将工作过程中可能产生的职业病危害及其后果、职业病防护措施和待遇等如实告知劳动者，并在劳动合同中写明，不得隐瞒或者欺骗。

劳动者在已订立劳动合同期间因工作岗位或者工作内容变更，从事与所订立劳动合同中未告知的存在职业病危害的作业时，用人单位应当依照前款规定，向劳动者履行如实告知的义务，并协商变更原劳动合同相关条款。

用人单位违反前两款规定的，劳动者有权拒绝从事存在职业病危害的作业，用人单位不得因此解除与劳动者所订立的劳动合同。

《就业服务与就业管理规定》

第十二条第一款 用人单位招用人员时，应当依法如实告知劳动者有关工作内容、工作条件、工作地点、职业危害、安全生产状况、劳动报酬以及劳动者要求了解的其他情况。

四、入职登记表中的告知信息可以作为解雇不诚信员工的重要证据

风险提示

《劳动合同法》第三条规定，公司与员工在订立劳动合同的时候应当遵循诚实信用的原则。公司在招聘员工的时候，除负有一定程度的主动及被动告知义务外（详见本节第三部分），也有权利向应聘人员了解一些与签订劳动合同直接相关的基本情况。

公司在招聘员工的一般操作中，通常会采取让员工填写入职登记表、入职申请表等表格的方式了解员工的基本情况。在入职登记表中，要让员工填写他们的基本信息如姓名、年龄、性别、家庭成员信息和住址等。公司应该充分利用入职登记表来维护自己的权利，因为在目前社会上，常见有应聘者提供虚假身份证或学历证明前来应聘，导致公司受到欺骗而错误地招聘了不诚信员工的情况，公司如果发现劳动者不诚信而想辞退的，需要举证证明自己辞退的合法性。所以公司应该在入职登记表中作出一些告知或声明，明确提出劳动者需要对自己入职时提供的身份资料以及学历资料等文件的真实性负责，若劳动者提供虚假资料或填写的信息虚假不实或有隐瞒的，公司可以立即单方面解除劳动合同并无须支付任何的补偿或赔偿。

关于劳动者向用人单位提供虚假资料未尽如实说明义务是否构成欺诈，主要看是否具备以下几个构成要件。第一，劳动者的欺诈故意，即劳动者主观上有通过欺诈行为与用人单位订立劳动合同的意图。第二，劳动者的

欺诈行为，即劳动者实施积极欺诈行为，如告知用人单位虚假情况，或者存在消极欺诈行为，如故意隐瞒真实情况。第三，用人单位因为劳动者的欺诈行为陷入错误，即用人单位因为劳动者的虚假信息或者隐瞒行为，对劳动者的个人情况产生错误的认识。用人单位应当举证证明劳动者的欺诈行为与其错误认识之间存在因果关系。第四，用人单位因为错误而作出意思表示，即用人单位基于对劳动者个人情况的错误认识，决定与劳动者订立劳动合同。用人单位应当举证证明错误认识与订立合同行为之间存在因果关系。用人单位之所以与劳动者订立劳动合同正是因为劳动者欺诈行为导致的错误认识，也就是说，错误认识对于用人单位是否作出订立劳动合同的决定具有决定意义。①

但是笔者在此提醒读者，公司不能仅靠一两条告知或声明就认为已经万无一失，告知或声明仅是开除不诚信员工的重要证据，而公司在招聘的时候还是需要对劳动者提供的资料进行一定的审查和辨别。司法实践中，一些法院会让公司来举证证明员工存在欺诈，或者要求公司证明员工隐瞒事实的行为足以对公司录用产生决定性的影响，公司如果不能举证则要承担举证不能的败诉后果。

以案说法

案例 1

周某于2011年5月通过应聘进入某酒店工作，担任销售经理一职，双方签订了劳动合同。劳动合同中明确约定，若劳动者在签订劳动合同时采取欺骗手段，故意隐瞒个人重要事项的，公司有权解除合同，且不受应提前三十日以书面形式通知的期限限制。

除签订劳动合同外，公司还要求周某填写一份《员工应聘入职登记表》，

① 朱江主编：《北京市第二中级人民法院经典案例分类精解·劳动争议卷》，法律出版社2013年版，第81–82页。

登记表上有一栏要求周某填写自己在何时何地受到何种处分或奖励。周某在该份登记表上仅填写了自己的姓名、性别、联系电话及相关工作经历，未填写奖惩内容。

2012 年 4 月，酒店无意中了解到周某曾经在 2002 年的时候因犯盗窃罪被法院判处有期徒刑一年，因吸毒被强制戒毒六个月。考虑到聘用有犯罪和吸毒史的人对酒店的名誉有影响，且入职的时候周某没有如实报告，于是酒店单方面向周某提出解除劳动合同。周某不服，认为自己工作合格，公司单方面解除劳动合同违反法律规定。

【判词摘录】[①]

1. 原告、被告的两份合同均约定：原告签订合同时采取欺骗手段，故意隐瞒个人重要事项的，被告有权解除合同等。原告、被告劳动合同的签订，是一种双向选择。

2. 用人单位招用劳动者时，应当如实告知劳动者工作内容、工作条件、工作地点、职业危害、安全生产状况、劳动报酬及劳动者要求了解的其他情况；用人单位有权了解劳动者与劳动合同直接相关的基本情况，劳动者应当如实说明，劳动者对自身的基本情况不得隐瞒。这有利于用人单位合理地使用劳动者，有利于劳动合同的顺利履行。

3. 酒店制定的《员工应聘入职登记表》上有何时何地受到何种处分或奖励等栏目，说明被告在招聘时，就要求了解劳动者的基本情况，并安排其相应的岗位。但原告在该表上仅填写自己的姓名、性别、联系电话等内容，其余该表内容原告均未填写。原告网上填写的个人简历是大专学历，亦未如实告知其受过有关部门刑事处罚的经历，致使被告招聘原告为销售经理岗位。原告的前述行为，违反了法律相关规定和合同的约定。

案例 2

张某应聘科技公司的时候，公司要求张某填写入职申请表。在该份入职

① 上海市普陀区人民法院（2012）普民一（民）初字第 4699 号民事判决书。

申请表中，张某在学历一栏填写自己毕业于某科技大学工程管理专业本科。

公司通过面试张某并查看他填写的入职申请表后觉得他挺适合公司，于是聘用张某担任公司的通信部部长一职。

两年多以后，一次偶然的机会，公司发现张某的学历造假，实际上张某并不是本科毕业，而是某科技大学公共关系专业专科毕业。公司觉得自己受到了欺骗，于是起诉要求确认与张某签订的劳动合同无效，并提出张某如果是专科学历毕业只能在公司担任普通销售人员，而普通销售人员的年薪为5万元，所以要求法院判决张某将其超过应得部分的劳动报酬偿还给公司。

【判词摘录】①

1. 科技公司作为用人单位，对劳动者的个人简历、学历、工作经历等应当进行核查，而张某在应聘时应当先给用人单位提供有关个人信息的真实资料。现张某所填写的入职申请表中关于学历的情况是虚假的，其行为明显与诚实、信用等道德准则相悖，法院对此提出严厉的批评。

2. 科技公司主张在张某应聘时企业对应聘者有学历、同行业工作经历等相关条件的要求，但该公司在诉讼中未能提供证据予以证明，故法院对科技公司此诉讼主张，不予采信。

3. 科技公司对张某进行了面试，该公司享有核查应聘者个人资料真实性的权利，但科技公司未及时行使此权利，故该公司应承担相应的后果。科技公司在面试后经协商与张某签订了劳动合同，虽然张某提供的学历不真实，但其行为尚未构成法律上的欺诈、胁迫等行为，在科技公司不能提供证据证明学历、工作经历是录用张某的决定性条件的情况下，法院确认科技公司是在自愿的基础上与张某签订的劳动合同，该劳动合同不属于《劳动法》《劳动合同法》规定的无效合同，故对科技公司要求确认张某与科技公司所签劳动合同无效的请求，法院不予支持。

---

① 朱江主编：《北京市第二中级人民法院经典案例分类精解·劳动争议卷》，法律出版社2013年版，第81-82页。

证据指引

1. 入职申请表或入职登记表中的员工声明

公司应在入职申请表或入职登记表中拟定一段员工声明，要求员工确认对自己所提供的身份资料信息及其他资料的真实性负责，如果有不诚信行为，公司可以对其进行处罚。

表 1–1　某公司员工入职登记表中的声明栏和承诺栏

员工声明	本人确认，公司已如实告知工作内容、工作地点、工作条件、职业危害、安全生产状况、劳动报酬以及本人要求了解的情况。 本人在本表中提供的个人信息、学历证明、资格证明、身份证明、工作经历等个人资料均真实，本人充分了解上述资料的真实性是双方订立劳动合同的前提条件，如有弄虚作假或隐瞒的情况，属于严重违反公司规章制度，同意公司有权解除劳动合同或对劳动合同做无效认定处理，公司因此遭受的损失，本人有对此赔偿的义务。 本人确认，本表所填写的家庭地址为邮寄送达地址，公司向该通信地址寄送的文件或物品，如果发生收件人拒绝签收或其他无法送达的情形的，本人同意，从公司寄出之日起视为公司已经送达。
本人承诺以上所有信息真实有效，且可以作为审查依据，若出现问题愿意承担法律责任，自填表之日起一个星期之内把所需资料交给公司，若本人信息更新应及时通知公司，否则按公司规定处理。 签名：　　　　日期：	

2. 经员工签名确认的资料复印件

一些公司会要求员工入职的时候提供自己的学历学位证书复印件、身份证复印件等资料交公司留底保存。公司需要明白向员工要这些资料复印件的意图何在。保留员工提交的资料复印件的目的是日后便于举证以证明员工提交了虚假资料。

基于举证的目的，公司应当要求员工在提交资料复印件的时候在上面签名确认。例如，学历、工作经历是录用员工的决定性条件，所以公司可以要求员工在学历证明文件及简历（涉及工作经验）的复印件上面亲笔签名确认并注明自己提交的文件是真实的。

3. 规章制度中对员工提供虚假资料的处罚条款

公司的规章制度应当对提供虚假简历、学历等问题的处理作出明确的规定，并且规章制度应当合法有效、经过民主程序制定并且让员工知悉且签收确认。如此一来，公司就可以在员工存在提供虚假资料的行为时，以员工严重违反公司的规章制度为由与之合法解除劳动关系，从而保护公司的合法权益。

法律依据

《劳动合同法》

第八条 用人单位招用劳动者时，应当如实告知劳动者工作内容、工作条件、工作地点、职业危害、安全生产状况、劳动报酬，以及劳动者要求了解的其他情况；用人单位有权了解劳动者与劳动合同直接相关的基本情况，劳动者应当如实说明。

第二十六条 下列劳动合同无效或者部分无效：

（一）以欺诈、胁迫的手段或者乘人之危，使对方在违背真实意思的情况下订立或者变更劳动合同的；

（二）用人单位免除自己的法定责任、排除劳动者权利的；

（三）违反法律、行政法规强制性规定的。

对劳动合同的无效或者部分无效有争议的，由劳动争议仲裁机构或者人民法院确认。

《最高人民法院关于贯彻执行〈中华人民共和国民法通则〉若干问题的意见（试行）》

68. 一方当事人故意告知对方虚假情况，或者故意隐瞒真实情况，诱使对方当事人作出错误意思表示的，可以认定为欺诈行为。

《最高人民法院关于审理劳动争议案件适用法律若干问题的解释》

第十三条 因用人单位作出的开除、除名、辞退、解除劳动合同、减少劳动报酬、计算劳动者工作年限等决定而发生的劳动争议，用人单位负举证责任。

第三节　特殊用工主体的法律关系建立

一、公司应为已退休的返聘人员购买商业保险并注意其身体状况

风险提示

一些员工虽然已经到了退休年龄，但是身体依旧健康。若该员工是公司的技术骨干或者为公司服务多年的老员工，公司往往会希望员工接受返聘继续为公司提供服务，而该员工如果身体好又希望继续在公司工作多赚点钱，也会答应公司的挽留。

有公司会认为，返聘退休员工既方便又无法律风险，如不需再为其缴纳社保，又可以随时解除与员工间的劳动合同，并且不需支付经济赔偿金，等等。实际上，公司返聘退休员工风险还是很大的。

根据《劳动合同法》第四十四条的规定，劳动者开始依法享受基本养老保险待遇的，劳动者与用人单位的劳动合同终止。也即是说，公司与已达退休年龄的员工之间不存在劳动关系，双方因为法律规定无法存在劳动关系。根据《最高人民法院关于审理人身损害赔偿案件适用法律若干问题的解释》第十一条的规定，公司与被返聘的退休员工建立的是劳务雇佣关系。而上述司法解释进一步规定，如果作为雇员的退休人员在工作过程中自身出现了伤亡或造成第三人伤亡的，公司都应当负赔偿责任。

以案说法[1]

江某于 2000 年入职某科技公司，一直工作至 2013 年 12 月 31 日。因为

① 案例选自张扬、蒋丹青：《企业常见法律问题及风险防范：管理者身边的法律顾问》，中国法制出版社 2014 年版，第 208 页。

年龄已到，所以江某办理了退休手续。工作期间，江某是公司的技术骨干，因此公司希望江某继续在公司工作，江某同意。双方于2014年1月1日签订了一份《劳动合同》，约定科技公司每月向江某支付工资一万元。2014年5月10日，江某在上班时意外坠楼以致伤残，江某及家属认为这属于工伤，要求公司赔偿。

【律师评析】

因为江某已经退休，所以江某在2014年1月1日与科技公司所签订的“劳动合同”，实际上是劳务雇佣合同，双方原劳动关系在2013年12月31日终止，并重新建立了劳务雇佣关系。江某已不属于法律上所称的“劳动者”，在进行雇佣活动中人身受到损害的，也不能认定为工伤。但是江某是科技公司的雇员，在劳务雇佣关系中，雇员在雇佣活动中发生了意外，而公司又并没有为其购买商业保险的，公司就需要为江某支付医疗费用。

证据指引

1. 员工健康证明、体检报告等相关资料

由于聘请的退休人员与公司之间是劳务关系而并非劳动关系，不存在劳动关系则无法继续购买工伤保险。公司作为雇主，对于已退休返聘员工受雇佣期间的伤亡需要承担赔偿责任，并且不存在免责事由。因此，对员工的身体健康必须予以重视，公司可以要求已退休员工在返聘前先进行体检并提供相关报告证明，如果该员工身体欠佳的，公司则需要考虑不返聘该员工。

2. 劳务（雇佣）合同

双方签订的劳务（雇佣）合同应当对退休返聘员工在雇佣期间的工作内容、报酬、医疗及其他权利义务予以明确，否则一旦出现纠纷，员工可以要求用人单位承担民事赔偿责任，赔偿包括医疗费、误工费、护理费、交通费、住宿费、住院伙食补助费、必要的营养费等。员工因伤致残的，还可以要求赔偿因增加生活上需要支出的必要费用以及因丧失劳动能力导致的收入

损失，包括残疾赔偿金、残疾辅助器具费、被扶养人生活费以及因康复护理、继续治疗实际发生的必要的康复费、后续治疗费等费用。因此，雇佣双方应对劳务合同的内容予以明确，从而减少劳务纠纷。

3. 购买商业保险的凭证以及由返聘员工签订的确认书

聘请退休人员对于公司而言隐藏着极大的赔偿风险，用工过程中出现伤亡的，公司需要支付医疗费等相关费用，赔付的项目及范围较大，公司应当考虑为员工购买商业保险。

此外，购买商业保险时应当明确商业保险的用途是用于赔付该员工在受雇佣期间所产生的人身伤亡损失。双方约定清楚购买商业保险的目的，若日后退休返聘员工出现人身伤亡的意外，公司才可以通过保险来减轻或完全转嫁自己的赔偿风险。如果不约定商业保险的购买目的，则很可能会出现退休返聘员工（或家属）在获得保险赔付后又再次向公司要求赔偿的情形（因为退休返聘员工或家属可以声称公司购买的商业保险是额外赠送的福利）。

法律依据

《劳动合同法》

第四十四条 有下列情形之一的，劳动合同终止：

（一）劳动合同期满的；

（二）劳动者开始依法享受基本养老保险待遇的；

（三）劳动者死亡，或者被人民法院宣告死亡或者宣告失踪的；

（四）用人单位被依法宣告破产的；

（五）用人单位被吊销营业执照、责令关闭、撤销或者用人单位决定提前解散的；

（六）法律、行政法规规定的其他情形。

《最高人民法院关于审理人身损害赔偿案件适用法律若干问题的解释》

第十一条 雇员在从事雇佣活动中遭受人身损害，雇主应当承担赔偿责任。雇佣关系以外的第三人造成雇员人身损害的，赔偿权利人可以请求第三人承担赔偿责任，也可以请求雇主承担赔偿责任。雇主承担赔偿责任后，可以向第三人追偿。

雇员在从事雇佣活动中因安全生产事故遭受人身损害，发包人、分包人知道或者应当知道接受发包或者分包业务的雇主没有相应资质或者安全生产条件的，应当与雇主承担连带赔偿责任。

属于《工伤保险条例》调整的劳动关系和工伤保险范围的，不适用本条规定。

《广东省高级人民法院、广东省劳动人事争议仲裁委员会关于劳动人事争议仲裁与诉讼衔接若干意见》

十六、劳动者达到法定退休年龄或者已经享受基本养老保险待遇的，劳动关系终止。劳动者所受伤害如被社会保险行政部门认定为工伤，劳动者要求用工单位参照《广东省工伤保险条例》规定的工伤保险待遇支付有关费用的，应予支持，但不包括一次性就业补助金。

《上海市劳动和社会保障局、上海市医疗保险局关于实施〈上海市工伤保险实施办法〉若干问题的通知》

（二十八）本市用人单位聘用的退休人员发生事故伤害的，其工伤认定、劳动能力鉴定按照《实施办法》的规定执行，工伤保险待遇参照《实施办法》的规定由聘用单位支付。

《最高人民法院关于超过法定退休年龄的进城务工农民在工作时间内因公伤亡的，能否认定工伤的答复》

用人单位聘用的超过法定退休年龄的务工农民，在工作时间内、因工作原因伤亡的，应当适用《工伤保险条例》的有关规定进行工伤认定。

二、公司招用大学生实习可以不建立劳动关系

风险提示

大学生到公司实习越来越常见，尤其是一些人手不足且希望减少劳动

用工成本的公司，非常欢迎大学生到公司顶岗实习。实习生跟公司之间是否建立了劳动关系，决定了公司用工责任的轻重，如果实习生与公司并非成立劳动关系，则公司无须根据《劳动法》和《劳动合同法》以及相关劳动法律法规对实习生履行义务。根据《关于贯彻执行〈中华人民共和国劳动法〉若干问题的意见》第十二条的规定："在校生利用业余时间勤工助学，不视为就业，未建立劳动关系，可以不签订劳动合同。"根据上述规定可以看出，公司可以不跟实习生签订劳动合同，但是如果公司与实习生签订了劳动合同，则双方就建立了劳动关系。最高人民法院曾发布判例认为："即将毕业的大专院校在校学生以就业为目的与用人单位签订劳动合同，且接受用人单位管理，按合同约定付出劳动；用人单位在明知求职者系在校学生的情况下，仍与之订立劳动合同并向其发放劳动报酬的，该劳动合同合法有效，应当认定双方之间形成劳动合同关系。"[①] 对于公司而言，为了避免过于繁重的劳动用工责任，可以不与实习生签订劳动合同，以避免被法律认定为双方建立了劳动关系。

如果实习生不与公司建立劳动关系，公司无须为实习生购买社保。如果实习生在实习期间受到了人身伤害（如实习上下班途中遭遇车祸、实习过程中受到人身伤害等），就不属于工伤。那么实习生能否向公司主张相应的人身损害赔偿或补偿？根据《最高人民法院关于审理人身损害赔偿案件适用法律若干问题的解释》第十一条的规定，雇员在从事雇佣活动中遭受人身损害，雇主应当承担赔偿责任。笔者认为，实习生虽然没有跟公司建立劳动关系，但是两者之间是一种雇佣关系，所以公司需要承担赔付责任。因此，公司与实习生双方不建立劳动关系的，不用为其购买社保，而实习生一旦在工作中出了事故，就会对公司造成不利后果，因此公司应考虑购买商业保险转嫁这方面的风险。

① 参见"郭懿诉江苏益丰大药房连锁有限公司劳动争议案"，载《最高人民法院公报》2010年第6期（总第164期）。

以案说法

案例 1

某大学大四学生季某得知升某空调公司招聘文员，于是携带了学院提供的《毕业生双向选择就业推荐表》到公司去应聘。公司对季某进行了面试之后，认为季某非常符合该岗位的条件，于是决定录用季某，并与季某签订了《劳动合同协议书》。但是因为季某尚未毕业，公司没有给她购买社保。

一天，季某于下班途中发生车祸受伤，后经劳动部门确认属于工伤。季某要求公司对自己的工伤进行赔偿。公司认为季某还是未毕业的大学生，双方签订的劳动合同并无法律效力，双方没有建立劳动关系，因此，无须支付工伤赔偿。

【判词摘录】[①]

1. 就本案而言，升某公司具有当然的用工主体资格，而具有劳动权利能力和劳动行为能力的季某，亦已基本完成学业，不再受限于教育管理。在招聘、应聘过程中，升某公司对季某应聘的办公室文员一职并没有在学历上予以要求，季某虽未拿到毕业证书，但不影响合同生效……同时，升某公司对季某的身份已经作了全面的了解，对其已完成学业，可以正常上班工作，但尚未毕业等情形亦已知晓。

2. 据此可以认定，双方当事人在订立劳动合同过程中意思表示真实、明确，无欺诈、威胁等情形。由于升某公司与季某签订之劳动合同约定的工作任务、劳动报酬等权利义务内容未与法律、法规相违背，亦不存在显失公平的情形，故比照劳动法律的规定，涉案劳动合同不存在无效的情形，依法应为有效。

案例 2

陈某是某大学机械制造学院大四学生，在学校规定的实习期间，陈某

① 南通市中级人民法院（2008）通中民一终字第 0180 号民事判决书；载《中国指导案例》编委会编：《人民法院指导案例裁判要旨汇览——劳动 · 社保卷》，中国法制出版社 2013 年版，第 9–10 页。

在某机械制造公司的机械检修室上班实习，公司每月向陈某支付 1000 元的补助。2014 年 1 月 6 日，陈某跟随师傅检修设备时，因设备发生故障导致陈某手指造成永久性伤害。陈某认为自己在工作期间受到人身伤害，于是向司法机关提出确认自己与公司具有劳动关系，自己应得到工伤赔偿。

【律师评析】[①]

本案中，大学生与公司之间是否存在劳动关系以及大学生实习期间发生意外是否属于工伤范围是案件处理的关键。根据原劳动部《关于贯彻执行〈中华人民共和国劳动法〉若干问题的意见》第十二条的规定，在校生利用业余时间勤工助学，不视为就业，未建立劳动关系，可以不签订劳动合同。目前司法实践中，法院不认定大学生在实习期间与公司存在劳动关系，既然不存在劳动关系，也就不存在工伤的问题，因为认定为工伤是以劳动关系的存在为前提。陈某的起诉，是得不到法院的支持的。

但是陈某受伤不属于工伤并不意味着公司就完全没有责任。因为陈某与公司之间是劳务雇佣关系，陈某在实习工作中受到了身体上的损伤，公司应该向他进行赔付。

证据指引

1. 学校制作的《毕业生双向选择就业推荐表》《就业情况信息表》《顶岗实习表》[②]

大学生实习时，往往会带着学校出具的实习协议或者是实习回执，要求公司盖章，以作为学生实习的依据计算学分。在笔者看来，对于一些协议或回执，有一定的法律问题需要公司予以注意。

① 案例及评析的部分内容摘自张扬、郭旺生、吴春婉：《劳动用工完全法律指南》，中国法制出版社 2013 年版，第 51-52 页。

② 本部分内容摘自张扬、蒋丹青：《企业常见法律问题及风险防范：管理者身边的法律顾问》，中国法制出版社 2014 年版，第 209-211 页。

表 1-2　广州某学院实习项岗回执

广州 × 学院学生就业顶岗实习联系函回执

<table>
<tr><td>学生姓名</td><td></td><td>专业班级</td><td></td><td>联系电话</td><td colspan="3"></td></tr>
<tr><td>单位名称（全称）</td><td colspan="3"></td><td>单位
联系人</td><td></td><td>是否愿意成为我院就业顶岗实习合作企业</td><td></td></tr>
<tr><td>单位详细地址</td><td colspan="3"></td><td rowspan="2">单位
联系电话</td><td colspan="3">固定电话：
（区号：非常重要）</td></tr>
<tr><td>单位性质</td><td colspan="3">□国家机关 □国有企业 □三资企业
□私营企业 □民营企业 □其他：__</td><td colspan="3">手机：</td></tr>
<tr><td>企业指导教师</td><td>姓名</td><td colspan="2"></td><td>联系电话</td><td colspan="3"></td></tr>
<tr><td colspan="2">是否接受学生就业</td><td colspan="2">□是 □否</td><td>就职岗位</td><td colspan="3"></td></tr>
<tr><td colspan="8">单位盖章：
年　月　日</td></tr>
</table>

备注：本回执由实习单位填写后，由学生于顶岗实习开始后二周之内负责带（寄）回学校。

如图，该回执中"是否接受学生就业"一栏就存在问题，公司若在该项目中的"是"上面打钩，是否就意味着承诺该学生毕业后接受其进入公司工作呢？实习生与公司之间的关系并非劳动关系，并且实习生未正式就业，公司不应在此时对该学生毕业后能否入职公司作出承诺。

另外，还有一些学校为了将应届毕业生的就业数据做得好看，要求实习生把就业情况信息表交给公司盖章。笔者认为，公司不应该配合学校方面作假，因为公司盖章就意味着该学生并非实习生的身份，而是正式就业。公司与实习生再另行签订实习协议确认实习关系的，也并不一定完全能够否定之前所盖章的就业情况信息表的效力。

表 1-3　广州某学院就业情况信息表

广州　学院　届毕业生就业情况信息表

系别：________　**专业班级：**________　**学号：**________

<table>
<tr><td rowspan="5">毕业生基本信息</td><td colspan="2">姓名</td><td colspan="2"></td><td>性别</td><td></td><td>QQ</td><td></td></tr>
<tr><td colspan="2">手机</td><td colspan="5"></td><td>家庭电话</td><td></td></tr>
<tr><td colspan="2">电子邮箱</td><td colspan="7">非常重要，常用邮箱</td></tr>
<tr><td colspan="2" rowspan="2">离校后信件可接收详细地址</td><td colspan="7" rowspan="2">______省______市______区（县）________________</td></tr>
<tr></tr>
<tr><td rowspan="6">单位基本信息</td><td colspan="2">用人单位全称</td><td colspan="7"></td></tr>
<tr><td colspan="2">单位机构码</td><td colspan="4"></td><td colspan="2">依托单位规模（人）</td><td></td></tr>
<tr><td colspan="2">用人单位详细地址</td><td colspan="7">______省______市______区（县）________________</td></tr>
<tr><td colspan="2">邮政编码</td><td colspan="7"></td></tr>
<tr><td colspan="2">单位性质</td><td colspan="7">1. 机关［□国家机关（公务员）□党群系统 □政法系统 □部队 □社会团体 □其他］
2. 企业［□国有 □集体 □股份合作 □有限责任 □联营 □股份有限 □港澳台 □外商 □私营 □其他］
3. 事业［□高校 □普教 □科研 □医疗 □其他］
4. 其他：________</td></tr>
<tr><td colspan="2">所属行业</td><td colspan="7">□农林牧渔业 □采矿业 □制造业 □电力、燃气及水的生产和供应业 □建筑业 □教育 □交通运输、仓储和邮政业 □信息传播、计算机服务和软件业 □批发和零售业 □金融业 □住宿和餐饮业 □房地产业 □水利、环境和公共设施管理业 □居民服务和其他服务业 □卫生、社会保障和社会福利业 □文化、体育和娱乐业 □公共管理和社会组织 □国际组织 □租赁和商务服务业 □科学研究、技术服务和地质勘查业 □其他：______</td></tr>
<tr><td rowspan="6">单位联系信息</td><td rowspan="3">联系人 1</td><td>姓名</td><td></td><td colspan="3" rowspan="2">联系电话</td><td colspan="3">固定电话：（区号：非常重要）</td></tr>
<tr><td>职务</td><td></td><td colspan="3">手机：</td></tr>
<tr><td>电子邮箱</td><td colspan="7">非常重要，常用邮箱</td></tr>
<tr><td rowspan="3">联系人 2</td><td>姓名</td><td></td><td colspan="3" rowspan="2">联系电话</td><td colspan="3">固定电话：（区号：非常重要）</td></tr>
<tr><td>职务</td><td></td><td colspan="3">手机：</td></tr>
<tr><td>电子邮箱</td><td colspan="7">非常重要，常用邮箱</td></tr>
<tr><td rowspan="3">就职信息</td><td>就职部门</td><td colspan="5"></td><td>就职岗位</td><td colspan="2"></td></tr>
<tr><td>薪酬（试用期转正后）</td><td colspan="8">□ 1000 元以下　□ 1000~1300 元　□ 1300~1600 元　□ 1600~1900 元
□ 1900~2200 元　□ 2200~2500 元　□ 2500~2800 元　□ 2800~3100 元
□ 3100~3400 元　□ 3400~3700 元　□ 3700~4000 元
□其他：________</td></tr>
<tr><td>单位盖章</td><td colspan="3">年　月　日</td><td>毕业生签名</td><td colspan="4">年　月　日</td></tr>
</table>

温馨提示：此表需存档，请用钢笔如实填写，字迹要端正清楚。

上图的就业情况信息表显示有“就职信息”栏目，该栏目中有“就职部门”“就职岗位”以及关于试用期转正后薪酬的项目，学生到公司实习并非直接认定为就业，公司也没有义务承诺学生在毕业后可以入职公司。若公司在该表中的就职信息栏目填写了相关信息并在信息表上盖章，则会存在承诺该学生毕业后可入职并确认了日后薪酬的风险。

2. 实习协议书

公司即使不希望与实习生建立劳动关系，也需要与实习生签订实习协议书，双方通过实习协议书就实习期间各自的权利义务作出相应的约定。针对笔者在上述第一点所提到的问题，若公司为了实习生能够顺利毕业无奈要为实习生填写实习表的，可以在实习协议中设定具体条款如：“乙方（实习生）若需要应学校方面的要求与甲方（公司）签订校方提供的实习协议版本或实习表的，甲方可考虑配合乙方签订，但签订的目的在于协助乙方顺利获得实习成绩并毕业，双方的实习约定仍然以本实习协议为准。”

3. 人身意外保险的购买及约定

公司如果不与实习生建立劳动关系，则无须为其购买社保。即使公司与实习生签订了劳动合同，也会因为实习生尚未大学毕业而无法购买社保。但鉴于实习生在实习期间受到人身伤害无法获得工伤赔偿而需要公司支付赔偿的风险，笔者建议使用实习生较多的公司可考虑购买团体人身意外商业保险转嫁相应风险。

除了购买团体人身意外保险之外，公司还应当与实习生签订协议（或在实习协议里增加相应条款）明确约定公司为实习生购买团体人身意外保险的目的。约定购买团体意外保险的目的，是避免实习生在实习期间受到意外伤害时既获得保险赔付又向公司要求索赔的风险发生。

法律依据

《最高人民法院关于审理人身损害赔偿案件适用法律若干问题的解释》

第十一条 雇员在从事雇佣活动中遭受人身损害，雇主应当承担赔偿责任。雇佣关系以外的第三人造成雇员人身损害的，赔偿权利人可以请求第三人承担赔偿责任，也可以请求雇主承担赔偿责任。雇主承担赔偿责任后，可以向第三人追偿。

雇员在从事雇佣活动中因安全生产事故遭受人身损害，发包人、分包人知道或者应当知道接受发包或者分包业务的雇主没有相应资质或者安全生产条件的，应当与雇主承担连带赔偿责任。

属于《工伤保险条例》调整的劳动关系和工伤保险范围的，不适用本条规定。

《关于贯彻执行〈中华人民共和国劳动法〉若干问题的意见》

12. 在校生利用业余时间勤工助学，不视为就业，未建立劳动关系，可以不签订劳动合同。

三、劳务派遣转变为劳务外包需注意的问题

风险提示

《劳动合同法》在 2012 年 12 月 28 日做过一次修改，这次修改对劳务派遣的问题作出了更严格的规定，修改的主要原因在于目前有很多企业通过劳务派遣的方式逃避劳动用工责任。具体的法律变更情况如下：（1）原规定劳务派遣公司注册资本不得少于 50 万元，新法规定注册资本不得少于 200 万元；（2）劳务派遣公司需要经劳动行政部门特别登记许可方可经营；（3）新法严格要求被派遣劳动者应与普通劳动者同工同酬，且工作岗位持续时间不得超过 6 个月；（4）劳务派遣用工人数不得超过国务院劳动行政部门所规定的比例。2014 年，《劳务派遣暂行规定》出台，对劳务派遣的适用作了详细的规范。

因为劳务派遣受到了严格的限制，所以许多劳动密集型企业被迫对过往大量使用劳务派遣工的情况作出调整和改变。劳务派遣转变为劳务外包，是不少企业突破劳务派遣限制、用以替代劳务派遣的重要方法。

劳务外包从法律上看，实际上是发包企业和承包方之间建立了承揽合同关系，《合同法》第二百五十一条是劳务外包的法律基础，该条规定：“承揽合同是承揽人按照定作人的要求完成工作，交付工作成果，定作人给付报酬的合同。承揽包括加工、定作、修理、复制、测试、检验等工作。”劳

务派遣与劳务外包两者之间最大的区别在于：劳务派遣是劳务公司将人“送进来”，由用工单位具体对派遣员工进行管理和安排生产；劳务外包是用工单位将业务“送出去”，让劳务公司来承接任务进行生产。

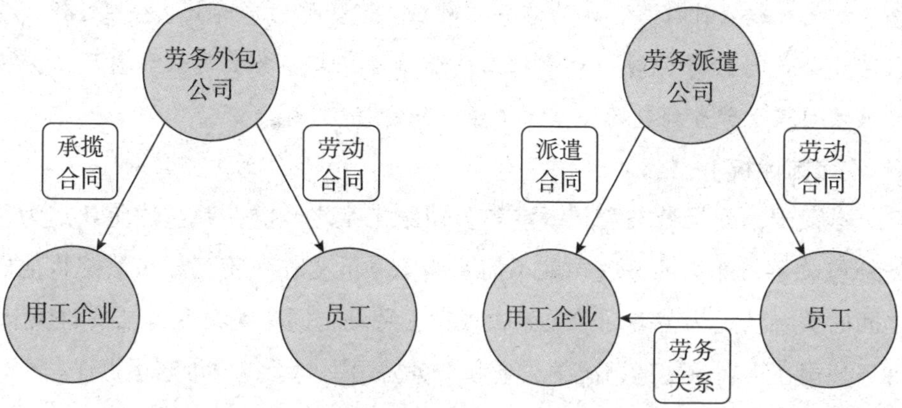

【图 1–1】劳务外包和劳务派遣的区别

企业在使用劳务外包的时候要注意避免“换汤不换药”的情况出现，笔者在为工业性企业提供法律顾问时常发现，目前许多劳务外包公司都是由原来的劳务派遣公司转变而来，在劳务派遣转外包的过程中，只是将原来的合同名称从“劳务派遣”改成“劳务外包”，而在实际操作中依旧是劳务公司将人派遣到用工企业中去工作，仍然是由用工企业去管理员工。这种“假外包，真派遣”的做法是得不到法律认可的，根据《劳务派遣暂行规定》第二十七条的规定，依然认定为员工和用工企业之间存在劳务派遣的关系。一些地方政府还会对使用“假外包，真派遣”的企业给予严厉的经济处罚。

以案说法

某装卸劳务公司与港口集团公司下属的某港务公司签订了一份《装卸作业承包合同》。某港务公司将港口货柜装卸业务外包给该劳务公司，合同约定每月港务公司向劳务公司支付装卸费总额的10%作为管理费。在实际履行的过程中，劳务公司按照港务公司要求负责招收工人并派到港务公司的港口工作，港务公司对工人进行管理。

王某是劳务公司的员工，与劳务公司签订了劳动合同，王某被派到港务公司处工作，在一次钢材装卸作业中不慎受伤造成七级伤残。据查，劳务公司没有为王某购买工伤保险。

王某提起法律程序，认为港务公司在自己受伤的事情上也存在过错，要求港务公司与劳务公司一起承担工伤赔偿责任。港务公司认为自己与劳务公司之间属于劳务外包的关系，不应承担责任。

【律师评析】

本案中，如果劳务公司、港务公司跟王某之间的关系被法院认定为劳务外包关系，那么港务公司就不需要为王某的受伤负责。如果法院将他们之间的关系认定为劳务派遣关系，根据《劳动合同法》第九十二条的规定，港务公司在存在过错的情况下，要和劳务公司一起承担连带赔偿责任。

在本案中，虽然劳务公司跟港务公司之间签订的是《装卸作业承包合同》，约定港务公司的港口装卸作业外包给劳务公司处理，但是在实际操作中却是劳务公司按照港务公司的要求派人到港务公司工作，派去的员工均接受港务公司的管理。劳务公司和港务公司之间涉嫌存在“假外包，真派遣”的行为，因此劳务公司、港务公司与王某之间应当被认定为存在劳务派遣关系。

证据指引

1.《劳务外包合同》

用工单位与劳务公司之间需要签订《劳务外包合同》，首先，合同名称要明确是劳务外包，避免采用人才派遣合同、劳务派遣合同等表述。其次，在劳务外包合同中要明确外包的项目以及具体的结算金额和结算方式。笔者提醒应注意的是，结算金额不能通过“数人头”的方式计算，因为按人数计算费用的方式是劳务派遣的计价形式，这样容易被法院和行政机关认定为“假外包，真派遣”。

2. 管理制度和管理流程

用工单位将业务发包给劳务公司完成，用工单位为了保障服务质量，可以对劳务公司的工作进行监督，但是不能对劳务公司的员工进行直接的管理，更不能把用工单位的管理制度和规定直接适用于劳务公司的工作人员。用工单位可以将制定好的管理制度和规定交予劳务公司，由劳务公司在该外包项目中对自己的员工进行管理和约束。

笔者建议，用工单位可以与劳务公司商议，由用工单位指派一位管理人员在劳务公司驻点作为对接人，用工单位需要发出指令时均向驻点管理人员发出，由驻点管理人员安排劳务工进行工作。

3. 劳务服务费的发放形式

用工单位向劳务公司支付的费用为劳务服务费，劳务服务费一般是根据工作量及工作成果进行结算。正如前文证据指引之一“《劳务外包合同》”中所述，用工单位不能以“数人头”的方式来向劳务公司支付费用，如劳务公司指派 30 人来完成某一项目工作，用工单位则按照每人 ×× 元的费用计算酬劳，这属于劳务派遣的结算方式，会被行政机关和司法机关认定为“假外包，真派遣”。

法律依据

《劳动合同法》

第五十七条 经营劳务派遣业务应当具备下列条件：

（一）注册资本不得少于人民币二百万元；

（二）有与开展业务相适应的固定的经营场所和设施；

（三）有符合法律、行政法规规定的劳务派遣管理制度；

（四）法律、行政法规规定的其他条件。

经营劳务派遣业务，应当向劳动行政部门依法申请行政许可；经许可的，依法办理相应的公司登记。未经许可，任何单位和个人不得经营劳务派遣业务。

第六十三条 被派遣劳动者享有与用工单位的劳动者同工同酬的权利。用工单位应当按照同工同酬原则，对被派遣劳动者与本单位同类岗位的劳动者实行相同的劳动报酬分配办法。用工单位无同类岗位劳动者的，参照用工单位所在地相同或者相近岗位劳动者的劳动报酬确定。

劳务派遣单位与被派遣劳动者订立的劳动合同和与用工单位订立的劳务派遣协议，载明或者约定的向被派遣劳动者支付的劳动报酬应当符合前款规定。

第六十六条 劳动合同用工是我国的企业基本用工形式。劳务派遣用工是补充形式，只能在临时性、辅助性或者替代性的工作岗位上实施。

前款规定的临时性工作岗位是指存续时间不超过六个月的岗位；辅助性工作岗位是指为主营业务岗位提供服务的非主营业务岗位；替代性工作岗位是指用工单位的劳动者因脱产学习、休假等原因无法工作的一定期间内，可以由其他劳动者替代工作的岗位。

用工单位应当严格控制劳务派遣用工数量，不得超过其用工总量的一定比例，具体比例由国务院劳动行政部门规定。

《合同法》

第二百五十一条 承揽合同是承揽人按照定作人的要求完成工作，交付工作成果，定作人给付报酬的合同。承揽包括加工、定作、修理、复制、测试、检验等工作。

《劳务派遣暂行规定》

第二十七条 用人单位以承揽、外包等名义，按劳务派遣用工形式使用劳动者的，按照本规定处理。

四、非全日制劳动用工关系的建立[①]

风险提示

什么是非全日制劳动用工？《劳动合同法》第六十八条规定："非全日

① 本部分内容摘自张扬、蒋丹青：《企业常见法律问题及风险防范：管理者身边的法律顾问（增订2版）》，中国法制出版社2017年版，第257–262页。

制用工，是指以小时计酬为主，劳动者在同一用人单位一般平均每日工作时间不超过四小时，每周工作时间累计不超过二十四小时的用工形式。”

实践中，用人单位与劳动者签订非全日制劳动合同并不需要到劳动部门备案，因此十分方便，也给当今社会的劳动用工带来了极大的好处。自2008年1月1日《劳动合同法》颁布实施起，用人单位必须为全日制用工的劳动者购买社保，为非全日制用工的劳动者购买基本的养老保险、医疗保险和工伤保险。但法律规定在一些企业中并没有（尤其是劳动密集型企业）得到很好的实施，这不单是企业为节省成本导致，更多的原因在于目前个人缴纳社保部分费用过高且人员流动性极大。根据现行社保政策，若劳动者从用人单位离职后不再续买社保，则日后无法享受社保待遇。因此许多劳动密集型企业采取了全日制及非全日制用工制度并存的方式，用工要求不变，由劳动者自行选择签订哪种合同。劳动者一旦选择非全日制用工，用人单位会将节省的社保成本的一部分转化为津贴发还给劳动者。这种操作制度往往都得到了较好的执行，因为用人单位避免了潜在的劳动风险，节省了大量的成本费用，还可以将节省的社保成本用于发放非全日制用工的津贴。同时对于劳动者来说，这样也解决了他们的实际需求并切实提高了福利待遇。[①]

公司无须对非全日制的员工支付加班费，解除与非全日制员工的劳动关系时也无须支付任何的经济补偿金或经济赔偿金。虽然公司适用非全日制用工能节省很多的用工成本且有很大的自主性，但是公司在适用时仍需要严格按照法律要求进行操作。根据非全日制用工相关法律条文规定，公司与员工建立非全日制劳动关系的，需要签订非全日制劳动合同，并让劳动者明确知道自己作为非全日制劳动者的权利和义务（避免公司在劳动者不知情的情况下诱骗劳动者签订非全日制劳动合同）。同时，公司应当严格按照法律规定每月发放两次工资，同时应为劳动者购买工伤保险（若公司

① 张扬、郭旺生、吴春婉：《劳动用工完全法律指南》，中国法制出版社2013年版，第125–126页。

不为劳动者购买的，需要将购买工伤保险的费用以工资的形式支付给劳动者，并明确约定由劳动者自己购买）。另外在工作时间上，若有证据证明公司超过四小时用工的，则司法机关会否定双方的非全日制用工关系，视为双方建立了全日制劳动用工关系。

以案说法

案例 1

宋某是某经营公司的员工，2012 年 1 月 12 日公司与他签订了非全日制劳动合同。宋某在签订合同的时候还签订了同意书，同意非全日制用工的模式。

2013 年 9 月，宋某因多年来自己未购买社保，权利受到了损害，于是提起诉讼。宋某提出自己平日上班是从凌晨四点到晚上七八点，并提供了没有登记上下班时间的考勤表，要求法院确认自己与经营公司之间不是非全日制劳动关系，而是全日制的劳动关系。

【判词摘录】①

1. 原告与被告签订了非全日制劳动合同，且附有宋某签名的申请书，申请书显示宋某了解非全日制和全日制用工的规定，自愿签订非全日制劳动合同。宋某主张其是在领导的诱导下签订了非全日制劳动合同，但未能提供证据证明其主张，应当承担举证不能的不利后果。双方确认工资每月支付 2 次。

2. 根据《劳动争议调解仲裁法》第六条的规定，当事人对自己提出的主张有责任提供证据。宋某主张其实际是全日制用工，工作时间为凌晨四点至下午七八点，提供了考勤表，考勤表上只有出勤记录，不能证明其工作时间。

3. 综上，原告、被告关于非全日制用工劳动合同中的约定和实际履行均符合法律规定，宋某请求确认双方存在全日制用工劳动关系无事实及法

① 广州市越秀区人民法院（2013）穗越法民一初字第 4207 号民事判决书。

律依据，法院不予支持。

案例 2

刘某是某报社的送报员，报社与刘某签订的是非全日制劳动合同，刘某在签订合同时，还签订了一份同意适用非全日制劳动用工的《申请书》。

刘某平日负责早上五点至九点的送报工作，工资按每小时 4.6 元支付，每个月 15 日及 25 日各发一次工资。刘某完成日常的送报工作后，额外会帮助报社收购废报纸或在外为报社向客户或读者进行征订，报社会根据刘某的工作成果额外支付提成和奖励。

2011 年 7 月，报社认为刘某工作表现差且存在违规行为，因此与其解除劳动关系。刘某不服提起诉讼，他认为自己与报社之间表面上是非全日制劳动关系，实际上自己是全日制用工，要求报社向自己支付经济赔偿金。刘某向法院提交了公司的考勤表，考勤表记载刘某几乎天天都出勤，但并未记录具体上下班时间，刘某根据考勤表的记载要求公司支付休息日及法定休假日的加班费。

刘某离职前十二个月的月平均工资为 4226.6 元。

【判词摘录】①

双方签订的劳动合同约定刘某的工作时间按照非全日制用工制度执行，刘某向报社递交的《申请书》也写明其已全面了解《劳动合同法》关于非全日制与全日制用工的规定，并请求签订非全日制劳动合同。上述《申请书》及《劳动合同》是刘某的真实意思表示，没有违反法律的规定。

虽然考勤表显示刘某休息日和法定休假日有上班，但因刘某是非全日制用工，现没有证据证实其平时用工是否超过四小时，而且刘某的工资由绩效工资和每月数额不固定的提成组成，报社实际上支付给刘某的月均工资为 4226.6 元，该数额已超出劳动合同约定的工资金额，现刘某要求支付休息日和法定休假日加班工资的理由依据不足，法院不予支持。

---

① 广州市越秀区人民法院（2013）穗越法民一初字第 493、696 号民事判决书。

刘某认定其属全日制用工依据不足，法院不予认可。《劳动合同法》第七十一条规定，非全日制用工双方当事人任何一方都可以随时通知对方终止用工。终止用工，用人单位不向劳动者支付经济补偿。本案中，报社可以随时通知刘某终止用工，现刘某要求支付违法解除劳动合同的赔偿金的理由依据不足，法院不予支持。

案例3

黄某于2011年7月入职某经营公司，双方签订非全日制劳动合同，且黄某在同意签订非全日制劳动合同的申请书上签名确认。2011年9月12日，黄某酒后驾驶一辆二轮摩托车在街上与一辆重型专项作业车发生碰撞并当场死亡。事后，劳动部门对黄某的死亡不认定为工伤。

事发后，黄某家属向经营公司提出索赔，要求经营公司支付丧葬补助金和一次性抚恤金。

【判词摘录】①

1.《社会保险法》第十二条第三款规定，无雇工的个体工商户、未在用人单位参加基本养老保险的非全日制从业人员以及其他灵活就业人员参加基本养老保险的，应当按照国家规定缴纳基本养老保险费，分别计入基本养老保险统筹基金和个人账户。根据该条规定和双方劳动合同约定，黄某应自行缴纳基本养老保险费。

2.《社会保险法》第十七条规定，参加基本养老保险的个人，因病或者非因工死亡的，其遗属可以领取丧葬补助金和抚恤金。据此，黄某的丧葬补助金和一次性抚恤金本应由基本养老保险统筹基金支付，由于黄某未自己缴纳基本养老保险费，导致其家属无法从基本养老保险统筹基金中获赔上述费用，并非公司的过错，黄某家属要求公司承担丧葬补助金和一次性抚恤金缺乏事实依据。

① 广州市越秀区劳动争议仲裁委员会越劳仲案非终字（2012）1421号仲裁裁决书。

证据指引

1. 非全日制劳动合同

公司若与员工建立非全日制劳动关系，需要签订非全日制劳动合同。非全日制劳动合同与一般的全日制劳动合同在条款上稍有不同，劳动关系条款中要明确双方实行非全日制劳动关系，并以小时为单位计算工资，明确工伤保险的缴纳方法等。

2. 员工签名的《同意书》或《申请书》

公司除需要与员工签订非全日制劳动合同外，还必须要求员工签订同意书或申请书，由员工在同意书或申请书上签名确认，以明确自己清楚地知道全日制用工和非全日制用工的区别并同意与公司签订非全日制劳动合同。

虽然法律上并没有明确要求公司要与员工签订同意书或申请书，但是在笔者经办的非全日制劳动用工认定的案件中，劳动仲裁委员会或法院时常会询问并查明关于员工是否知晓自己是与公司建立非全日制劳动关系的事实。让员工签订同意书和申请书，可以避免非全日制劳动用工合同的签订到底是员工自愿还是不知情的争议。

申请书

本人已全面了解《劳动合同法》关于非全日制和全日制用工的规定。现本人请求签订非全日制用工劳动合同。

特此申请。

申请人：
日　期：

【图 1-2】可得到法院认可的非全日制用工申请书

3. 工资明细资料

非全日制用工劳动报酬是以小时计薪，小时计酬标准不得低于用人单位所在地人民政府规定的最低小时工资标准，同时结算支付周期最长不得超过十五日。如果劳动者提交的工资明细证明公司支付的小时工资低于当地最低小时工资标准，或者超过十五日发放工资的，则法院会否定劳资双方存在非全日制劳动关系。

4. 考勤记录

非全日制的劳动者在同一用人单位一般平均每日工作时间不超过四小时，每周工作时间累计不超过二十四小时。所以如果劳动者要否认与公司存在非全日制劳动关系，除了可以从工资支付方面着手，也可以从考勤方面予以证明。如果劳动者的考勤记录显示工作时间超出了上述法律规定的时间限制，法院则会否定劳资双方存在非全日制劳动关系。在实践中，有的公司在实行非全日制劳动用工制度时会超出法律规定的时间限制，往往会采用考勤不记录时间仅记录劳动者是否出勤的方法来规避风险，对于超过四小时的工作酬劳，公司以奖励、奖金或额外工作酬劳的名义与基本工资一起发放。根据法律规定，使用非全日制劳动用工的公司可以随时辞退非全日制员工而无须支付经济补偿，也无须支付加班费，因此往往出现公司滥用非全日制劳动用工的情形。笔者在此也提醒用人单位，非全日制用工并不能完全替代全日制用工。公司在使用非全日制用工的时候，应该严格遵守法律规定，且不应借助非全日制用工的便利故意损害员工的合法权益。

法律依据

《劳动合同法》

第六十八条 非全日制用工，是指以小时计酬为主，劳动者在同一用人单位一般平均每日工作时间不超过四小时，每周工作时间累计不超过二十四小时的用工形式。

第六十九条 非全日制用工双方当事人可以订立口头协议。

从事非全日制用工的劳动者可以与一个或者一个以上用人单位订立劳动合同；但是，后订立的劳动合同不得影响先订立的劳动合同的履行

第七十条 非全日制用工双方当事人不得约定试用期。

第七十一条 非全日制用工双方当事人任何一方都可以随时通知对方终止用工。终止用工，用人单位不向劳动者支付经济补偿。

第七十二条 非全日制用工小时计酬标准不得低于用人单位所在地人民政府规定的最低小时工资标准。

非全日制用工劳动报酬结算支付周期最长不得超过十五日。

《社会保险法》

第十二条

……

无雇工的个体工商户、未在用人单位参加基本养老保险的非全日制从业人员以及其他灵活就业人员参加基本养老保险的，应当按照国家规定缴纳基本养老保险费，分别记入基本养老保险统筹基金和个人账户。

第十七条 参加基本养老保险的个人，因病或者非因工死亡的，其遗属可以领取丧葬补助金和抚恤金……

第二章

劳动合同的签订与管理

第一节 签订劳动合同

一、企业应避免支付未签订书面劳动合同的双倍工资差额

风险提示

《劳动合同法》第十条第一款规定："建立劳动关系，应当订立书面劳动合同。"订立书面的劳动合同，是法律对公司的硬性要求，但是一些公司出于种种原因，没有与员工签订劳动合同。例如，初创公司在业务拓展上已忙得焦头烂额，根本无暇顾及人事管理，公司负责人一心想着怎么把公司做起来及如何融资，对与员工签订劳动合同的问题不重视，认为这是可有可无的东西；或是公司负责人不懂法，对法律理解不到位，以为员工入职的时候填写了入职登记表就行了，将入职登记表视为劳动合同（关于入职登记表能否视为劳动合同，详见本书第一章第二节第一部分的有关内容）。公司如何没有与员工签订书面劳动合同的，自用工之日起满一个月的次日至满一年的前一日，公司需要向员工支付双倍工资。

有时候公司一方也觉得自己很"委屈"，实践中经常会出现员工自己不愿意跟公司签订劳动合同的情况。《劳动合同法实施条例》第五条规定："自用工之日起一个月内，经用人单位书面通知后，劳动者不与用人单位订立书面劳动合同的，用人单位应当书面通知劳动者终止劳动关系，无需向劳动者支付经济补偿……"因此针对员工不愿意跟公司签订劳动合同的情况，公司要先通过书面通知的形式要求员工签订劳动合同，员工收到通知后仍不予理会的，公司就可以在员工入职一个月内合法地对其进行开除处理。

除此之外，公司还应注意劳动合同到期后的续签问题。公司与员工之间的劳动合同到期以后，并非自动续期，如果员工在劳动合同到期后继续在

公司工作，而公司却没有与员工续签书面劳动合同，则视为双方之间没有签订书面劳动合同，超过一个月没有签的，公司就要向员工支付双倍工资。

以案说法

案例1

王某入职某电子有限公司一个多月后，仍以各种借口未与公司签订劳动合同，公司经多次催告未果，最终与之解除劳动关系。

王某离职后便将公司诉至法院，主张公司一直未与他签订劳动合同，要求判令公司支付未签订劳动合同的双倍工资。庭审中，公司一直主张是王某故意未与公司签订劳动合同，因此无须支付二倍工资。

【判词摘录】[①]

关于王某未签劳动合同的二倍工资，公司上诉主张，是王某故意不签订劳动合同，因此，无须向其支付二倍工资，但《劳动合同法》和《劳动合同法实施条例》均没有对未签劳动合同的二倍工资规定任何免责事由。

即使公司的主张属实，但公司并没有依据《劳动合同法实施条例》第六条的规定，在王某入职之日起的一个月内与其终止劳动关系，因此，仍应向王某支付二倍工资。原审根据王某的入职时间和工资数额所判决的二倍工资正确，本院予以确认。

案例2

钱某于2015年9月1日到上海某公司工作，被安排在某商场专柜营业员岗位从事销售工作，双方签订劳动合同，合同期限为2014年9月1日至2015年3月31日，约定工作时间按照商场的规定执行。合同到期后，双方未续签劳动合同，但是钱某继续在岗工作直至2015年10月31日离职。钱某于2015年11月1日起诉，要求公司支付劳动合同期满后未签订书面劳动

① 深圳市中级人民法院（2015）深中法劳终字第5206号民事判决书。

合同的二倍工资差额。

庭审中公司称自己曾多次催促钱某签订劳动合同，但钱某一直未能签订才致使劳动合同未能续签，由此产生的责任应由钱某承担。

【律师评析】

劳动合同期满后，员工继续在用人单位工作，用人单位超过一个月不满一年未与劳动者订立书面劳动合同，员工请求用人单位每月支付二倍工资的，法院应予支持。

公司与钱某之间的劳动合同于 2015 年 3 月 31 日到期，双方未续签劳动合同，钱某继续工作至 2015 年 10 月 31 日，虽然公司主张劳动合同未能续签是因钱某拒绝签订，但却并不能提供证据予以证明，公司的抗辩没有事实依据。所以公司在本案中要向钱某支付从 2015 年 4 月 1 日起至 2015 年 10 月 31 日止的双倍工资差额。

证据指引

1. 书面劳动合同

公司与员工建立劳动关系或者要续签劳动合同时，应当在一个月内主动与员工签订书面劳动合同，否则可能面临向员工支付未签订书面劳动合同的二倍工资的风险。

2. 劳动合同的签订时间以及确认书

公司在员工入职时没能第一时间签订劳动合同，超过一个月后再与员工签订劳动合同的，应该要跟员工协商将劳动合同签订日期倒签到劳动者入职的一个月内。同时建议公司要求员工签订一份确认书，确认双方签订了书面劳动合同且员工不向公司追究法律责任。

3. 员工自愿不签订书面劳动合同的确认书、录音或视频

公司要求与员工签订书面劳动合同而员工本人不愿意签订的，应当要求员工书面确认不签订劳动合同是员工本人提出的而非公司不与员工签订

的。公司要求员工出具确认书是为了避免日后发生纠纷时难以举证证明不签订书面劳动合同的责任在员工一方。

若员工不愿意签订上述确认书的，公司可以考虑通过人事部门负责人与其谈话并录音或录像进行取证，通过录音和录像来证明公司跟员工确实存在协商签订书面劳动合同的事实，不签劳动合同的责任确实不在公司。

4. 终止劳动关系的书面通知

公司书面通知员工签订劳动合同，在员工不愿意签订的情况下，公司应当尽快在员工入职一个月内与该员工终止劳动关系并发出终止劳动关系的书面通知，避免日后劳资双方发生纠纷时公司承担支付未签订书面劳动合同的双倍工资差额的风险。

法律依据

《劳动合同法》

第十条 建立劳动关系，应当订立书面劳动合同。

已建立劳动关系，未同时订立书面劳动合同的，应当自用工之日起一个月内订立书面劳动合同。

用人单位与劳动者在用工前订立劳动合同的，劳动关系自用工之日起建立。

第八十二条 用人单位自用工之日起超过一个月不满一年未与劳动者订立书面劳动合同的，应当向劳动者每月支付二倍的工资。

用人单位违反本法规定不与劳动者订立无固定期限劳动合同的，自应当订立无固定期限劳动合同之日起向劳动者每月支付二倍的工资。

《劳动合同法实施条例》

第五条 自用工之日起一个月内，经用人单位书面通知后，劳动者不与用人单位订立书面劳动合同的，用人单位应当书面通知劳动者终止劳动关系，无需向劳动者支付经济补偿，但是应当依法向劳动者支付其实际工作时间的劳动报酬。

第六条 用人单位自用工之日起超过一个月不满一年未与劳动者订立书面劳动合同的，应当依照劳动合同法第八十二条的规定向劳动者每月支付两倍的工资，并与劳动者补订书面劳动合同；劳动者不与用人单位订立书面劳动合同的，用人单位应当书面通知劳动者终止劳动关系，并依照劳动合同法第四十七条的规定支付经济补偿。

前款规定的用人单位向劳动者每月支付两倍工资的起算时间为用工之日起满一个月的次日，截止时间为补订书面劳动合同的前一日。

《广州市中级人民法院关于审理劳动人事争议案件若干问题的研讨会纪要》

22. 用人单位与劳动者签订的劳动合同仅约定了期限、劳动报酬，不完全具备《中华人民共和国劳动合同法》第十七条规定的必备条款，可以视为双方签订了劳动合同，用人单位不需要支付劳动者未签订书面劳动合同的二倍工资。且上述有效的劳动合同条款对双方都具有约束力。

《深圳市中级人民法院关于审理劳动争议案件的裁判指引》

六十四、用人单位自用工之日起超过一个月不满一年未与劳动者签订书面劳动合同的，用人单位应自用工之日起满一个月的次日起支付二倍工资至双方签订书面劳动合同前一日时止。

劳动者拒绝与用人单位签订书面劳动合同，用人单位未按照《劳动合同法实施条例》第五条、第六条的规定书面通知劳动者终止劳动关系的，劳动者要求未签订书面劳动合同二倍工资的，应予支持。

劳动合同期满，劳动者继续在用人单位工作的，用人单位在劳动合同期满之日超过一个月不满一年未与劳动者签订劳动合同的，参照前两款的规定处理。

六十六、用人单位未按照法定期限与劳动者签订书面劳动合同，即使后来双方签订了劳动合同，劳动者要求用人单位支付二倍工资至签订之日的，应予支持。但双方将劳动合同的签字日期倒签在法定期限之内或者双方约定的劳动合同期间包含了已经履行的事实劳动关系期间的，应视为双方自始签订了劳动合同，劳动者要求用人单位支付二倍工资的，不予支持。

《广东省高级人民法院、广东省劳动争议仲裁委员会关于适用〈劳动争议调解仲裁法〉、〈劳动合同法〉若干问题的指导意见》

第二十一条　自用工之日起一个月内，劳动者与用人单位就签订劳动合同事项协商不一致，用人单位提出终止劳动关系的，无须支付经济补偿金。

自用工之日起超过一个月不足一年，用人单位有足够证据证明其与劳动者未能签订书面劳动合同的原因完全在劳动者，且用人单位无过错的，用人单位无须支付两倍工资。但用人单位提出终止劳动关系的，须支付经济补偿金。

《湖南省高级人民法院关于审理劳动争议案件若干问题的指导意见》

二十二、劳动者依据《劳动合同法》第十四条第三款、第八十二条第一款的规定，以用人单位自用工之日起满1年未与其签订书面劳动合同为由，请求确认其与用人单位自用工之日起满1年时已订立无固定期限劳动合同、由用人单位支付二倍工资的，应予支持，但用人单位能举证证明未签订书面劳动合同系劳动者一方原因引起的除外。

《江苏省高级人民法院、江苏省劳动人事争议仲裁委员会关于审理劳动人事争议案件的指导意见（二）》

第三条　劳动合同期满后，劳动者继续在用人单位工作，用人单位超过一个月不满一年未与劳动者订立书面劳动合同，劳动者请求用人单位每月支付二倍工资的，应予支持。用人单位超过一年未与劳动者订立书面劳动合同的，视为双方已订立无固定期限劳动合同。

《广东省高级人民法院、广东省劳动人事争议仲裁委员会关于审理劳动人事争议案件若干问题的座谈会纪要》

14. 用人单位自用工之日起超过一个月不满一年未与劳动者签订书面劳动合同，或者虽通知劳动者签订书面劳动合同但劳动者无正当理由拒不签订，用人单位未书面通知劳动者终止劳动关系的，应当按照《劳动合同法》第八十二条的规定向劳动者每月支付二倍工资。二倍工资差额的计算基数为劳动者当月应得工资，但不包括以下两项：

（1）支付周期超过一个月的劳动报酬，如季度奖、半年奖、年终奖、年底双薪以及按照季度、半年、年结算的业务提成等；

（2）未确定支付周期的劳动报酬，如一次性的奖金，特殊情况下支付的津贴、补贴等。

劳动合同期满后，劳动者仍在原用人单位工作，超过一个月双方仍未续订劳动合同，劳动者根据《劳动合同法》第八十二条第一款规定要求支付二倍工资的，应予支持。

用人单位自用工之日起满一年不与劳动者订立书面劳动合同，视为已订立无固定期限劳动合同，用人单位无需再支付用工之日起满一年后未订立书面劳动合同的二倍工资。

《浙江省高级人民法院民一庭关于审理劳动争议纠纷案件若干疑难问题的解答》

一、如果确系不可归责于用人单位的原因导致未签订书面劳动合同，劳动者能否要求用人单位支付二倍工资？

签订书面劳动合同系用人单位的法定义务，但确系不可归责于用人单位的原因导致未签订书面劳动合同，劳动者因此主张二倍工资的，可不予支持。下列情形一般可认定为“不可归责于用人单位的原因”：

用人单位有充分证据证明劳动者拒绝签订或者利用主管人事等职权故意不签订劳动合同的；工伤职工在停工留薪期内的，女职工在产假期内或哺乳假内的，职工患病或非因工负伤在病假期内的，因其他客观原因导致用人单位无法及时与劳动者签订劳动合同的。

二、用人单位超过一个月未与劳动者订立书面劳动合同，但在一年内又补订了劳动合同的，是否应该向劳动者支付二倍工资？

用人单位超过一个月未与劳动者签订书面劳动合同，后在一年内又与劳动者补订了劳动合同，用人单位应向劳动者支付用工之日起满一个月的次日至补订劳动合同的前一日期间的二倍工资。实际补订日期，应根据补订的劳动合同落款日期及其他情形综合认定。

二、公司应提防员工找人代签劳动合同

风险提示

根据《劳动合同法》第十条的规定，劳资双方建立劳动关系必须要签订书面的劳动合同。在员工入职后的一个月内，公司应安排与劳动者签订书面劳动合同事宜。

在实践中，一些公司人事部门的工作人员为了贪图方便、节省时间，会把劳动合同发给新入职的员工，让员工拿回去慢慢看，签名后再拿回来。公司这样做会存在一个漏洞：劳动合同签名的真实性问题。如果一份劳动合同上的员工签名并非员工本人亲笔所签，那么这份劳动合同是否有效？劳资双方的劳动关系是否建立？

若员工没有真正在劳动合同上签名，当出现纠纷时，员工会提出劳动合同中的名字不是自己签的、劳资双方没签劳动合同的主张，法庭会委托第三方鉴定机构对该签名做笔迹鉴定，如果经鉴定证明合同上的签名并非员工亲笔所签，那么公司就有大麻烦。员工已经为公司提供劳动，双方的劳动关系已经成立，公司如果没有证据证明代签名是由员工授权或是员工真实意思的，则很大可能会被法院认定劳资双方实际上没有签订该书面劳动合同，所以双方存在事实劳动关系，公司需要向员工支付双倍工资。

以案说法

案例 1

李某于 2007 年 9 月入职某煤业集团公司，入职当天公司便提出与李某签订书面劳动合同。当天，包括李某在内共有 50 多位工人均需要签订劳动合同，而公司并没有现场监督大家亲笔签名。

李某入职一年后，以双方于 2007 年 9 月 1 日开始已建立事实劳动关系但未签订书面劳动合同为理由起诉，要求公司支付 2007 年 10 月至 2008 年

8 月的双倍工资差额。

庭审中，公司提交了双方签订的书面劳动合同，但李某称该份合同并非他亲笔签名。后经过笔迹鉴定发现劳动合同并非李某亲笔所签，公司称李某故意找人代签名。

【判词摘录】[①]

1. 用人单位自用工之日起超过一个月不满一年未与劳动者订立书面劳动合同的，应当向劳动者每月支付二倍的工资，除非用人单位有足够证据证明其与劳动者未能签订书面劳动合同的原因完全在劳动者，且用人单位无过错的，用人单位无须支付二倍工资。

2. 本案中，公司提供的证据并不能证明其与李某未能签订书面劳动合同的原因完全在李某，也不能因为公司管理上的漏洞导致他人代签而免除自己支付二倍工资的责任。

案例 2

肖某入职某实业公司时，人事部的同事给了肖某两份盖有公司公章的劳动合同，合同期限三年，试用期六个月。肖某向公司表示回去后要仔细看看，并告知人事部同事说签好后第二天带回公司。第二天，肖某带回两份已签名的劳动合同，一份由公司留底，一份由肖某持有。

肖某工作八个月后，公司对肖某的工作不满意，决定开除肖某并同意支付经济赔偿金，肖某同意接受开除决定并同意领取经济赔偿金，但他还提出自己没有跟公司签订劳动合同，所以要求公司支付他自入职起到离职止的双倍工资差额。

双方因为协商不成，肖某提起劳动仲裁程序，公司提交劳动合同作为证据，但在庭审中经鉴定，该份劳动合同中肖某的签名并非他本人亲笔所签。

【律师评析】

肖某提出公司没有跟他签订劳动合同，而公司称已经签订了劳动合同

① 焦作市中级人民法院（2013）焦民劳终字第 00009 号民事判决书。

并把书面劳动合同作为证据提交，劳动合同中劳动者的签名到底是不是肖某亲笔所签就是本案的关键。在一方提出签名并非自己所签而另一方却提出相反观点的情况下，劳动仲裁委员会或法院会委托第三方鉴定机构对签名做笔迹鉴定。

本案最终的鉴定结论是签名并非肖某的亲笔签名，因此在劳动者否认与公司签订有书面劳动合同的情况下，法院会判决双方存在事实劳动关系，从而导致公司需要向肖某支付双倍工资差额。

证据指引

1. 劳动合同的签名

公司要认识到劳动合同由劳动者亲笔签署的重要性，公司的人事部门对此也要有充分的认识，并且工作要做得细致严谨。律师建议，公司应当要求劳动者在公司工作人员的见证下在劳动合同上签字，避免出现虚假签名或找人代签的情况发生。

2. 确认亲笔签名声明书

有些公司因为涉及多地区办公，或者公司规模太大、人数多，公司人事在难以做到一对一、面对面见证劳动者签名的情况下，可以考虑除劳动合同外，另附一份确认亲笔签名声明书，内容为："本人确认在本人与 ××× 公司于 ×× 年 × 月 × 日的《劳动合同》中劳动者处的签名为本人亲笔所签，如有虚假或代签的，本人承担一切责任。特此声明。" 该份声明书由公司保存原件。

法律依据

《劳动合同法》

第十条 建立劳动关系，应当订立书面劳动合同。

已建立劳动关系，未同时订立书面劳动合同的，应当自用工之日起一个月内订立书面劳动合同。

用人单位与劳动者在用工前订立劳动合同的，劳动关系自用工之日起建立。

第十六条 劳动合同由用人单位与劳动者协商一致，并经用人单位与劳动者在劳动合同文本上签字或者盖章生效。

劳动合同文本由用人单位和劳动者各执一份。

三、劳动合同应设置劳动者通信地址条款

风险提示

《劳动合同法》第十七条中约定了劳动合同的几个必备条款，其中该条第（二）项规定，劳动者的姓名、住址和居民身份证或者其他有效身份证件号码是劳动合同的必备条款。但在实践中，非本地常住居民的员工，其住址经常会发生变化，身份证上的地址长期没人居住也是常见之事，所以当公司要向员工发送信件告知一些重要事项（如员工连续数日在未请假的情况下不来上班，公司向其发出返岗通知）或在紧急情况下想联络员工家属时，却无法找到员工或其家属。

劳动合同履行过程中，因各种因素使员工不能到达公司正常工作时，公司可能因信息掌握不全面而无法送达通知、决定。而送达程序的不完整将会使公司在解除劳动关系时面临程序合法的障碍，甚至有违法解除劳动关系的法律风险。

为了避免公司面临上述困境，公司除了要按照法律规定写明员工的姓名、住址和居民身份证或者其他有效身份证件号码之外，还需要要求员工填写通信地址和联系方式，让员工确认自己填写的通信地址和联系方式可以接收公司的通知。

以案说法

钱某于 2016 年 3 月入职某科技公司担任技术员，随后他在工作过程

中因为对上级主管的不满多次与主管吵架而被公司处罚。钱某不满公司的决定，于2016年11月5日起便在没有请假和进行任何说明的情况下不回公司上班。

科技公司发现王某不来上班后，按照王某的身份证地址发送了一份《限期返岗通知书》，但快递在数日后被退回，理由是"查无此人"。公司收到退件后，以钱某旷工数日违反公司制度为理由将其辞退。

公司发布辞退钱某公告3日后，钱某来到公司，并提出公司非法解除劳动合同的主张，要求公司赔偿。

【律师评析】

科技公司按照钱某的身份证上记载的地址发送《限期返岗通知书》，但是随后文件被退回，理由是"查无此人"。在这种情况下，该通知书并非钱某拒收，公司发出的返岗通知书并没有顺利地到达钱某的手上，所以公司收到退件后就认为自己"已发返岗通知但劳动者没有按照通知要求回来上班"，从而简单地以钱某旷工为理由将他辞退，这种操作是有瑕疵的。如果钱某提出公司是非法解除劳动合同而要求支付经济赔偿金的，则胜诉的概率非常高。

证据指引

劳动合同中的通信地址和紧急联系人联系方式条款

公司应当在劳动合同中设定员工的通信地址栏，明确公司可以向员工在劳动合同中确定的通信地址发送文件，不论任何理由文件被拒收或无法送达的，均视为文件已送达员工。

除此之外，笔者建议劳动合同中还可以写明紧急联系人的联系方式，若用人单位无法向劳动合同中所确认的收件地址发送文件的，也可以通过联系紧急联系人进行沟通，以确保用人单位向劳动者发送文件的行为不会出现瑕疵。

法律依据

《劳动合同法》

第十七条 劳动合同应当具备以下条款：

（一）用人单位的名称、住所和法定代表人或者主要负责人；

（二）劳动者的姓名、住址和居民身份证或者其他有效身份证件号码；

（三）劳动合同期限；

（四）工作内容和工作地点；

（五）工作时间和休息休假；

（六）劳动报酬；

（七）社会保险；

（八）劳动保护、劳动条件和职业危害防护；

（九）法律、法规规定应当纳入劳动合同的其他事项。

劳动合同除前款规定的必备条款外，用人单位与劳动者可以约定试用期、培训、保守秘密、补充保险和福利待遇等其他事项。

四、公司应持有劳动合同的原件

风险提示

如前文所述，签订书面劳动合同是法律对公司在劳动用工管理方面的硬性要求。《劳动合同法》第十六条规定："劳动合同由用人单位与劳动者协商一致，并经用人单位与劳动者在劳动合同文本上签字或者盖章生效。劳动合同文本由用人单位和劳动者各执一份。"从该法条可知，公司与员工建立劳动关系必须要签订书面的劳动合同，并且必须一式两份，公司和员工各执一份。在一般的劳动合同范本中，末尾都有类似"本劳动合同一式两份，双方各执一份，两份具有同等法律效力"的格式条款存在。

笔者在为中小微企业尤其是初创型企业提供法律顾问服务时，发现一些企业管理者对劳动用工管理的法律风险缺乏认识以及不重视劳动合同原件的管理，常有丢失劳动合同原件的情况发生。当员工与公司发生纠纷时，如果员工通过劳动合同之外的其他材料证明自己与公司之间存在劳动关系，以双方未签订书面劳动合同为由要求公司支付二倍工资差额，公司作为用人单位，如果不能提供劳动合同的原件予以反驳，就要承担败诉的后果。

以案说法

彭某于2016年10月入职某商贸公司，双方在彭某入职的时候签订了书面的劳动合同。

2017年5月，彭某向公司的人事行政部门提出自己入职时签订的劳动合同丢失，以自己的孩子要办理入学、家人要办理入户等为理由，希望借用公司保存的劳动合同原件。行政人事部门员工在没有核实的情况下，就将公司留存的劳动合同原件借给了彭某，同时忘了签订借条及办理劳动合同原件的借出手续。

2017年6月，彭某向劳动仲裁委员会提起仲裁申请，称公司未与他签订书面的劳动合同，他要提出辞职并且要求公司向他支付双倍工资差额。

【律师评析】

劳动者起诉称公司没有跟他签订书面劳动合同，目的就是要向公司追讨双倍工资差额。公司在面临劳动者起诉时，必须提供有劳动者亲笔签名的书面劳动合同作为证据予以反驳。如果公司无法提供书面劳动合同，劳动仲裁委员会或法院通过事实查明或其他证据（如社保记录、工作证、考勤表、证人证言等）能够证明劳资双方存在劳动关系，公司就会面临败诉的后果。

本案中，彭某借走公司留存的劳动合同原件，不管他是故意设局还是真的弄丢了自己手上的那份劳动合同而想借公司的那份使用，公司都应该让彭某签下借出劳动合同的借条，以证明彭某将公司留存的书面劳动合同取走。而商贸公司的人事忽略了这一步，使得彭某在日后以公司未签书面劳动合同为理由提起了劳动仲裁，公司手上已没有书面劳动合同，又没有证据可以证明劳动合同借给了彭某，最终只能吃哑巴亏——败诉并支付双倍工资差额。

证据指引

劳动合同借出文件确认书

公司在管理劳动合同方面也应该要建立完善且严格的流程制度。现实社会中，有的劳动者准备向公司提起诉讼，于是先以各种理由向公司提出借阅劳动合同（如本节案例中彭某的行为），劳动者将公司的合同借走后，马上以公司没有跟自己签订劳动合同为由起诉要求公司支付双倍工资差额，如果公司在借出劳动合同的时候没有要求劳动者签署借阅文件就会“吃大亏”。所以劳动者向公司借出劳动合同原件的时候，公司应先让劳动者签下借出劳动合同原件确认书，同时公司在借出原件时应保存劳动合同复印件并由劳动者在复印件上签名确认劳动合同中所约定内容的真实性。

法律依据

《劳动合同法》

第十条 建立劳动关系，应当订立书面劳动合同。

已建立劳动关系，未同时订立书面劳动合同的，应当自用工之日起一个月内订立书面劳动合同。

用人单位与劳动者在用工前订立劳动合同的，劳动关系自用工之日起建立。

第二节 试用期

一、公司应在试用期间就与员工签订劳动合同并购买社保

风险提示

公司可以对新入职的员工约定试用期，但根据《劳动合同法》第十九

条第四款的规定："试用期包含在劳动合同期限内。劳动合同仅约定试用期的，试用期不成立，该期限为劳动合同期限。"许多公司会在约定试用期时忽略"试用期包含在劳动合同期限内"这一规定。

试用期员工，并不能理解为"先试试，不行就不要了"。因为从上述《劳动合同法》第十九条中可以看出，试用期内公司与员工便已经建立了劳动关系，因此公司在试用期开始时就应当与员工签订书面的劳动合同，并且为员工缴纳社保。

正如前文所述，很多公司会误解或者说是忽略了试用期的法律概念，他们误以为可以随意开除试用期员工，他们认为试用期员工通过了试用期是签订劳动合同的前置条件。然而根据法律规定，若公司在试用期阶段没有与员工签订劳动合同的，则公司会被认定为未与员工签订书面劳动合同而需要在未签劳动合同的期间内支付每个月双倍工资。另外，一些公司会专门与试用期员工签订试用期合同，这种做法根据上述《劳动合同法》第十九条第四款的规定，会被直接认定为双方签订了书面劳动合同，试用期则为劳动合同的期限。

因为试用期间属于劳动关系期间的一部分，所以公司也要为试用期员工购买社保，并且应由公司缴纳的部分不能从员工的工资中扣除。在公司没有为试用期员工购买社保的情况下，员工发生工伤意外或因病、非因工死亡的，公司要承担本应由社保支付的费用，同时还会面临劳动监察管理部门的罚款。若公司扣除员工的工资用于购买社保的，也会被法院判决返还费用。笔者曾经办理的一起劳动案件中，便是公司与员工约定了试用期，并且明确试用期内公司不承担缴纳社保的费用，后来员工与公司发生纠纷并提起劳动仲裁，要求公司退还扣除缴纳社保的费用，结果是毫无悬念的，即公司败诉。

以案说法

案例 1

杨某于 2014 年 7 月 21 日正式入职某公司，具体从事车工工作。刚入职时杨某处于试用期阶段，公司没有与她签订书面的劳动合同，也没有为她购买社保。直到 2014 年 8 月 20 日公司才与杨某正式签订了期限至 2015 年 8 月 20 日的劳动合同。公司于 2014 年 11 月起为杨某购买社保中的基本医疗保险，杨某当时并没有提出异议。

后杨某正式向公司发出《离职要求书》，以公司未为其购买基本医疗保险为由，要求解除与公司的劳动关系，并提起劳动仲裁要求公司支付经济补偿金。

对此，公司在庭审中提出杨某入职时与人事部负责人已达成试用期未签订劳动合同期间不买社保的协议，且杨某在解除劳动合同之前也没有对试用期不购买社保提出任何异议。因此，公司不同意支付经济补偿金。

【判词摘录】[①]

1. 公司主张杨某同意不缴纳基本医疗保险费并且同意试用期内不缴纳社保，对此，根据《最高人民法院关于民事诉讼证据的若干规定》第二条“当事人对自己提出的诉讼请求所依据的事实或者反驳对方诉讼请求所依据的事实有责任提供证据加以证明。没有证据或者证据不足以证明当事人的事实主张的，由负有举证责任的当事人承担不利后果”的规定，由于公司未能举证证明其与杨某就不缴纳基本医疗保险费及试用期内的社保达成一致意见，故本院对公司的上述主张不予采信。

2. 杨某于 2014 年 7 月入职公司，公司于 2014 年 9 月开始才为杨某缴纳社保，该情形属于《劳动合同法》第三十八条第一款第（三）项所规定之用人单位“未依法为劳动者缴纳社会保险费的”，原审法院认定杨某可据此解除劳动合同并获得经济补偿并无不当。

案例 2

2014 年 4 月 12 日，邓某入职某实业公司，担任工模部电脑编程技术员，月薪 7000 元。入职之后公司一直要求与邓某签订书面劳动合同，但是邓某

① 珠海市中级人民法院（2015）珠中法民一终字 565 号判决书。

一直假借各种理由予以推脱，拒绝签订合同。

2015年4月5日，邓某从实业公司离职，离职后邓某将实业公司诉至法院，以实业公司未与其签订书面劳动合同为由，要求公司支付因未签订劳动合同的二倍工资差额人民币7万元。

庭审中，实业公司提供入职登记表及《新员工入职须知》，并称这两份文件已具备劳动合同的所有属性，对工作时间、岗位、劳动报酬、劳动管理等双方达成一致，可视为双方已签订书面劳动合同。且公司一直要求与邓某签订劳动合同，是邓某出于个人原因未能签订，因此无须向邓某支付工资差额。

法院最终判决入职登记表及《新员工入职须知》不等同于书面劳动合同，而公司主张邓某不愿签订劳动合同未能提供有效证据证明，因此，不予支持公司的主张，判决公司支付邓某人民币7万元。

【律师评析】

实践中，员工不愿签订劳动合同的情形并不鲜见，他们不愿签订的原因不一而足，极端一点的情形甚至可能是“职场碰瓷”，即员工故意不与公司签订，随后在工作中伺机起诉公司。

本案中，且不论邓某是否存在故意不与公司签订劳动合同的意图，实业公司不与邓某签订书面的劳动合同，本身就存在过错。关于未签订书面劳动合同的责任在邓某而非公司的问题，应由公司来举证证明自己没有过错。在公司没有证据可以证明是邓某不愿签订劳动合同的情况下，一旦入职登记表及《新员工入职须知》等缺乏劳动合同的法定要件，公司自然不能得到法院的支持。

在此需要提醒用人单位注意的是，一旦劳动者表明不愿签订书面劳动合同，用人单位一方就应该当机立断与劳动者解除劳动关系，如果实在不愿解除，用人单位一方也应该对劳动者不愿签订劳动合同的理由留下书面的或者音频等证据。这样，如果引发纠纷了公司也可更好地保护自身权益，否则如本案中，公司便要承担举证不能的不利后果。

证据指引

1. 劳动合同

在试用期间，公司已与员工建立劳动关系，应当及时签订书面劳动合同，避免引发纠纷时公司被要求支付未签订书面劳动合同的双倍工资差额。另外，劳动合同应当明确试用期的期限以及劳动合同的期限，仅约定试用期的劳动合同会被直接认定为试用期期限就是劳动合同期限。

2. 试用期间缴纳社保的凭证、缴费记录

公司与员工于试用期间已经属于建立了劳动关系，因此公司在试用期间也应当为员工购买社保。社保缴纳凭证、缴费记录是公司已为员工购买社保及购买数额的重要证据材料，若公司没有为试用期员工缴纳社保的，员工可以公司未依法为其缴纳社保为由提出解除劳动合同并要求公司支付经济补偿金。

法律依据

《劳动合同法》

第十条 建立劳动关系，应当订立书面劳动合同。

已建立劳动关系，未同时订立书面劳动合同的，应当自用工之日起一个月内订立书面劳动合同。

用人单位与劳动者在用工前订立劳动合同的，劳动关系自用工之日起建立。

第十九条 劳动合同期限三个月以上不满一年的，试用期不得超过一个月；劳动合同期限一年以上不满三年的，试用期不得超过二个月；三年以上固定期限和无固定期限的劳动合同，试用期不得超过六个月。

同一用人单位与同一劳动者只能约定一次试用期。

以完成一定工作任务为期限的劳动合同或者劳动合同期限不满三个月的，不得约定试用期。

试用期包含在劳动合同期限内。劳动合同仅约定试用期的，试用期不成立，该期限为劳动合同期限。

第三十八条 用人单位有下列情形之一的，劳动者可以解除劳动合同：

（一）未按照劳动合同约定提供劳动保护或者劳动条件的；

（二）未及时足额支付劳动报酬的；

（三）未依法为劳动者缴纳社会保险费的；

（四）用人单位的规章制度违反法律、法规的规定，损害劳动者权益的；

（五）因本法第二十六条第一款规定的情形致使劳动合同无效的；

（六）法律、行政法规规定劳动者可以解除劳动合同的其他情形。

用人单位以暴力、威胁或者非法限制人身自由的手段强迫劳动者劳动的，或者用人单位违章指挥、强令冒险作业危及劳动者人身安全的，劳动者可以立即解除劳动合同，不需事先告知用人单位。

第四十六条 有下列情形之一的，用人单位应当向劳动者支付经济补偿：

（一）劳动者依照本法第三十八条规定解除劳动合同的；

（二）用人单位依照本法第三十六条规定向劳动者提出解除劳动合同并与劳动者协商一致解除劳动合同的；

（三）用人单位依照本法第四十条规定解除劳动合同的；

（四）用人单位依照本法第四十一条第一款规定解除劳动合同的；

（五）除用人单位维持或者提高劳动合同约定条件续订劳动合同，劳动者不同意续订的情形外，依照本法第四十四条第一项规定终止固定期限劳动合同的；

（六）依照本法第四十四条第四项、第五项规定终止劳动合同的；

（七）法律、行政法规规定的其他情形。

二、试用期期限及试用期工资不得违反法定标准

风险提示

延长试用期、试用期少发工资是实践中一些公司常会做出的违法行为。

为了保护员工的利益不受损害，避免公司通过多次延长试用期或者以试用期的名义少发员工的工资，《劳动合同法》第十九条专门就试用期期限以及试用期工资作出明确的规定：

劳动合同期限＜3个月	无试用期
3个月≤劳动合同期限＜1年	试用期≤1个月
1年≤劳动合同期限＜3年	试用期≤2个月
3年≤劳动合同期限	试用期≤6个月
以完成一定工作任务为期限	无试用期

试用期过后，除非员工自己明确同意，否则公司不得以任何理由延长这位员工的试用期。笔者常遇到一些公司在与入职员工约定试用期超出了法律的规定的情况，或者在约定试用期后还会再约定所谓的“培训期”，这些都是不符合法律规定的。如果违反法律规定约定试用期，超出法律规定的部分则视为正常用工期间，而这段期间公司依旧要向员工支付试用期工资的，则会被认定为不足额支付工资待遇，该员工可以此为理由辞职并要求经济补偿金，也有权向劳动部门进行投诉。另外，因为超出法律规定的部分属于正常用工期间，所以公司也不得再以“不符合录用条件”为理由对该员工进行辞退。试用期的工资待遇，根据《劳动合同法》第二十条的规定：劳动者在试用期的工资不得低于本单位相同岗位最低档工资或者劳动合同约定工资的百分之八十，并不得低于用人单位所在地的最低工资标准。

以案说法

许某在2016年11月1日入职某贸易公司，双方签订劳动合同约定期限为一年，试用期从2016年11月1日到2017年1月31日，并约定在这两个月的试用期间许某每月的销售额无法达到20万元的，则属于不符合试用期条件，公司有权与许某解除劳动合同并不需要支付任何补偿或赔偿。

2016年11月和12月许某的销售额均超过了20万元，完成了目标，但是到了2017年1月许某的销售额仅为15万元，于是公司在1月31日当天告知许某，根据双方的劳动合同约定，许某不符合试用期录用条件，决定对许某作出开除处理。

【律师评析】

贸易公司与许某签订的劳动合同期限为一年，根据《劳动合同法》第十九条的规定，试用期不得超过两个月。贸易公司与许某的劳动合同约定试用期为三个月，超出的期限即2017年1月属于正常用工期间，该期间已不属于试用期。

贸易公司以许某2017年1月没有达到试用期约定的销售额为理由，认定许某不符合录用条件对其进行开除是违法的。

证据指引

1. 劳动合同中关于试用期期限和工资待遇的条款

公司在与入职员工约定试用期的时候，要严格按照法律规定进行操作，根据员工的具体情况合法约定试用期，同时试用期工资待遇也应该要在劳动合同中明确约定。

2. 延长试用期同意书

在未征得劳动者同意的情况下，公司不能单方面延长员工的试用期。公司如果想要延长员工的试用期，必须要与员工协商，如果员工同意公司延长试用期的，公司应当要求员工签订同意延长试用期的确认书，并由公司留底保存，以避免日后双方出现纠纷的时候公司拿不出证据证明延长试用期是征得了员工的同意的。

法律依据

《劳动合同法》

第十九条 劳动合同期限三个月以上不满一年的，试用期不得超过一个月；劳动合同期限一年以上不满三年的，试用期不得超过二个月；三年以上固定期限和无固定期限的劳动合同，试用期不得超过六个月。

同一用人单位与同一劳动者只能约定一次试用期。

以完成一定工作任务为期限的劳动合同或者劳动合同期限不满三个月的，不得约定试用期。

试用期包含在劳动合同期限内。劳动合同仅约定试用期的，试用期不成立，该期限为劳动合同期限。

第二十条 劳动者在试用期的工资不得低于本单位相同岗位最低档工资或者劳动合同约定工资的百分之八十，并不得低于用人单位所在地的最低工资标准。

第八十三条 用人单位违反本法规定与劳动者约定试用期的，由劳动行政部门责令改正；违法约定的试用期已经履行的，由用人单位以劳动者试用期满月工资为标准，按已经履行的超过法定试用期的期间向劳动者支付赔偿金。

三、试用期的录用条件需要明确约定

风险提示

"既然是试用期，那当然是允许我们试一下，试了不好就不要呗！"这是很多公司对试用期用工的一个重大误解。因为对试用期的法律规定认识不足，企业管理者在试用期用工制度上没有做足功课，使得公司在解雇试用期内员工时吃足了大亏。笔者查询法院公布的案例中，涉及试用期间解雇员工的案件基本上是公司败诉，所以试用期用工方面的问题需要引起公司的重视。

根据《劳动合同法》第二十一条、第三十九条的相关规定，若员工在试用期间被证明不符合录用条件的，公司可以解雇该名员工。从这个法律规定上看，似乎公司有很大的权力去解雇一位试用期员工，但是要注意，法律规定的是公司要有证据能够证明员工不符合录用条件。那么，什么是公司的“录用条件”？如果一家公司根本就没有与员工约定录用条件，那么这家公司就根本不存在“录用条件”，也就是说公司不可能以不符合录用条件为理由解雇试用期员工。

笔者在此提醒读者注意，上述“录用条件”并非“招聘条件”，很多企业会将两者混淆。例如，某公司发布招聘广告，要求如下：（1）大学本科学历；（2）精通西班牙语；（3）有三年及以上同行业经验。随后某位不懂西班牙语的员工因为成绩优秀而入职，试用期间，公司发现该员工不懂西班牙语难以与公司西班牙籍高层交流，于是以该员工不符合录用条件为理由将其解雇。上述情况就属于公司将试用期的“录用条件”与入职前的“招聘条件”混淆，公司不能将招聘条件作为录用条件使用。

目前法律并没有专门关于试用期录用条件应该如何设定的规定，公司可以根据自己的实际情况制定相应的“录用条件”条款（前提是内容不得违反法律强制性规定，如带有歧视性的条款）。录用条件条款应当具体、明确，不能太抽象而导致不具有可操作性，如约定“试用期满考核不通过的视为不符合录用条件”这样的条款因没有明确约定考核方法而不具有可操作性。

最高人民法院的法官提出了自己的看法，认为下列情况可以作为司法实践中认定不符合录用条件的参考依据，在此供读者参考：“（1）劳动者未通过单位指定医院的体检；（2）劳动者患有传染病，精神性、不可治愈性以及其他严重疾病，故意隐而不报的；（3）劳动者个人简历、求职登记表中所涉内容与实际情况不同的；（4）伪造学历、证书与工作经历的；（5）劳动者提供的用工手续不完备的；（6）劳动者不能胜任所担任岗位的工作或者不能按要求完成工作任务的；（7）劳动者在试用期间缺勤超 10 天或者迟到早退超过 8 次的；（8）劳动者拒绝接受上司交办的工作任务的；（9）劳动者非因工负伤无法继续提供劳动的；（10）劳动者同其他员工发生打架斗殴或者其他严重违反公司规章制度的行为的。”①

① 杨心忠等：《劳动合同纠纷裁判精要与规则适用》，北京大学出版社 2014 年版，第 85–86 页。

以案说法

案例 1

赵某于 2013 年 6 月入职某室内建筑设计公司，担任室内设计师。赵某与公司签订了一份劳动合同，合同中约定试用期为三个月。

赵某在三个月试用期内根据自己过往的工作经验参与了公司多个室内设计项目。但是公司的其中一位项目负责人是外国籍人士，他对赵某设计的“中国风”元素的方案经常表示不满意，赵某的很多设计方案都因为不符合公司管理层的喜好而被推翻，加上赵某不懂外语，无法直接和项目负责人进行沟通。

2013 年 8 月，在赵某的试用期即将届满之时，公司向赵某告知因为赵某不符合公司的录用条件，所以在试用期满后将对赵某进行解雇处理。赵某认为自己在试用期间工作认真，其不服公司的处理结果，于是提起诉讼。

【律师评析】

根据《劳动合同法》第三十九条第（一）项的规定，员工在试用期不符合录用条件的，公司可以对员工进行开除，但是前提条件是公司需要证明其“不符合录用条件”。

到底什么是本案中设计公司的录用条件？本案中，赵某在试用期被解雇的原因仅仅是“不符合公司的录用条件”，但是具体的录用条件是什么，公司并没有证据证明赵某入职时有明确的“录用条件”，仅仅在开除赵某时简单告知“不符合录用条件”是不行的。本案中，公司解雇赵某不合法。

案例 2

金某于 2014 年 8 月 4 日进入达某投资公司担任稽核主任。双方签订了期限为 2014 年 8 月 4 日至 2017 年 8 月 3 日的劳动合同，约定试用期为 2014 年 8 月 4 日至 2015 年 2 月 3 日，月薪为 7500 元，该合同约定录用条件为：身体健康、能提供正常工作，试用期内出勤率不低于 90%。

后金某在公司工作至 2015 年 1 月 12 日，当天公司向金某出具了《辞退通知书》，主要内容为：因金某在试用期间被证明不符合公司录用条件，双方劳动关系于2015年1月12日终止。金某不服，双方产生纠纷，金某认为公司开除她的依据不足，属于非法解除劳动合同。

【判词摘录】①

1. 公司以金某不符合公司录用条件为由，单方面与金某解除劳动合同，应就金某确实存在不符合录用条件的情形承担相应的举证责任。

2. 金某试用期单月出勤率低于90%。因《员工违纪行为处理规定》第2.5条规定为“每月度统计亦不得低于劳动合同约定标准”，但双方劳动合同中仅约定了“试用期内出勤率不低于90%”，并未对试用期内的单月出勤率做出约定，故公司对此解释为试用期内的单月出勤率不得低于90%的主张，本院不予采纳。

3. 公司以金某不符合录用条件为由单方解除与被告之间的劳动合同，缺乏依据，违反了《劳动合同法》的规定。

证据指引

1. 劳动合同中的试用期录用条款

一般的劳动合同中只约定了试用的期限，并没有专门的试用期录用条款的约定。不同的公司各自特点不同，没有专门的试用期录用条款供大家参考，所以公司要根据自己的实际情况设定相对应的录用条款。有了试用期录用条款，日后公司便可以依据该条款对试用期员工进行合法的开除处理。

2.《试用期员工管理制度》

除了在劳动合同中约定试用期录用条款之外，公司也可以专门制定《试用期员工管理制度》，让员工入职的时候除签订劳动合同外，另行签订《试用期员工管理制度》，在该制度中明确试用期员工的义务，并约定试用期满的录用条件。

3. 劳动者签字确认的业绩考核表等材料

公司以试用期员工不符合录用条件为由解除劳动合同时应有证据予以

① 上海市青浦区人民法院（2015）青民四（民）初字第923号民事判决书。

证明，通过证据证明试用期员工的确存在“不符合录用条件”的事实情况。例如，公司可以提供员工签字确认的考核结果，或者员工提供的虚假学历证书、假身份证、假护照等材料，以避免因举证不能而承担败诉的后果。

4. 解除劳动合同通知书

公司以试用期不符合录用条件解雇员工的，解除劳动合同通知书应当在试用期满前送达员工，倘若在试用期满后才作出解除决定的，则容易因超过约定的试用期而不符合“在试用期间被证明不符录用条件”的规定，从而导致被认定为公司违法解除劳动合同。另外，在解除劳动合同通知书上公司应当明确解除与员工的劳动合同是因为员工不符合录用条件，并且要列明不符合录用条件的具体内容和依据，如果没有尽到此项告知义务的，公司解除劳动关系的行为也会被法院认定为违法。

法律依据

《劳动合同法》

第二十一条 在试用期中，除劳动者有本法第三十九条和第四十条第一项、第二项规定的情形外，用人单位不得解除劳动合同。用人单位在试用期解除劳动合同的，应当向劳动者说明理由。

第三十九条 劳动者有下列情形之一的，用人单位可以解除劳动合同：

（一）在试用期间被证明不符合录用条件的；

……

《最高人民法院关于审理劳动争议案件适用法律若干问题的解释》

第十三条 因用人单位作出的开除、除名、辞退、解除劳动合同、减少劳动报酬、计算劳动者工作年限等决定而发生的劳动争议，用人单位负举证责任。

《北京市高级人民法院、北京市劳动人事争议仲裁委员会关于审理劳动争议案件法律适用问题的解答》

11. 用人单位依据《劳动合同法》第三十九条第一项的规定解除劳动合同的，如何处理？

用人单位在录用劳动者时应当向劳动者明确告知录用条件，用人单位在解除劳动合同时应当向劳动者说明理由及法律依据。

用人单位证明已向劳动者明确告知录用条件，并且提供证据证明劳动者在试用期间不符合录用条件的，可依照《劳动合同法》第三十九条第一项的规定解除劳动合同。

就劳动者是否符合录用条件的认定，在试用期的认定标准可适当低于试用期届满后的认定标准。劳动者不符合录用条件的情况主要有以下情形：（1）劳动者违反诚实信用原则对影响劳动合同履行的自身基本情况有隐瞒或虚构事实的，包括提供虚假学历证书、假身份证、假护照等个人重要证件；对履历、知识、技能、业绩、健康等个人情况说明与事实有重大出入的；（2）在试用期间存在工作失误的，对工作失误的认定以劳动法相关规定、用人单位规章制度以及双方合同约定内容为判断标准；（3）双方约定属于用人单位考核劳动者试用期不符合录用条件的其他情况。

《上海市劳动合同条例》

第三十三条

劳动者有下列情形之一的，用人单位可以随时解除劳动合同：

（一）在试用期间被证明不符合录用条件的；

……

第三节 劳动合同的续签

一、第一次签订的劳动合同到期后的续签问题

风险提示

公司与员工之间签订的第一次有期限的劳动合同到期后，如果公司还希望继续留用这名员工，就需要与该员工签订第二次有期限的劳动合同（第二次的劳动合同到期后，员工有权要求与公司签订无固定期限劳动合同）。

原劳动合同期限届满后，如果公司因为疏忽而没有与员工续签劳动合同却继续留用员工保持双方劳动关系，则属于公司未与员工签订书面劳动合同，这个时间段如果超过了一个月，公司则会面临向员工支付双倍工资差额的风险。

公司如果希望与员工续签劳动合同，应在劳动合同到期前主动告知员工并要求与员工签订劳动合同。实践中，笔者遇到一些员工故意不与公司签订第二次劳动合同或对续签第二次劳动合同的问题消极对待，而公司一方却在这种情况下留用该员工，若事后员工起诉要求公司支付未签书面劳动合同的双倍工资差额时，公司拿不出证明是员工自身的原因未签第二次劳动合同的证据，最终会导致公司败诉的后果。

笔者还要提醒公司注意的是，根据《最高人民法院关于审理劳动争议案件适用法律若干问题的解释》第十六条第一款的规定，劳动合同期满后若劳动者仍在原用人单位工作且原用人单位也未表示异议的，视为双方同意以原条件继续履行劳动合同。该条款会让很多公司产生误解，以为在劳动合同到期双方没有异议的情况下继续用工是可以不签书面劳动合同的。其实这个观点是错误的，与员工签订书面劳动合同是法律明确公司应尽的义务，上述司法解释只是说双方按照原劳动合同的约定继续履行劳动关系，但原劳动合同已到期的仍需续签而并非“自动续期”。

以案说法

2010 年 5 月 12 日，张某入职某旅馆公司，双方签订劳动合同约定劳动期限从 2010 年 5 月 12 日起至 2013 年 5 月 12 日止。原劳动合同到期后，双方继续维持着劳动关系，张某按照原劳动待遇继续任职。

2014 年 4 月 2 日，因为张某在一次事件中严重违反公司规章制度，公司对他作出了开除处理。张某不服公司的开除决定，于是申请了仲裁，提出在 2013 年 5 月双方的劳动合同到期后双方继续存在劳动关系但没有签订新的劳动合同，要求公司支付从 2013 年 6 月起至 2014 年 4 月 2 日止未续签书面劳动合同的二倍工资差额。

庭审中，公司称人事部门的同事在2013年10月30日通过电子邮件向张某发送了续签劳动合同通知书，证明从2013年11月1日起双方未签订书面劳动合同的责任在张某，而张某则表示从未收到该封邮件。法院对公司人事部门同事的邮箱服务器做了相关鉴定，以便于查明到底续签劳动合同通知书是否有发出。

【判词摘录】[①]

1. 案涉邮件只存在于×××电子邮箱的“已发送邮件”中，没有看到邮件流转的相关记录，且该邮件没有“邮件头”信息，所以无法判断该邮件是否到达收件人邮箱中；送鉴服务器中2014年3月14日以前（包括2013年10月30日）的系统时间记录已经不存在，所以无法证实服务器上电子邮箱的电子邮件的形成时间。

2. 根据该鉴定意见之内容，即便案涉邮件存在于×××电子邮箱的“已发送邮件”中，由于旅馆公司对该邮件的形成时间及该邮件已经到达张某未提供充足证据证明，原审法院对于旅馆公司称公司曾于2013年10月30日向张某发出续签劳动合同电子邮件之主张不予采信，并无不妥。

3. 旅馆公司在双方劳动合同到期后未与张某续签，亦未能证明未续签劳动合同的原因归咎于张某，故应支付张某未签订书面劳动合同二倍工资差额。

证据指引

1. 经过劳资双方确认的文件送达方式

劳动合同中可以约定文件送达的具体方式，如约定清楚劳动者的电子邮件收件邮箱以及普通信函文件的送达地址，公司甚至可以在劳动合同中让劳动者确认他接收信息的微信号。之所以要劳动者确认文件送达的方式，

① 上海市第一中级人民法院（2015）沪一中民三（民）终字第1659号民事判决书。

是要避免公司无法证明文件已经合法有效地送达给了劳动者。

2. 续签劳动合同通知书

公司若想在劳动合同到期后继续留用劳动者，必须要提前向劳动者发送续签劳动合同通知书，并保留相关证据以证明自己尽到了告知义务。当公司发现劳动者对续签劳动合同问题是采取消极态度的，建议公司在劳动合同到期后不要继续对该劳动者进行用工，避免未签订劳动合同需支付双倍工资的法律风险。

法律依据

《劳动合同法》

第十条 建立劳动关系，应当订立书面劳动合同。

已建立劳动关系，未同时订立书面劳动合同的，应当自用工之日起一个月内订立书面劳动合同。

用人单位与劳动者在用工前订立劳动合同的，劳动关系自用工之日起建立。

《最高人民法院关于审理劳动争议案件适用法律若干问题的解释》

第十六条第一款 劳动合同期满后，劳动者仍在原用人单位工作，原用人单位未表示异议的，视为双方同意以原条件继续履行劳动合同。一方提出终止劳动关系的，人民法院应当支持。

《浙江省高级人民法院民一庭关于审理劳动争议纠纷案件若干疑难问题的解答》

七、劳动合同期满后，劳动者继续在用人单位工作，用人单位超过一个月不与劳动者订立书面劳动合同的法律后果是什么？

签订书面劳动合同系用人单位的法定义务，用人单位应该规范用工。劳动合同期满后，劳动者继续在用人单位工作，用人单位超过一个月不满一年未与劳动者订立书面劳动合同，劳动者请求用人单位支付二倍工资的，应予支持。用人单位超过一年未与劳动者订立书面劳动合同的，视为双方已订立无固定期限劳动合同。

《江苏省高级人民法院、江苏省劳动争议仲裁委员会关于审理劳动争议案件的指导意见》

第六条 劳动合同期限届满，双方未续订劳动合同，但劳动者继续在用人单位工作的，用人单位应当在一个月内与劳动者续订书面劳动合同。劳动者经用人单位书面通知后不与用人单位续订劳动合同，用人单位依照《劳动合同法实施条例》第五条、第六条的规定请求与劳动者终止劳动关系的，应予支持。

用人单位自劳动合同期限届满次日起一年以上未与劳动者续订书面劳动合同，劳动者请求确认与用人单位之间形成无固定期限劳动合同关系的，应予支持。

《江苏省高级人民法院、江苏省劳动人事争议仲裁委员会关于审理劳动人事争议案件的指导意见（二）》

第三条 劳动合同期满后，劳动者继续在用人单位工作，用人单位超过一个月不满一年未与劳动者订立书面劳动合同，劳动者请求用人单位每月支付二倍工资的，应予支持。用人单位超过一年未与劳动者订立书面劳动合同的，视为双方已订立无固定期限劳动合同。

《深圳经济特区和谐劳动关系促进条例》

第十八条第一款 续订固定期限劳动合同的，用人单位和劳动者应当在劳动合同期满前一个月协商续订劳动合同；经协商未能就续订劳动合同达成一致意见的，用人单位或者劳动者可以终止劳动关系。但依法应当订立无固定期限劳动合同的除外。

《深圳市中级人民法院关于审理劳动争议案件的裁判指引》

六十四、用人单位自用工之日起超过一个月不满一年未与劳动者签订书面劳动合同的，用人单位应自用工之日起满一个月的次日起支付二倍工资至双方签订书面劳动合同前一日时止。

劳动者拒绝与用人单位签订书面劳动合同，用人单位未按照《劳动合同法实施条例》第五条、第六条的规定书面通知劳动者终止劳动关系的，劳动者要求未签订书面劳动合同二倍工资的，应予支持。

劳动合同期满，劳动者继续在用人单位工作的，用人单位在劳动合同期满之日超过一个月不满一年未与劳动者签订劳动合同的，参照前两款的规定处理。

二、连续两次签订固定期限劳动合同后，劳动者对第三次劳动合同的签订有主动权

风险提示

许多人会认为，当公司与员工已经连续签订两次劳动合同之后，为了避免与员工签订无固定期限劳动合同，公司可以提出不与劳动者续签劳动合同支付经济补偿金的主张。

实践中法院认为，如果一位员工在同一个用人单位已经连续签订过两次固定期限劳动合同且劳动者没有《劳动合同法》第三十九条和第四十条第（一）项、第（二）项规定情形，第三次签劳动合同的时候，员工有权要求与公司签订固定期限或无固定期限劳动合同。也即是说，当两次固定期限劳动合同到期后，公司不能单方面以不续签劳动合同为理由终止与员工的劳动关系。若两次固定期限劳动合同期满公司没有与员工续签劳动合同同时又无法证明不续签劳动合同是劳动者单方要求的情况下，则属于非法解除劳动合同，需要支付经济赔偿金。

以案说法

张某在珈某太阳能光电公司（以下简称珈某公司）工作多年。在与公司的第二份劳动合同到期前，张某分别于 2014 年 6 月 27 日、7 月 1 日发电子邮件给公司，要求公司跟他续签第三次劳动合同并且要签订无固定期限劳动合同。

公司收到电子邮件后没有理会张某的要求，并在双方所签第二份劳动合同到期前一个月的 2014 年 6 月 20 向张某送达了《终止劳动合同通知书》，

通知张某公司决定不再与其续签劳动合同，并通知张某办理离职手续。

张某认为公司不与他签订第三次劳动合同是违法的，于是起诉要求公司支付经济赔偿金。

【判词摘录】[①]

1. 珈某公司已与张某连续订立二次固定期限的劳动合同，且不存在《劳动合同法》第三十九条和第四十条规定的用人单位可以单方解除劳动合同的法定情形，张某要求续订无固定期限劳动合同，符合《劳动合同法》第十四条的规定，而依据该法律条款的规定，第二份固定期限劳动合同期满后是否续订无固定期限劳动合同，决定权在劳动者，并不在用人单位。

2. 张某分别于第二份劳动合同到期前的2014年6月27日、7月1日发电子邮件给珈某公司，要求签订无固定期限劳动合同，但珈某公司收到电子邮件后拒不与张某签订劳动合同，违反上述法律规定。

3. 珈某公司在双方所签第二份劳动合同到期前一个月向张某送达《终止劳动合同通知书》，决定不再与其续签劳动合同，并要求张某办理离职手续，构成违法解除劳动合同，判决珈某公司向张某支付违法解除劳动合同经济赔偿金，认定事实和适用法律正确。

证据指引

1. 询问是否续签劳动合同的通知书

在第二次劳动合同到期之前，公司应主动询问员工是否有续签第三次劳动合同的意向。根据前文法院判例可以看出，第三次劳动合同签订与否、签订哪一类的劳动合同，决定权均在员工。所以如果公司没有与劳动者进行续签第三次劳动合同且没有证据证明不续签是员工自己的原因，容易导致用人单位面临非法解除劳动合同的风险。所以公司应当在第二次劳动合同到期之前主动发出询问函，这份文件可以作为证据，证明在即将的时候

① 广东省高级人民法院（2015）粤高法民申字第812号民事判决书。

公司已经向员工询问了是否续签第三次劳动合同，避免发生纠纷时陷入无法举证的困境。

2. 第一次劳动合同终止时不续签劳动合同的告知文件

员工在第一次劳动合同期限即将届满前，公司应评估该劳动者的工作能力，评判是否继续留任该名员工继续在公司工作。如果公司认为该名员工表现一般、能力一般的情况下，在第一次劳动合同届满时便不要再与该名员工续签第二次的劳动合同。公司在决定了不与该名员工续签劳动合同的情况下，应在劳动合同届满前向员工进行书面的告知，以便日后有证据可以证明公司不予员工续签劳动合同的事实。

法律依据

《劳动合同法》

第三十九条 劳动者有下列情形之一的，用人单位可以解除劳动合同：

（一）在试用期间被证明不符合录用条件的；

（二）严重违反用人单位的规章制度的；

（三）严重失职，营私舞弊，给用人单位造成重大损害的；

（四）劳动者同时与其他用人单位建立劳动关系，对完成本单位的工作任务造成严重影响，或者经用人单位提出，拒不改正的；

（五）因本法第二十六条第一款第一项规定的情形致使劳动合同无效的；

（六）被依法追究刑事责任的。

第四十条 有下列情形之一的，用人单位提前三十日以书面形式通知劳动者本人或者额外支付劳动者一个月工资后，可以解除劳动合同：

（一）劳动者患病或者非因工负伤，在规定的医疗期满后不能从事原工作，也不能从事由用人单位另行安排的工作的；

（二）劳动者不能胜任工作，经过培训或者调整工作岗位，仍不能胜任工作的；

……

三、女职工在“三期”内劳动合同到期的处理方法

风险提示

女职工“三期”，分别是指孕期、产期、哺乳期。根据《劳动合同法》第四十二条的规定，公司一般情况下不能在女职工“三期”期间对其进行解雇（除非该名女职工存在过失过错行为公司依法解雇），否则就要承担经济赔偿责任。

实践中，笔者常遇到一些公司人事提出疑问：若女职工在“三期”期间劳动合同到期，公司能否不与女职工续签劳动合同从而以支付补偿金的形式结束双方的劳动关系？或者不签新的劳动合同，延续旧的劳动合同？

《劳动合同法》第四十五条规定，劳动合同期满，女职工在“三期”内的，劳动合同应当续延至相应的情形消失时终止。也就是说，“三期”内女职工的劳动合同到期时，公司需要与她延长劳动合同的期限，并非有的公司认为的劳动合同到期可以不续签或者可以自动延续。如果女职工在“三期”内劳动合同到期而公司没有进行处理，则日后女职工有权要求公司支付自劳动合同期满的次日起至“三期”期满之日止这段时间的双倍工资。

以案说法

朱某于2013年5月10日入职某数码科技公司，双方签订劳动合同的期限为从入职之日起至2016年5月9日止。

2016年3月，朱某因为怀孕开始休产假。公司于2016年5月9日后就对朱某停发了工资，认为双方的劳动合同已经到期，双方不再存在劳动关系。朱某对公司的做法不予认同，于是在2016年6月提起劳动仲裁，她认为自己与公司依然存在劳动关系，因为公司在劳动合同期满后没有重新签订劳动合同，要求公司支付双倍工资。

【律师评析】

《劳动合同法》第四十五条规定，劳动合同期满，女职工在“三期”内的，

劳动合同应当续延至相应的情形消失时终止。本案中，朱某的劳动合同虽然是在 2016 年 5 月 9 日到期，但是她在劳动合同到期日还处于孕期，所以公司与朱某的劳动合同应当要延续到朱某生完小孩之后哺乳期期满为止。

法律规定了劳动合同应当延续，所以公司必须在 2016 年 5 月 9 日之前，与朱某进行协商并就劳动关系期限延续到哺乳期满的问题进行约定。公司在实际操作中直接认为 2016 年 5 月 9 日之后劳动合同终结不再支付工资的观点是错误的，因为劳动关系继续存在，而公司在 2016 年 5 月 9 日之后没有与朱某签订书面劳动合同，所以公司需要在 2016 年 5 月 9 日之后向朱某支付双倍工资。

证据指引

劳动合同补充协议

连续两次签订固定期限劳动合同的，员工可以在第三次要求与公司签订无固定期限劳动合同。所以女职工“三期”期间若劳动合同到期，笔者站在有利于公司的角度，建议公司不要与其重新签订新的劳动合同，而是在原劳动合同的基础上签订劳动合同补充协议，补充协议是对原劳动合同的补充约定，并不属于新一期的劳动合同，所以不会额外计算为一次劳动合同的签订，这么做对公司较为有利。

劳动合同补充协议仅需要对女职工的劳动合同期限进行补充约定，原劳动合同的其他条款无须调整，补充协议中只需要明确原劳动合同的到期日处于女职工的“三期”内，所以按照法律规定延续原劳动合同的期限。因为公司不好判断“三期”届满的实际日期，所以在劳动合同补充协议中可以直接约定公司与女职工的劳动关系期限延长至女职工“三期”期满之日止。

法律依据

《劳动合同法》

第四十二条　劳动者有下列情形之一的，用人单位不得依照本法第四十条、第四十一条的规定解除劳动合同：

（一）从事接触职业病危害作业的劳动者未进行离岗前职业健康检查，或者疑似职业病病人在诊断或者医学观察期间的；

（二）在本单位患职业病或者因工负伤并被确认丧失或者部分丧失劳动能力的；

（三）患病或者非因工负伤，在规定的医疗期内的；

（四）女职工在孕期、产期、哺乳期的；

（五）在本单位连续工作满十五年，且距法定退休年龄不足五年的；

（六）法律、行政法规规定的其他情形。

第四十五条 劳动合同期满，有本法第四十二条规定情形之一的，劳动合同应当续延至相应的情形消失时终止。但是，本法第四十二条第二项规定丧失或者部分丧失劳动能力劳动者的劳动合同的终止，按照国家有关工伤保险的规定执行。

第三章

劳动用工管理

第一节　公司的规章制度

一、规章制度合法性及有效性的要求[①]

风险提示

国有国法，家有家规。每个公司都会有自己的规矩，公司的规章制度就是公司规矩的书面体现，属于公司内部针对所有员工的“法律”。公司有权制定规章制度对公司员工进行管理，是行使劳动用工自主权的一种体现。依法制定的规章制度，能够作为管理劳动者的依据，与公司建立劳动关系的劳动者均应当遵守公司的规章制度。目前，大多数公司所制定的、员工需要遵守的规章制度，其核心都是惩罚性内容，公司将规章制度作为劳动合同的补充，从公司的角度来看，规章制度似乎非常好用。而实际上，公司将规章制度用好却并不那么容易。什么样的规章制度才是合法的？公司制定的所有规章制度是否都有效？笔者作为执业多年的律师，服务了很多国有和私营大中型企业及外资公司，遇到许多关于规章制度的案例，发现目前许多公司所制定的规章制度在内容上或者是程序上都存在瑕疵。当出现纠纷的时候，公司把规章制度拿出来交给司法机关裁决，被认定为无效的可能性很大。

关于规章制度的法律规定，在《最高人民法院关于审理劳动争议案件适用法律若干问题的解释》第十九条中有所体现。该条规定：“用人单位根据《劳动法》第四条之规定，通过民主程序制定的规章制度，不违反国家法律、行政法规及政策规定，并已向劳动者公示的，可以作为人民法院审理劳动争议案件的依据。”根据上述法律条文的规定可以推断出，有效的公

① 本部分主要内容引自张扬、蒋丹青：《企业常见法律问题及风险防范：管理者身边的法律顾问（增订 2 版）》，中国法制出版社 2017 年版，第 239-245 页。

司规章制度需要符合以下两点要求。

1. 公司的规章制度需符合民主制定的程序

笔者在给一些公司做劳动法培训的时候，往往会提到民主程序问题，公司负责人或人事部门负责人听到往往会很疑惑：什么是民主程序？他们常常反映自己公司的规章制度均是内部领导之间商议出来的结果，有些负责人甚至对自己公司的规章制度是如何制定的都不太清楚。笔者在此提醒各位相关负责人：如果公司的规章制度的制定不符合民主程序，就会直接导致规章制度无效。

所谓民主程序，是指公司的员工通过职工大会、职工代表大会、工会或推举代表参与公司的管理，以及公司的员工通过职工大会、职工代表大会、工会或推举代表与公司进行平等协商。对于规章制度的制定，涉及员工切身利益的事项时，法律要求公司应当经职工代表大会或者全体职工讨论，提出方案意见，与工会或者职工代表平等协商确定。规章制度制定完毕后，公司还需要公示，即要求对规章制度进行“广而告之”，不能对规章制度“遮遮掩掩”。在笔者办理的劳动争议案件中，常会见到有公司为了规避给付经济补偿金或经济赔偿金等义务，事后针对案件中有争议的情况后补所谓的规章制度，并将其作为劳动仲裁和诉讼的依据。为了防止公司损害员工的合法权益，法律对规章制度的公示、通知的要求甚为严格，所有未经公示或者通知员工的规章制度均视为无效。

2. 公司规章制度的内容需合法

判断公司规章制度的内容是否合法，要以是否违反法律和行政法规的强制性规定为认定标准。例如，在现实生活中，不少公司禁止“双职工”在同一用人单位出现，若发现则要求其中一人离开公司，并将此作为公司的规章制度予以公示。那么，这种禁止“办公室恋情”的规章制度是否有效呢？类似这种情况的处理方式，公司根据已经公示的规章制度对员工进行处罚、管理，看似无可厚非，实则违法。《民法通则》第一百零三条规定：“公民享有婚姻自主权，禁止买卖、包办婚姻和其他干涉婚姻自由的行为。”这意味着，公民有权决定自己的恋爱、婚姻等相关人生大事，任何组织和个人均无权加以干涉，公司如此规定实属违反法律的强制性规定，因此是无效的。[①]

对规章制度合法性的审查，是法院审理劳动案件的重要事项之一。各地法院亦在此问题上态度明确。例如，《广东省高级人民法院、广东省劳动争议仲裁委员会关于使用〈劳动争议调解仲裁法〉、〈劳动合同法〉若干问题的指导意见》第二十条明确规定：如规章制度内容合法并经公示、不存在明显不合理的情形，可以作为劳动仲裁和人民法院裁判的依据。北京市第二中级人民法院则认为，用人单位按照《劳动合同法》第四条的规定制定的规章制度，可以作为其解除劳动合同的有效依据。但人民法院有权审查该规定的合法性，如有关规定过于严苛或明显违反公序良俗，法院有权认定相应条款无效。[②]

以案说法

案例 1

曾某是东某食品公司制作面包及糕点的员工，是公司下辖经营的某门店店长，负责该门店的管理工作。2011 年 6 月 23 日晚，公司临时检查各门店，在对曾某管理的门店进行盘点后发现存在短款的现象，现金盘点数与 POS 机收款额存在差异，少收金额 200 元。

2011 年 6 月 24 日，公司负责人与曾某就盘点短款问题进行谈话，询问了 6 月 23 日的销售状况并制作了笔录由曾某签名确认。2011 年 7 月 4 日，公司向曾某发出了《解雇信》，信上告知曾某违反了公司的收银操作和库存守则，给公司造成了损失，根据公司的《纪律及诚信守则》和《员工手册》中的规定，对曾某予以开除。曾某不服，认为公司属于违法解除劳动合同，应当作出赔偿。而公司则认为曾某违反公司的规章制度，开除曾某是合法的。

【判词摘录】[③]

1. 除《纪律及诚信守则》外，其余规章制度公司未举证送达给曾某。

① 张扬、郭旺生、吴春婉：《劳动用工完全法律指南》，中国法制出版社 2013 年版，第 155 页。

② 朱江主编：《北京市第二中级人民法院经典案例分类精解 · 劳动争议卷》，法律出版社 2013 年版，第 166 页。

③ 广州市越秀区人民法院（2011）穗越法民一初字第 3890 号民事判决书。

2.《纪律及诚信守则》签约卡仅能证明曾某签收过一份《纪律及诚信守则》，但不能证明曾某签收的版本是公司认为的版本，且签约卡已经载明曾某签收的《纪律及诚信守则》仅有4页，而公司提交的《纪律及诚信守则》有5页，此差异足以证实公司提交的非曾某彼时所签阅并确认无误的《纪律及诚信守则》，故对公司提交的《纪律及诚信守则》的真实性、合法性、关联性法院均不予确认。

3. 涉案所有规章制度，公司未举证系经过民主程序所制定（如《纪律及诚信守则》仅有行政总裁签名），故均不得作为人民法院审理劳动争议案件的依据。

4. 因此，法院认定现有证据仅能证明曾某有监管过失尚不至于严重失职，而公司径行解除劳动关系则没有制度、法律依据，属违法解除，故公司应当支付经济赔偿金。

案例 2

王某为报社下辖某发行站的站长，负责管理站内报纸发行以及发行员的送报工作。2009年7月17日，报社当天印刷出版的报纸中，用铜版纸发行了恒大足球特刊。当时纸张收购价高，报纸发行的当天出现了大量恶意收购报纸当废纸变卖赚取差价的事情，当天王某发行站负责的区域在一些地方甚至无报纸可卖。

因为事件影响较坏，报社对事件作出调查后认为王某参与了这次私收报纸的事件，帮助他人私收报纸。随后，报社以其发行管理部门的规章制度《奖惩管理规定》中的“在发行特刊中物流发行员若出现监守自盗或联合他人变卖报纸导致报社或读者的利益受损的，报社将对其作出辞退处理”为依据，将王某解雇。王某不服，提起诉讼。在法庭上，王某否认自己知道报社的《奖惩管理规定》，报社也没有证据证明王某知悉。

【判词摘录】[①]

本案中，虽然报社主张王某作为管理人员，严重违反报社规章制度，影响报社的经营，故对王某作出开除处理，并提供《奖惩管理规定》佐证。

① 广州市越秀区人民法院（2011）穗越法民一初字第3908、3909号民事判决书。

但报社没有证据证明王某知道《奖惩管理规定》，王某对此予以否认，报社以此证明王某严重违反报社规章制度依据不足，报社承担举证不能的不利后果，故报社解除与王某的劳动合同的行为已构成违法解除劳动合同的事实。

证据指引

1. 公司向员工就规章制度内容进行征求意见的文件

公司制定涉及员工切身利益的规章制度时应当经职工代表大会或者全体员工讨论，由员工提出方案和意见，与工会或者职工代表平等协商确定，公司领导切勿自己关起门来制定规则。没有经过民主程序制定出来的规章制度，是不会被法院作为案件审理的依据的。

公司可以在制定或修改规章制度时组织员工进行培训，并且要求员工向公司提出书面的意见，公司在日后可以凭借培训会议纪要、开会签到表、员工意见反馈表等材料证明公司在制定或修改规章制度的时候已经走了民主程序。

2. 规章制度考试试卷

新员工入职时，公司可以组织员工进行规章制度的考试，将公司规章制度中的重要条款和内容放在试卷中，由员工进行简单的选择题回答。考试试卷由公司进行保管，可以证明员工已经学习并且知悉了公司的规章制度。

3. 规章制度的签收证明

公司制定的规章制度应当让员工签收，且修改后的规章制度也必须要员工重新签收。这样做似乎有点“强人所难”，但是法律确实对公司提出了严格的要求。对于涉及员工切身利益的规章制度必须公示和告知员工，这个程序非常重要。对于规章制度，要公告、组织学习、签收，做到人手一册。

在很多案例中，公司会以员工违反规章制度中的某条或某几条为由指出员工的不当行为进而作出处理，但此时往往出现举证困难的情形（如上述案例）。笔者建议，在员工入职时，公司应复印一份规章制度，并要求员工在该复印件上书面签上“已领取该规章制度”的字样。与此同时，在有新的或经修改的规章制度时，公司也应及时下发给员工，同样要求其书面签收确认，该书面签收证明应明确文件的名称或文号。

下面两幅图，是两种较为常见的“不合格”的规章制度签收材料，笔者相信许多公司都会让员工签订类似的文件。实际上，这两份文件是没有任何法律效力的。因为员工在签订这两份文件时，公司并不能证明员工承诺理解的规章制度的内容究竟是什么。这些所谓的规章制度，都是可以由公司随意修改的，公司甚至可以在诉讼发生之后，按照有利于自己的情况修改规章制度再拿到法院作为证据。因此，为了保护劳动者的合法利益，避免出现公司为了胜诉随意修改规章制度的情况，在员工与公司发生纠纷的时候，员工若提出公司在员工签阅后有篡改、修订的可能性，且公司又没有证据可以证明员工签收、签阅的规章制度的实际内容时，法院会支持员工的意见而认定规章制度无效。另外，这两份文件中，都有公司要求员工承诺遵守公司日后修改或新制定的各项规章制度的条款，这种做法也是无效的，因为法律不会支持公司要求员工作出未来不确定的承诺。

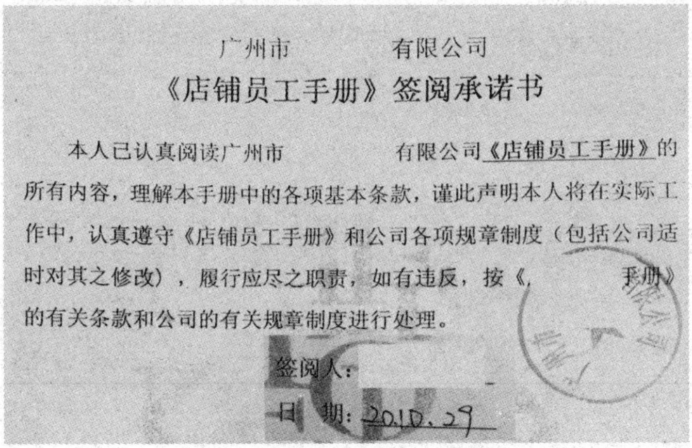
广州市　　　　有限公司

《店铺员工手册》签阅承诺书

本人已认真阅读广州市　　　　有限公司《店铺员工手册》的所有内容，理解本手册中的各项基本条款，谨此声明本人将在实际工作中，认真遵守《店铺员工手册》和公司各项规章制度（包括公司适时对其之修改），履行应尽之职责，如有违反，按《　　　手册》的有关条款和公司的有关规章制度进行处理。

签阅人：

日　期：2010.29

图 3–1 “不合格”的规章制度签收材料之一

该签阅承诺书中，员工虽然确认阅读了《店铺员工手册》，但是具体阅读的手册内容是什么无法确定。当公司日后凭借《店铺员工手册》中的内容对员工进行处罚时，员工可以否认自己当初承诺阅读的手册内容与公司处罚时所提出的手册内容不符。

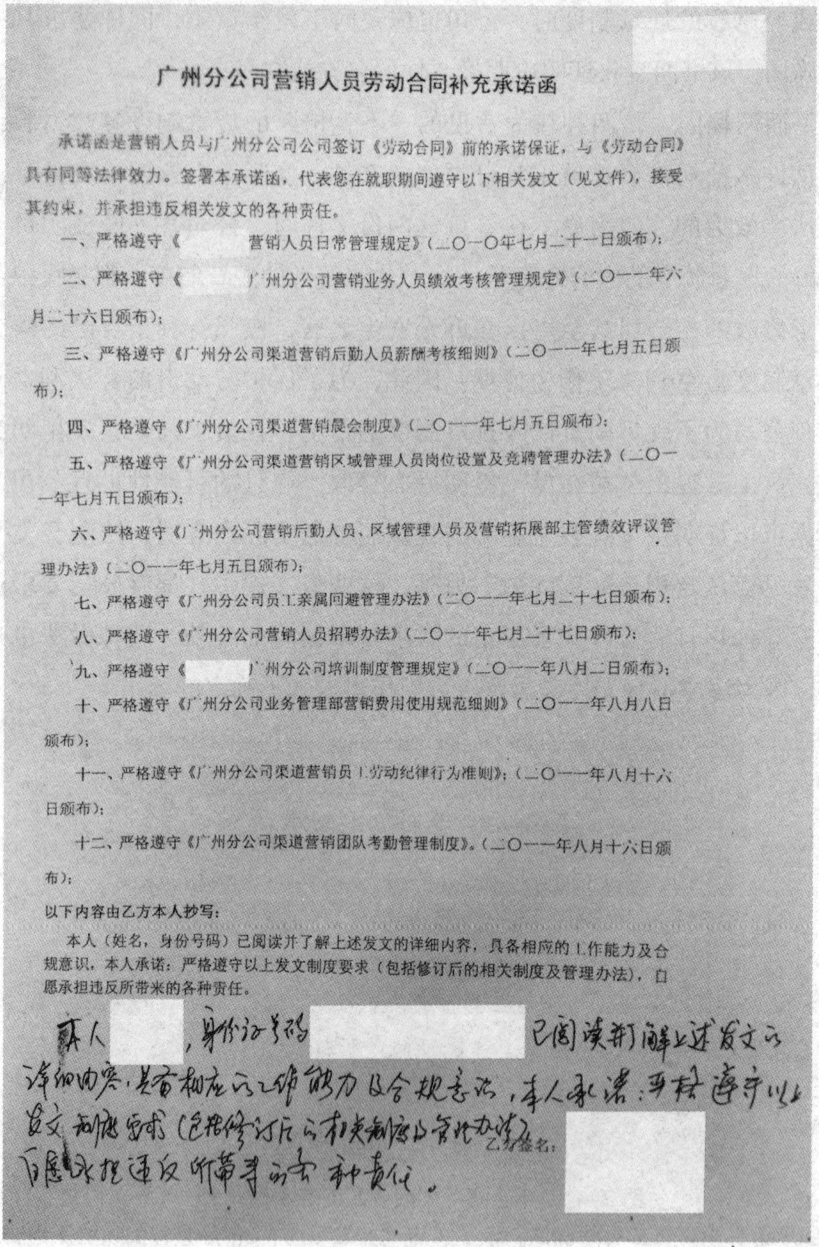

广州分公司营销人员劳动合同补充承诺函

承诺函是营销人员与广州分公司公司签订《劳动合同》前的承诺保证，与《劳动合同》具有同等法律效力。签署本承诺函，代表您在就职期间遵守以下相关发文（见文件），接受其约束，并承担违反相关发文的各种责任。

一、严格遵守《[redacted]营销人员日常管理规定》（二〇一〇年七月二十一日颁布）；

二、严格遵守《[redacted]广州分公司营销业务人员绩效考核管理规定》（二〇一一年六月二十六日颁布）；

三、严格遵守《广州分公司渠道营销后勤人员薪酬考核细则》（二〇一一年七月五日颁布）；

四、严格遵守《广州分公司渠道营销晨会制度》（二〇一一年七月五日颁布）；

五、严格遵守《广州分公司渠道营销区域管理人员岗位设置及竞聘管理办法》（二〇一一年七月五日颁布）；

六、严格遵守《广州分公司营销后勤人员、区域管理人员及营销拓展部主管绩效评议管理办法》（二〇一一年七月五日颁布）；

七、严格遵守《广州分公司员工亲属回避管理办法》（二〇一一年七月二十七日颁布）；

八、严格遵守《广州分公司营销人员招聘办法》（二〇一一年七月二十七日颁布）；

九、严格遵守《[redacted]广州分公司培训制度管理规定》（二〇一一年八月二日颁布）；

十、严格遵守《广州分公司业务管理部营销费用使用规范细则》（二〇一一年八月八日颁布）；

十一、严格遵守《广州分公司渠道营销员工劳动纪律行为准则》（二〇一一年八月十六日颁布）；

十二、严格遵守《广州分公司渠道营销团队考勤管理制度》。（二〇一一年八月十六日颁布）；

以下内容由乙方本人抄写：

本人（姓名，身份号码）已阅读并了解上述发文的详细内容，具备相应的工作能力及合规意识，本人承诺：严格遵守以上发文制度要求（包括修订后的相关制度及管理办法），自愿承担违反所带来的各种责任。

本人[redacted]，身份证号码[redacted]已阅读并了解上述发文的详细内容，具备相应的工作能力及合规意识，本人承诺：严格遵守以上发文制度要求（包括修订后的相关制度及管理办法），自愿承担违反所带来的各种责任。

乙方签名：[redacted]

图 3–2 “不合格”的规章制度签收材料之二

员工虽然确认阅读了承诺函中所列出的所有文件，但是仅有文件标题却没有文件的具体内容，公司无法证明员工阅读的文件内容具体是什么。所以当公司日后凭借承诺函中所列出的任何一份文件对员工进行处罚的，员工都可以否认自己当初承诺阅读的文件内容与公司处罚时所提出的文件内容不符。

4. 制定相关的处罚条例作为劳动合同的附件

法律目前对公司规章制度的有效性要求非常严格，笔者在担任公司法律顾问及接受公司委托办理劳动争议案件时，所遇到的大部分公司规章制度都存在无效的风险（有些规章制度没有经过民主程序制定，有些规章制度没有劳动者的签名材料）。

要让一份规章制度具有法律效力，劳动者的签名确认是至关重要的，而在目前法律对规章制度在有较高要求（且实际上大部分公司都难以做到）的情况下，笔者在实践中会建议公司将规章制度做简化处理，尝试将规章制度中涉及员工处罚的条款单独列出来作为处罚条款（通常情况下只有一两页），把处罚条款作为劳动合同的附件，员工在入职的时候，除了签订劳动合同之外，还需要在附件上签名，日后公司根据处罚条款对员工进行惩戒的时候便可以避免员工否认知悉公司处罚条款的风险。

法律依据

《劳动法》

第四条 用人单位应当依法建立和完善规章制度，保障劳动者享有劳动权利和履行劳动义务。

《最高人民法院关于审理劳动争议案件适用法律若干问题的解释》

第十九条 用人单位根据《劳动法》第四条之规定，通过民主程序制定的规章制度，不违反国家法律、行政法规及政策规定，并已向劳动者公示的，可以作为人民法院审理劳动争议案件的依据。

《广东省高级人民法院关于审理劳动争议案件若干问题的指导意见》

第十八条第二款 劳动者对用人单位的规章制度提出异议的，用人单位应举证证明规章制度不违反国家法律、行政法规以及政策的规定，并已向劳动者公示。

《广东省高级人民法院、广东省劳动争议仲裁委员会关于适用〈劳动争议调解仲裁法〉、〈劳动合同法〉若干问题的指导意见》

第二十条第二款 《劳动合同法》实施后，用人单位制定、修改直接涉及劳动者切身利益的规章制度或者重大事项时，未经过《劳动合同法》第四条第二款规定的民主程序的，原则上不能作为用人单位用工管理的依据。但规章制度或者重大事项的内容未违反法律、行政法规及政策规定，不存在明显不合理的情形，并已向劳动者公示或告知，劳动者没有异议的，可以作为劳动仲裁和人民法院裁判的依据。

《江苏省高级人民法院、省劳动争议仲裁委员会关于审理劳动争议案件的指导意见》的通知

第十八条 用人单位在《劳动合同法》实施前制定的规章制度，虽未经过《劳动合同法》第四条规定的民主程序，但其内容不违反法律、行政法规及政策规定，且不存在明显不合理的情形，并已向劳动者公示或者告知的，可以作为处理劳动争议的依据。

用人单位在《劳动合同法》实施后制定、修改规章制度，经法定民主程序与工会或职工代表协商，但未达成一致意见，若该规章制度的内容不违反法律、行政法规的规定、不存在明显不合理的情形，且已向劳动者公示或者告知的，可以作为处理劳动争议的依据。

有独立法人资格的子公司执行母公司的规章制度，如子公司履行了《劳动合同法》第四条规定的民主程序，或母公司履行了《劳动合同法》第四条规定的民主程序且在子公司内向劳动者公示或告知的，母公司的规章制度可以作为处理子公司劳动争议的依据。

第十九条 用人单位以劳动者严重违反规章制度为由解除劳动合同的，人民法院、仲裁机构应当审查用人单位规章制度的制定程序是否合法、劳动者的违纪行为在规章制度中是否有明确规定、规章制度对劳动者严重违纪行为的规定是否公平合理等，以判断劳动者是否属于严重违反用人单位规章制度、用人单位解除劳动合同的行为是否合法有效。

《浙江省高级人民法院关于审理劳动争议案件若干问题的意见》

第三十四条 用人单位在《劳动合同法》实施前制定的规章制度，虽未经过该法第四条第二款规定的民主程序，但内容未违反法律、行政法规、政策及集体合同规定，不存在明显不合理的情形，并已向劳动者公示或告知的，可以作为人民法院审理劳动争议案件的依据。

《劳动合同法》实施后，用人单位制定、修改或者决定直接涉及劳动者切身利益的规章制度或者重大事项时，未经过该法第四条第二款规定的民主程序的，一般不能作为人民法院审理劳动争议案件的依据。规章制度或者重大事项决定的内容未违反法律、行政法规、政策及集体合同规定，不存在明显不合理的情形，并已向劳动者公示或告知，且劳动者没有异议的，可以作为人民法院审理劳动争议案件的依据。

《安徽省高级人民法院关于审理劳动争议案件若干问题的指导意见》

第四条 用人单位制定的规章制度符合《劳动合同法》第四条、《最高人民法院〈关于审理劳动争议案件适用法律若干问题的解释〉》第十九条规定的，可以作为人民法院审理劳动争议案件的依据。

《劳动合同法》施行前，用人单位制定直接涉及劳动者切身利益的规章制度或者决定的重大事项，虽未履行《劳动合同法》第四条第二款规定的民主程序，但其内容未违反法律、行政法规及政策规定，又不存在明显不合理情形，且已向劳动者公示或告知的，可以作为人民法院裁判的依据。

二、规章制度的内容须合理并具有可操作性

风险提示

如前文所述，规章制度合法有效须根据严格的法律要求制定，规章制度的合法有效是最低要求，一份规章制度不能仅限于合法和有效，还必须制定得合理并具有可操作性。如果一份规章制度里面所规定的内容不具有可操作性，那么该制度则无法起到管理、约束员工行为的作用。

规章制度中的内容需要合理，若规章制度制定程序合法但是在内容上超出了合理的范围，在适用规章制度时也不会得到劳动者的认可，当劳资双方因此而发生纠纷争议时，法院也有很大可能认定该不合理的规章制度条款属无效。例如，有的公司会规定“迟到一次视为严重违反公司规定，公司可以直接开除”，这种规定就是过于苛刻也并不合理，还有的公司禁止出现“双职工”，所以会在规章制度中约定不允许“办公室恋情”，这样的规定也是超出了合理的范围。

规章制度的内容需要具有可操作性，一份不具有可操作性的规章制度就跟废纸是一样的。曾经有一家经营服装门店的公司的店铺员工守则提到诸如“店铺员工要待人有礼”“看店时间不能坐着休息”“不能在看店的时间玩手机”等内容，这样的规定看似很合理、很全面，但实际上却不具有可操作性，没有明确的认定标准。

以案说法

案例 1

曾某是东某食品公司制作面包及糕点的员工，是公司下辖经营的某门店店长，负责该门店的管理工作。2011 年 6 月 23 日晚，公司临时检查各门店，在对曾某管理的门店进行盘点后发现存在短款的现象，现金盘点数与 POS 机收款额存在差异，少收金额 200 元。

公司随后以曾某存在过错并违反公司规章制度为理由对曾某作出开除处理，但公司的规章制度中并没有约定店铺盘点发现少收款项是否属于可以开除的违纪行为。

【判词摘录】[①]

现有证据仅能证明曾某有监管过失尚不至严重失职，而用人单位径行解除劳动关系则没有制度、法律依据，属违法解除。

① 广州市越秀区人民法院（2011）穗越法民一初字第 3890 号民事判决书。

案例 2

袁某在甲公司担任行政部门负责人职务，在袁某入职时，公司与袁某除签订劳动合同外，还签订了一份《员工守则》，在该份员工守则中有一条约定："员工有以下情形之一时，被视为严重违反公司规章制度，公司可以处以解除劳动合同处分：……担任其他公司的董事、监事或者员工，或从事与公司利益相冲突的行为。"

2015 年，甲公司发现袁某将公司 2014 年的某一项工程业务发包给她和她的丈夫共同担任股东的乙公司，且袁某没有向甲公司报备相关情况。甲公司随后以与袁某有利益冲突、袁某违反《员工守则》属于严重违纪为由将其开除。袁某认为甲公司开除行为属违法，于是向法院起诉要求甲公司支付经济赔偿金。

【判词摘录】[①]

1. 袁某作为公司的管理人员，利用职务之便，将公司的相关业务交由其配偶作为股东以及其本人与配偶均为股东的公司承接经营的事实清楚，证据充分，本院予以确认。

2. 袁某的上述行为造成了其与公司之间的利益冲突，违反了劳动纪律以及公司《员工守则》第 ×× 条第 × 项的利益冲突规定。该条已明确规定，员工存在此种情形时，视为严重违反公司规章制度，可对该员工处以解除合同的处分。公司据此解除其与袁某的劳动关系合法，本院予以确认。

证据指引

规章制度中的处罚条款需要设定不同的梯次、细化标准

规章制度内容要合理，用人单位不能设定太过苛刻的条件从而轻易地对劳动者进行严重的处罚。

用人单位的规章制度中对于劳动者的处罚条款，需要设定"一般违纪"

① 广州市中级人民法院（2016）粤 01 民终 12702 号民事判决书。

和“严重违纪”两个梯次，将一般违规的行为和严重违规的行为区分开来，同时针对一般违纪和严重违纪，制定相对应的惩罚条款。

法律依据

《劳动合同法》

第四条 用人单位应当依法建立和完善劳动规章制度，保障劳动者享有劳动权利、履行劳动义务。

用人单位在制定、修改或者决定有关劳动报酬、工作时间、休息休假、劳动安全卫生、保险福利、职工培训、劳动纪律以及劳动定额管理等直接涉及劳动者切身利益的规章制度或者重大事项时，应当经职工代表大会或者全体职工讨论，提出方案和意见，与工会或者职工代表平等协商确定。

在规章制度和重大事项决定实施过程中，工会或者职工认为不适当的，有权向用人单位提出，通过协商予以修改完善。

用人单位应当将直接涉及劳动者切身利益的规章制度和重大事项决定公示，或者告知劳动者。

《江苏省高级人民法院、江苏省劳动争议仲裁委员会关于审理劳动争议案件的指导意见》

第十九条 用人单位以劳动者严重违反规章制度为由解除劳动合同的，人民法院、仲裁机构应当审查用人单位规章制度的制定程序是否合法、劳动者的违纪行为在规章制度中是否有明确规定、规章制度对劳动者严重违纪行为的规定是否公平合理等，以判断劳动者是否属于严重违反用人单位规章制度、用人单位解除劳动合同的行为是否合法有效。

《浙江省高级人民法院关于审理劳动争议案件若干问题的意见》

第四十五条 对劳动者无正当理由未办理请假手续，擅自离岗连续超过十五日，用人单位规章制度已有规定的，按相关规定执行；用人单位规章制度无规定的，用人单位可以劳动者严重违反劳动纪律为由，解除劳动合同。

用人单位以劳动者擅自离岗为由，作出解除劳动合同决定，但确因客观原因无法将该决定送达给劳动者，后劳动者以用人单位未履行送达等相关手续为由主张解除无效的，不予支持。

《深圳市中级人民法院关于审理劳动争议案件的裁判指引》

十、劳动者要求对用人单位的规章制度予以纠正的，不作劳动争议处理；劳动者以用人单位的规章制度违反法律法规，给其造成损害为由，要求用人单位承担赔偿责任的，应作为劳动争议处理。

二十六、当事人因劳动合同的订立与解除发生争议的，举证责任如下分配：

……

⑷用人单位主张劳动者严重违反劳动纪律或企业规章制度的，应就劳动者存在严重违反劳动纪律或企业规章制度的事实以及企业规章制度经过民主程序制定并已向劳动者公示的事实举证。

七十三、《劳动合同法》第四条第二款规定的“平等协商确定”主要是指程序上的要求，如果平等协商无法达成一致，最后决定权在用人单位。如该规章制度违反法律法规的规定，给劳动者造成损害的，劳动者可依据《劳动合同法》第八十条寻求救济。

《安徽省高级人民法院关于审理劳动争议案件若干问题的指导意见》

第五条　用人单位在与劳动者签订的书面劳动合同中，已明确告知劳动者存在某种特定规章制度，该特定规章制度属于劳动合同内容，人民法院应根据《劳动合同法》关于劳动合同效力的规定审查其效力。

第二节　调岗

一、合法调岗的三原则

风险提示

公司对员工进行调岗，原则上来说是行使劳动用工自主权的体现，公司根据自身组织架构以及员工自身工作能力的情况，作出相应的岗位调整。但是，并非任何的岗位调整，都可以说是公司行使劳动用工自主权。司法实践中，因为许多公司通过对员工进行调岗来达到“变相解雇”的目的，所以法院在审理调岗纠纷案件时，对公司作出调岗行为有严格的要求。

调岗是公司对员工的工作内容和薪酬待遇进行调整，而工作内容和薪酬待遇是劳动合同的必备条款，变更工作内容和薪酬待遇，需要公司与员工双方达成一致，在不属于法律允许的情况下公司单方面作出变更的，员工可以根据《劳动合同法》第三十八条第（一）项或第（二）项的规定，以公司未按照劳动合同的约定提供劳动条件或者足额支付劳动报酬为由，与公司解除劳动合同并要求公司支付经济补偿金。所以如果公司的调岗行为被法院认定为违法，那么公司就要向员工支付经济补偿金。

调岗稍有不慎便会造成违法赔钱的结果，笔者在为企业提供法律培训时，“在什么情况下允许公司单方面对员工调岗”是企业问得较多的一个问题。如何合法进行调岗，法律上对此没有明确的规定，但是各地司法实践中，法院审理这类案件都有一个大致的标准。例如，广东省高级人民法院和广东省劳动人事争议仲裁委员会于 2012 年 6 月 21 日发布的《关于审理劳动人事争议案件若干问题的座谈会纪要》的第二十二条中规定，如果“调整劳动者的工作岗位是用人单位生产经营的需要”“调整工作岗位后劳动者的工资水平与原岗位基本相当”“不具有侮辱性和惩罚性”以及“没有其他违反法律法规的情形”这四个条件同时具备的情况下，公司对员工调岗则属合法。笔者认为上述这份座谈会纪要提出的关于合法调岗的规定值得大家参考，因生产经营需要、工资待遇不能降低以及不能具有侮辱性和惩罚性，是公司对员工进行合法调岗的三原则。

以案说法

案例 1

罗某于 2010 年 1 月 21 日入职佛某服饰公司，自 2011 年 5 月 5 日起在公司设在广州市天河区珠江新城友谊商店的专柜担任店长一职。公司认为罗某担任友谊商店专柜店长时期销售量较低，于是想调罗某到其他门店的专柜上班。

2012年5月24日，佛某公司向友谊商店发出证明，称公司将自2012年5月25日起调罗某到与目前上班地点相距约40公里的广州市花都区广百百货专柜上班，担任领班一职。公司之后又在当天重新向友谊商店发出证明，改为担任店长一职。罗某当天在商场看到了这两份证明，且又有公司派来的新店长来交接，因此无奈进行了交接。

佛某公司没有班车，在花都区没有职工宿舍，罗某有丈夫和小孩，因为花都区离天河区较远，因此罗某对公司的调整不服，于是从2013年5月25日起就没再上班。2013年5月30日，罗某向劳动仲裁委提起劳动仲裁，要求与公司解除劳动合同并要求公司支付经济补偿金。佛某公司在收到劳动仲裁委的通知后，于2013年6月13日向罗某发出《督请上班通知书》，提出罗某旷工的主张。

【判词摘录】[①]

1. 工作岗位是劳动合同履行的重要内容，用人单位对劳动者的工作岗位变更依法必须与劳动者进行协商。

2. 罗某作为公司的员工在商场专柜工作，其不仅要受公司的管理，同时也受到商场管理方的管理，罗某能看到商场方的证明及不可能回原来的商场上班符合社会常理。

3. 公司于2012年5月24日发出通知调罗某从天河至花都工作，并要求罗某于2012年5月25日到岗明显有违社会常理。

4. 罗某要求公司支付解除劳动合同关系的经济补偿金的请求符合《劳动合同法》第三十八条的规定，法院予以支持。

案例2

晨某五金厂有A、B两条抛光生产线。

① 广州市天河区人民法院（2012）穗天法民一初字第2405号民事判决书；广州市中级人民法院（2013）穗法民一终字第2357号民事判决书。

2015年9月，五金厂张贴一份《抛光生产线整改》的通知，称“为提高公司资源利用效率，即日起，抛光厂A、B线所有同人集中A线作业，B线封闭进行整理、整顿，禁止人员进入，违者按公司规定处理。请抛光厂抛光人员配合，以保证出货正常”。

包括毛某在内的八位B线工人对五金厂的岗位调整不满，他们认为五金厂在此次岗位调整决定发出之前没有跟B线员工进行商量，且从B线调整到A线工作会在未来产生收入降低的可能性，认为五金厂的调岗行为是违法的。

【判词摘录】[①]

1. 五金厂与员工双方签订的《劳动合同》没有约定劳动者的工作必须为B线，因此五金厂将B线员工移到A线并没有违反《劳动合同》中关于劳动者工作岗位和工作地点的约定。劳动者并未提交任何证据表明从B线移到A线后其工资待遇会有所降低或该A线岗位具有侮辱性或惩罚性。因此五金厂将B线员工移到A线的行为可视为五金厂因生产经营需要所作出的对劳动者工作岗位的合理调整，不存在违反法律法规的情形。

2. 五金厂为提高生产效率而对生产B线进行技术改造，主观上不具有恶意，也是生产经营之需要。原B线员工不论是在生产A线还是B线工作，工作地点并没有改变，两条生产线在生产流程、技术要求、计酬方式等方面都是相同的，五金厂对B线员工所作的调整并不具有侮辱性和惩罚性，也没有违反劳动合同的约定和法律规定，是用工自主权的体现。

证据指引

1. 劳动合同中的岗位条款

在劳动合同履行过程中，公司不可避免地会根据生产经营需要调整员工的工作和岗位，所以公司在与入职员工签订劳动合同的时候，涉及岗位

① 佛山市南海区劳动争议仲裁委员会佛南劳人仲案字（2015）4019号仲裁裁决书；佛山市南海区人民法院（2016）粤0605民初1186号民事判决书。

和工作内容的条款不要约定得太“死”，要给自己留一点空间。例如，在前述案例中，五金厂在与员工的劳动合同中如果明确了该员工的岗位是B线抛光工人，那么将其调整到A线工作就需要与员工协商。

劳动合同中还可以增加公司有权根据生产经营需要对员工进行岗位调整的条款，如“用人单位在合同期内因生产经营需要或其他原因，有权调整劳动者的工作岗位，或派劳动者到本合同约定以外的地点工作”。

2. 公司与员工就调岗问题进行协商的录音及相关记录文件

即使公司在劳动合同中对自己有权根据生产经营的需要对员工进行调岗的问题作出了约定，但是正如笔者在前文所述，公司行使用工自主权在法律上有极大的限制，主要目的在于保护劳动者。所以公司基本上是不能单方面变更员工的劳动条件及劳动待遇。公司对员工的职务进行必须的调整时，在下决定之前，应该与员工之间尽量协商达成一致，并通过书面形式确认（如协商笔录）。

法律依据

《劳动合同法》

第三十五条 用人单位与劳动者协商一致，可以变更劳动合同约定的内容。变更劳动合同，应当采用书面形式。

……

第三十八条 用人单位有下列情形之一的，劳动者可以解除劳动合同：

（一）未按照劳动合同约定提供劳动保护或者劳动条件的；

（二）未及时足额支付劳动报酬的；

……

《最高人民法院关于审理劳动争议案件适用法律若干问题的解释》

第十三条 因用人单位作出的开除、除名、辞退、解除劳动合同、减少劳动报酬、计算劳动者工作年限等决定而发生的劳动争议，用人单位负举证责任。

《最高人民法院关于审理劳动争议案件适用法律若干问题的解释（四）》

第十一条 变更劳动合同未采用书面形式，但已经实际履行了口头变更的劳动合同超过一个月，且变更后的劳动合同内容不违反法律、行政法规、国家政策以及公序良俗，当事人以未采用书面形式为由主张劳动合同变更无效的，人民法院不予支持。

《广东省高级人民法院、广东省劳动人事争议仲裁委员会员会关于审理劳动人事争议案件若干问题的座谈会纪要》

22. 用人单位调整劳动者工作岗位，同时符合以下情形的，视为用人单位合法行使用工自主权，劳动者以用人单位擅自调整其工作岗位为由要求解除劳动合同并请求用人单位支付经济补偿的，不予支持：

（一）调整劳动者工作岗位是用人单位生产经营的需要；

（二）调整工作岗位后劳动者的工资水平与原岗位基本相当；

（三）不具有侮辱性和惩罚性；

（四）无其他违反法律法规的情形。

用人单位调整劳动者的工作岗位且不具有上款规定的情形，劳动者超过一年未明确提出异议，后又以《劳动合同法》第三十八条第一款第（一）项规定要求解除劳动合同并请求用人单位支付经济补偿的，不予支持。

《北京市高级人民法院、北京市劳动人事争议仲裁委员会关于审理劳动争议案件法律适用问题的解答》

5. 用人单位调整劳动者工作岗位的，如何处理？

用人单位与劳动者约定可根据生产经营情况调整劳动者工作岗位的，经审查用人单位证明生产经营情况已经发生变化，调岗属于合理范畴，应支持用人单位调整劳动者工作岗位。

用人单位与劳动者在劳动合同中未约定工作岗位或约定不明的，用人单位有正当理由，根据生产经营需要，合理地调整劳动者工作岗位属于用人单位自主用工行为。判断合理性应参考以下因素：用人单位经营必要性、目的正当性，调整后的岗位为劳动者所能胜任、工资待遇等劳动条件无不利变更。

用人单位与劳动者签订的劳动合同中明确约定工作岗位但未约定如何调岗的，在不符合《劳动合同法》第四十条所列情形时，用人单位自行调整劳动者工作岗位的属于违约行为，给劳动者造成损失的，用人单位应予以赔偿，参照原岗位工资标准补发差额。对于劳动者主张恢复原工作岗位的，根据实际情况进行处理。经审查难以恢复原工作岗位的，可释明劳动者另行主张权利，释明后劳动者仍坚持要求恢复原工作岗位，可驳回请求。

用人单位在调整岗位的同时调整工资，劳动者接受调整岗位但不接受同时调整工资的，由用人单位说明调整理由。应根据用人单位实际情况、劳动者调整后的工作岗位性质、双方合同约定等内容综合判断是否侵犯劳动者合法权益。

6. 用人单位与劳动者在劳动合同中宽泛地约定工作地点是“全国”、“北京”等，用人单位在履行劳动合同过程中调整劳动者的工作地点，劳动者不同意，用人单位依据规章制度作出解除劳动合同决定是否支持?

用人单位与劳动者在劳动合同中宽泛地约定工作地点是“全国”、“北京”等，如无对用人单位经营模式、劳动者工作岗位特性等特别提示，属于对工作地点约定不明。劳动者在签订劳动合同后，已经在实际履行地点工作的，视为双方确定具体的工作地点。用人单位不得仅以工作地点约定为“全国”、“北京”为由，无正当理由变更劳动者的工作地点。

用人单位与劳动者在劳动合同中明确约定用人单位可以单方变更工作地点的，仍应对工作地点的变更进行合理性审查。具体审查时，除考虑对劳动者的生活影响外，还应考虑用人单位是否采取了合理的弥补措施（如提供交通补助、班车）等。

《浙江省高级人民法院关于审理劳动争议案件若干问题的意见》

第四十二条 用人单位调整劳动者工作岗位，一般应经劳动者同意。如没有变更劳动合同主要内容，或虽有变更但确属用人单位生产经营所必需，且对劳动者的报酬及其他劳动条件未作不利变更的，劳动者有服从安排的义务。

《上海市高级人民法院民一庭关于审理劳动争议案件若干问题的解答》

（十五）、劳动合同中约定用人单位有权随时调整劳动者岗位发生争议的，应如何处理？

答：用人单位和劳动者因劳动合同中约定，用人单位有权根据生产经营需要随时调整劳动者工作内容或岗位，双方为此发生争议的，应由用人单位举证证明其调职具有充分的合理性。用人单位不能举证证明其调职具有充分合理性的，双方仍应按原劳动合同履行。

二、劳动者不能胜任工作的岗位调整

风险提示

一般情况下，公司要开除一位员工且不用赔偿是十分困难的一件事。有的公司想开除某位员工又找不到什么合适的理由、证据和法律依据，就以员工“不能胜任工作”为理由将该员工辞退或调岗减薪。

公司如果要以员工不能胜任工作岗位为理由将其调岗减薪，需要有证据证明员工确实存在不能胜任工作岗位的情况，《最高人民法院关于审理劳动争议案件适用法律若干问题的解释》第十三条规定，因用人单位作出的减少劳动报酬决定而发生的劳动争议，用人单位负举证责任。如果公司无法举证而仅凭自己单方主张提出员工不能胜任工作岗位，是不会被法院认可的。

另外，员工如果真的不能胜任工作，公司作为用人单位一方不能马上将其解雇，根据《劳动合同法》第四十条的规定，员工如果不能胜任工作，经过培训或者调整工作岗位后仍不能胜任工作的，公司才能提前三十日以书面形式通知员工本人或者额外支付劳动者一个月工资后将其解雇。

以案说法

孙某自2006年2月起供职于广州南某广告公司，担任公司设立在上海的华东事业部业务经理一职。

2010年1月21日，公司单方以孙某不胜任工作为由向其发出岗位调整通知书，将孙某由业务经理岗位降低至初级媒介顾问岗位，并相应调低孙某的工资，岗位补贴也从4400元降至1900元，工作地点由上海调至广州。孙某不服，以书面形式回复公司，但未收到公司回应。孙某继续在原岗位上班，但自2010年2月起公司按调整后的岗位标准向孙某支付工资。

孙某遂以公司未足额支付工资为由向公司发出书面解除劳动关系通知书并诉诸法律，要求公司支付经济补偿金。

在诉讼的过程中，公司提出孙某并不能胜任原业务经理的职务，而孙某则向司法机关提交了2009年7月、9月、11月及2010年1月公司向孙某颁发的获奖证书，以证明自己工作成绩优秀，并非如公司所言自己不能胜任工作。

【判词摘录】①

1. 根据《最高人民法院关于审理劳动争议案件适用法律若干问题的解释》第十三条的规定，因用人单位作出的减少劳动报酬决定而发生的劳动争议，用人单位负举证责任。

2. 现公司主张孙某不胜任业务经理职位。但公司2009年7月、9月、11月及2010年1月连续向孙某颁发的获奖证书反映，公司现在所提出的主张与其以往所作出的实际行动是相矛盾的，因此，法院对公司现在提出的主张不予确认。公司单方作出减少孙某劳动报酬的决定，孙某对此不服并提出解除双方劳动合同、要求公司支付经济补偿是符合《劳动合同法》第三十八条、第四十六条规定的，法院予以支持。

证据指引

1. 公司向员工发放的奖励证书

公司为了鼓励员工积极工作，常常向员工发放证书（这在私营企业中

① 广州市越秀区人民法院（2010）越法民一初字第3757号民事判决书。

尤其常见，笔者甚至见过一些以销售为主的中小型企业的员工几乎人人都有证书或奖杯的情况）。公司向员工发放证书，是员工证明自己工作优秀的最有力的证据之一。公司若向员工发放了相关证书后，又提出所谓的“不能胜任工作”等理由将员工调岗或减薪（甚至辞退），将难以得到法院的支持。因此公司发放证书需要适度，不要泛滥。

2. 劳动合同或岗位职责规定中的岗位要求条款

公司提出员工不能胜任工作岗位，需要明确提出相应的证据予以证明，而是否能够胜任工作很多时候是一件较难评估认定的事实。对于公司来说，需要事先与员工在劳动合同或者相应的岗位职责文件中设定工作岗位要求条款，当员工无法按照事先约定的岗位职责要求完成工作的，公司才能较好地提出员工不能胜任工作岗位的具体依据。

在此笔者也提醒读者，设置岗位职责要求条款要考虑是否具有可操作性的问题。在笔者看来，销售岗位较容易设定，比较常见的是通过销售业绩来对销售岗位员工进行考核评价。

3. 调岗调薪的规章制度条款

公司应当制定详细的与调岗调薪有关的规章制度，完善员工工作能力考核标准，相关的制度和标准需要根据法律规定具有合法性且公示让员工知悉并确认。

法律依据

《劳动合同法》

第四十条 有下列情形之一的，用人单位提前三十日以书面形式通知劳动者本人或者额外支付劳动者一个月工资后，可以解除劳动合同：

……

（二）劳动者不能胜任工作，经过培训或者调整工作岗位，仍不能胜任工作的；

……

《劳动部关于〈中华人民共和国劳动法〉若干条文的说明》

第二十六条 有下列情形之一的，用人单位可以解除劳动合同，但是应当提前三十日以书面形式通知劳动者本人：

……

（二）劳动者不能胜任工作，经过培训或者调整工作岗位，仍不能胜任工作的；

……

本条第（二）项中的“不能胜任工作”，是指不能按要求完成劳动合同中约定的任务或者同工种、同岗位人员的工作量。用人单位不得故意提高定额标准，使劳动者无法完成。

《上海市高级人民法院关于审理劳动争议案件若干问题的解答》

六、关于用人单位调整劳动者工作内容和工资报酬的问题

（一）用人单位与劳动者对调整工作内容和工资报酬有明确的书面约定，或者虽无明确书面约定但已通过实际履行等方式默示调整了原合同约定的，视为双方对变更达成一致。

（二）用人单位在劳动者不胜任工作、劳动者医疗期满后不能从事原工作、对负有保守用人单位商业秘密的劳动者采取保密措施等情形下依法调整劳动者工作内容和工资报酬，用人单位应对调整劳动者工作内容的合理依据承担举证责任。

（三）劳动合同中明确约定调整工作内容与工资报酬的有关调解，当事人可按约定履行。劳动合同中虽有工作内容和工资报酬调整的约定，但调整的调解和指向不明确的，用人单位应当提供充分证据证明调整的合理性，用人单位不能证明调整合理性的，劳动者可以要求撤销用人单位的调整决定。

《江苏省劳动合同条例》

第三十四条 劳动者患病或者非因工负伤，医疗期满后不能从事原工作，也不能从事由用人单位另行安排的适当工作的，用人单位可以依法解除、终止劳动合同，并给予经济补偿。劳动者经劳动能力鉴定委员会确认

丧失或者部分丧失劳动能力的，用人单位还应当给予劳动者不低于本人六个月工资的医疗补助费。患重病或者绝症的还应当增加医疗补助费。患重病的增加部分不低于医疗补助费的百分之五十，患绝症的增加部分不低于医疗补助费的百分之百。

《安徽省高级人民法院关于审理劳动争议案件若干问题的指导意见》

第六条 用人单位的规章制度规定绩效考核末位淘汰并以此为由单方解除劳动合同的，人民法院仍应依据《劳动合同法》第四十条第二项的规定对劳动者是否能胜任工作进行审查。

《山东省劳动合同管理操作指南》

四、劳动合同的解除、终止

……

（二）有下列情形之一的，用人单位可以解除劳动合同；

……

7. 劳动者患病或非因工负伤，在规定的医疗期满后不能从事原工作，也不能从事由用人单位另行安排的工作的；

8. 劳动者不能胜任工作，经过培训或者调整工作岗位，仍不能胜任工作的；

9. 劳动合同订立时所依据的客观情况发生重大变化，致使劳动合同无法履行，经用人单位与劳动者协商未能就变更劳动合同内容达成协议的；

用人单位按照第 7、8、9 项规定解除劳动合同的，需提前三十日书面通知劳动者或者按照该劳动者上一个月的工资标准额外支付劳动者一个月工资，并按规定向劳动者支付经济补偿，其中按第 7 项解除劳动合同并符合有关规定的需支付劳动者医疗补助费。

《浙江省高级人民法院民事审判第一庭、浙江省劳动人事争议仲裁院关于审理劳动争议案件若干问题的解答（二）》

九、用人单位的规章制度规定绩效考核等级，并规定考核末位淘汰的，用人单位能否据此单方解除与考核末位者的劳动关系？

答：劳动者在用人单位绩效考核中居于末位等次，不等同于“不能胜任工作”，不符合单方解除劳动合同的法定条件，用人单位不能据此单方解除劳动合同。

三、调岗调薪经劳动者书面确认或已实际履行一段期间劳动者未提出异议的法律效力

风险提示

前文所述公司若要对员工进行岗位调整（进而影响员工薪酬情况）其实并不容易，因为岗位调整属于用人单位与劳动者之间的劳动合同内容变更问题。司法实践中为了防止用人单位通过调岗调薪达到“变相裁员”的目的，并不允许公司单方随便对员工进行岗位调整。

调岗调薪属于劳动合同的变更，所以如果员工在公司的调岗调薪文件上签名予以确认，或者公司与员工就调岗调薪问题签订了劳动合同补充协议或确认书，就属于员工确认并同意公司调岗调薪的决定。

另外，公司对某一员工作出了调岗行为后，员工没有在第一时间提出异议并且按照公司要求到新的岗位工作（并对应领取新的工资薪酬），并且在已实际履行新的劳动关系有较长一段时间的情况下，员工之后再提出异议认为公司非法调岗的，法院会认为员工已经口头或用行为默认同意了公司的调岗决定。

以案说法

案例 1

李某在某网络技术公司工作，双方签订的劳动合同约定李某担任高级技术分析员，工资为每月 8000 元。2016 年 5 月，公司向李某发出《岗位调整通知书》，该通知书上记载：公司决定从 2016 年 6 月开始，将李某的岗位调整为普通技术员，工资对应为每月 5000 元。在《岗位调整通知书》的末

尾有“本人确认同意”一项，李某在上面签了名。

2017 年 3 月，李某因与公司产生不可调和的矛盾，于是提起劳动仲裁，认为公司在 2016 年将其从高级技术分析员调整为普通技术员的调岗行为属违法。

【律师评析】

某网络技术公司要对李某进行调岗，需要与李某进行协商，用人单位与劳动者协商一致的，其对劳动者作出调岗决定则属于合法。本案中，某网络技术公司向李某发出《岗位调整通知书》，李某收到并在上面签名确认，可以视为双方就原来的劳动合同变更达成了协议。所以事后李某若想反悔主张公司是违法调岗，是得不到法院支持的。

案例 2

蒋某从 2013 年入职某商贸公司起便担任销售主管职务，2016 年 2 月因为蒋某管理的销售团队持续业绩不佳，公司向蒋某发出了《撤销蒋某销售主管决定书》，将蒋某从销售主管一职调整为普通销售岗位，工资随即根据岗位的对应薪酬发生了变化。

2017 年 4 月，因为长时间业绩不佳，蒋某对普通销售岗位的工作越来越不适应。在与公司协商离职补偿不成的情况下，蒋某提起劳动仲裁，认为公司在 2016 年 2 月对他进行的调岗行为属违法。

【律师评析】

商贸公司在 2016 年 2 月对蒋某作出了撤职的决定并没有跟蒋某进行协商，当时也没有征得蒋某的同意，商贸公司不能仅凭团队销售业绩不佳而将蒋某撤职。如果蒋某在接到撤职决定后就提出异议，商贸公司则会被认定为非法调岗。但是蒋某在接到公司的撤职通知后，选择了到新岗位上班而且工作时间持续超过一年，蒋某的这个接受行为，可以视为对公司的调整岗位决定作出了同意的意思表示，所以蒋某在一年多以后再提出公司调岗违法，是得不到法院的支持的。

证据指引

1. 经过员工书面确认的调岗通知书或约定新岗位的劳动合同补充协议

经过员工签名确认的调岗通知书，属于员工确认并同意了公司的调岗决定，公司作出调岗行为有了员工的书面签名确认的，则调岗属于经过了双方协商确认，调岗行为合法。

一般情况下，公司应当跟员工协商一致确认新的岗位以及相对应的薪酬待遇，双方协商一致的，应当签订劳动合同补充协议，对新的岗位和待遇通过协议进行明确约定。

2. 员工按照新岗位已工作一段时间的证明

公司没有经过与员工协商的单方调岗行为很可能被认定为违法调岗，但是员工如果按照新岗位工作了较长时间，可以视为员工默认同意调岗的意思表示。公司如果有证据能够证明员工在新岗位工作了一段时间（包括打卡记录、工作汇报以及新岗位薪酬工资单），就可以提出员工已默认同意变更原劳动合同确认新岗位的主张。

法律依据

《最高人民法院关于审理劳动争议案件适用法律若干问题的解释（四）》

第十一条 变更劳动合同未采用书面形式，但已经实际履行了口头变更的劳动合同超过一个月，且变更后的劳动合同内容不违反法律、行政法规、国家政策以及公序良俗，当事人以未采用书面形式为由主张劳动合同变更无效的，人民法院不予支持。

《广东省高级人民法院、广东省劳动人事争议仲裁委员会员会关于审理劳动人事争议案件若干问题的座谈会纪要》

22. 用人单位调整劳动者工作岗位，同时符合以下情形的，视为用人单位合法行使用工自主权，劳动者以用人单位擅自调整其工作岗位为由要求解除劳动合同并请求用人单位支付经济补偿的，不予支持：

（一）调整劳动者工作岗位是用人单位生产经营的需要；

（二）调整工作岗位后劳动者的工资水平与原岗位基本相当；

（三）不具有侮辱性和惩罚性；

（四）无其他违反法律法规的情形。

用人单位调整劳动者的工作岗位且不具有上款规定的情形，劳动者超过一年未明确提出异议，后又以《劳动合同法》第三十八条第一款第（一）项规定要求解除劳动合同并请求用人单位支付经济补偿的，不予支持。

《北京市高级人民法院、北京市劳动人事争议仲裁委员会关于审理劳动争议案件法律适用问题的解答》

7. 劳动者按变更后的工作地点实际履行合同，又以未采用书面形式为由主张劳动合同变更无效的是否支持？

劳动者已经按变更后的工作地点实际履行合同，又以未采用书面形式为由主张劳动合同变更无效的，适用《最高人民法院关于审理劳动争议案件适用法律若干问题的解释（四）》第十一条的规定处理。

《上海市高级人民法院关于适用〈劳动合同法〉若干问题的意见》

三、劳动合同变更的形式要求

《劳动合同法》第三十五条规定，劳动合同变更的应当采取书面形式。这里的书面形式要求，包括发给劳动者的工资单、岗位变化通知等等。因为随着劳动合同的持续履行，劳动合同双方的权利义务本身就必然会不断变化。如随着劳动者工作时间的增加，其休假、奖金标准发生的自然变化等等，都属于劳动合同的变更。因此，对于依法变更劳动合同的，只要能够通过文字记载或者其他形式证明的，可以视为"书面变更"。

《江苏省高级人民法院、省劳动争议仲裁委员会关于审理劳动争议案件的指导意见》

第十四条 用人单位因生产经营困难、资金周转等原因而采取降薪保职、降薪休假等变更劳动合同措施，且与劳动者以相关文字记载或实际履行行为达成变更合意后，劳动者又以用人单位变更劳动合同未采用书面形式为由请求确认劳动合同变更无效的，不予支持。

四、通过竞聘方式对企业管理层员工进行调岗

风险提示

如前文所述，公司经常以员工不能胜任工作为理由对员工进行调岗，但是在司法实践中公司很难有证据证明员工不能胜任工作的事实。一些公司会通过简单的考核方式将员工评为末等从而认定员工不能胜任工作，而实际上在司法实践中这种通过单方面考评而采取“末位淘汰”的制度也会被法院认定为违法的行为。

常有公司向笔者提出自己的困惑，称公司的一些部门负责人或者是管理岗位的员工能力不足却难以对其进行岗位调整，笔者认为公司可以通过劳动合同或者考核评定制度设置竞聘上岗的规则，通过竞聘上岗的形式达到“能者上、庸者下”的效果。竞聘上岗的方式因为并不针对具体个人或部分员工，同时要设置明确的考核方式，员工参与竞岗的成绩决定了各自的岗位，这样的操作在目前的案例中是得到法律支持的。但需要提醒注意的是，公司不能通过竞聘的方式将未能成功上岗的员工进行开除处理，只是通过竞聘的方式撤销该员工原有的管理岗位。[①]

以案说法

陈某自2008年起在广某公司担任区域经理的职务。2012年4月，广某公司发出《关于对营销团队进行整合及调整的决定》《关于公开招聘区域总监及区域经理岗位的通知》，决定对营销团队各业务部进行整合及调整，之

① 针对通过末位淘汰或竞聘的方式解雇员工属于违法行为的问题，详见本书第五章第二节之五。——作者注。

后通过发送《述职报告模板》让竞聘人参与公开选拔活动。

陈某按照广某公司的要求向公司提出继续竞聘区域经理职务，并按时向公司发送了自己的述职报告以及在指定的时间内与公司的其他同事一起参加了岗位竞聘。因为陈某竞聘成绩不达标，最终他落选了区域经理一职。

2012 年 5 月，广某公司向全公司分别发出了《关于 ×××、××× 等同志工作调整和职务聘任的决定》，调整包括陈某在内的 16 名员工的职位，陈某从原来的区域经理降职为营销经理，薪酬也随之调整。

陈某不服公司的调岗决定，于是以公司非法调岗为理由提出辞职并要求公司支付经济补偿金。

【判词摘录】[①]

1. 2012 年 4 月，广某公司基于企业生产经营情况决定整合调整营销团队且对部分团队管理岗位进行公开竞聘，该整合调整决定并非特别针对某个或某几个员工作出，没有侮辱性和惩罚性。

2. 被调整员工也并非必然降职减薪，还可通过参加公开竞聘的方式恢复甚至取得更高的管理岗位。

3. 故该整合调整决定属于用人单位合法行使用工自主权的范畴，不违反现行法律法规的禁止性规定。

4. 据此，陈某参加公开竞聘后因没有竞上区域团队管理岗位而被调岗降薪，不属于用人单位无正当理由调岗降薪情形。

证据指引

岗位竞聘等制度文件

公司若要对管理层员工实施竞聘上岗，需要事先有明确的竞聘上岗制度文件，文件中应当明确规定竞聘的程序以及评分规则。在竞聘程序上，公司也需要按照之前所公示的文件要求进行操作。在竞聘后公司需要将各员

① 广州市中级人民法院（2013）穗中法民一终字第 5148 号民事判决书。

工的评分和评定结果予以公示。

另外需要说明的是，司法实践中关于公司对员工进行岗位调整的纠纷会关注公司的调岗是否仅针对个人，所以公司在岗位竞聘上一定要做到公开、公平、公正，不能针对某个员工进行竞聘活动。

法律依据

《广东省高级人民法院、广东省劳动人事争议仲裁委员会员会关于审理劳动人事争议案件若干问题的座谈会纪要》

22. 用人单位调整劳动者工作岗位，同时符合以下情形的，视为用人单位合法行使用工自主权，劳动者以用人单位擅自调整其工作岗位为由要求解除劳动合同并请求用人单位支付经济补偿的，不予支持：

（一）调整劳动者工作岗位是用人单位生产经营的需要；

（二）调整工作岗位后劳动者的工资水平与原岗位基本相当；

（三）不具有侮辱性和惩罚性；

（四）无其他违反法律法规的情形。

用人单位调整劳动者的工作岗位且不具有上款规定的情形，劳动者超过一年未明确提出异议，后又以《劳动合同法》第三十八条第一款第（一）项规定要求解除劳动合同并请求用人单位支付经济补偿的，不予支持。

《浙江省高级人民法院关于审理劳动争议案件若干问题的意见》

第四十二条 用人单位调整劳动者工作岗位，一般应经劳动者同意。如没有变更劳动合同主要内容，或虽有变更但确属用人单位生产经营所必需，且对劳动者的报酬及其他劳动条件未作不利变更的，劳动者有服从安排的义务。

《北京市高级人民法院、北京市劳动人事争议仲裁委员会关于审理劳动争议案件法律适用问题的解答》

5. 用人单位调整劳动者工作岗位的，如何处理？

用人单位与劳动者约定可根据生产经营情况调整劳动者工作岗位的，经审查用人单位证明生产经营情况已经发生变化，调岗属于合理范畴，应支持用人单位调整劳动者工作岗位。

用人单位与劳动者在劳动合同中未约定工作岗位或约定不明的，用人单位有正当理由，根据生产经营需要，合理地调整劳动者工作岗位属于用人单位自主用工行为。判断合理性应参考以下因素：用人单位经营必要性、目的正当性，调整后的岗位为劳动者所能胜任、工资待遇等劳动条件无不利变更。

……

第三节　考勤与请假

一、考勤表需员工签名的重要性

风险提示

公司在考勤管理方面，大多都会使用录入指纹或面部识别等电子考勤方式，并通过数据统计确认员工的出勤情况。考勤记录数据属于公司掌握的证据材料，若公司与员工之间就考勤有关问题产生了纠纷（如加班的时长、休假或请假天数等），公司需要提供考勤记录文件作为证据。

目前公司在使用电子考勤方式时普遍存在一个漏洞，那就是考勤记录没有要求员工签名确认。之所以要求考勤表上要有员工签名，主要是因为考勤数据掌握在公司的手上，公司是可以随时对数据进行篡改的，所以公司提供没有员工签名的考勤表作为证据，员工会当庭表示该证据没有自己的签名从而否认该证据的真实性。因此，要求员工在考勤表上签名是避免上述风险发生的方法。

以案说法

案例 1

雅某空调公司的《员工手册》中关于考勤制度有以下规定：“一个月内

累计迟到、早退10次以上的，视为严重违反公司的规章制度，公司有权解除劳动合同，不需要支付任何经济赔偿。”

2014年1月18日，雅某空调公司以员工刘某2013年12月3日至30日累计迟到21次及2014年1月3日至16日累计迟到12次，严重违反公司规章制度，决定立即解除与刘某的劳动合同关系。刘某不服公司对她的开除决定，于是以公司违法解除劳动合同为理由申请劳动仲裁，要求公司支付经济赔偿金。

雅某空调公司特别向法庭提交了考勤系统生产厂商出具的证明文件，生产厂商证明雅某空调公司现安装的门禁考勤系统是自己生产销售的产品，该产品运行正常，记录时间准确。[①]

【律师评析】

1. 考勤统计表虽然显示了刘某的上下班时间，但没有刘某的签名，刘某如果在法庭上否认考勤表的真实性，则会提出“考勤表有被公司篡改的可能性”的主张。若雅某空调公司没有进一步的证据可以证明考勤统计表是刘某上下班情况的真实反映，那么法院则会判定雅某公司提交的证据不足以证实刘某存在多次迟到的情况。

2. 雅某空调公司即使提交了门禁考勤系统生产厂商出具的文件来证明自己并未修改考勤数据及该产品运行正常、记录时间准确，但因为刘某没有在考勤表上签名，这对雅某空调公司来说是“硬伤”，使得无论该公司提交怎样的证据，都无法反驳刘某提出的考勤表有可能被公司篡改的主张。

案例2

卓某于2012年2月入职某建筑公司担任预结算员，工资固定为每月8000元。2012年6月30日，卓某认为工作不适合自己，于是向公司提出辞职，同时要求公司支付加班费，并以2月至6月的考勤表作为依据。卓某提供的考勤表上记载，自卓某2月入职以来，因工程项目赶期等，几乎每天都

① 本案情况参见广州市中级人民法院（2014）穗中法民一终字第5494号民事判决书。

要上班工作。而公司方面则提供另一份考勤表，除 2 月的考勤记录是一样的之外，3 月到 6 月的考勤记录均与卓某提供的不同，公司的考勤记录显示卓某有正常的休息和休假，并非天天上班。

卓某和公司提交的考勤表都是以电脑制作的，没有记载上下班时间，只登记了每天是否出勤。考勤表有公司负责人的签名，但没有卓某的签名。

【判词摘录】[①]

原告、被告提交的考勤表从表格制作形式、内容及每月由哪个领导签字等项目均一致，而重要的区别在于出勤、休假的日期以及各个月份中各领导签字的笔画和位置（除 2 月外所有均一致）。其中出勤、休假的天数均是电脑制作，但各个月份中领导签字都是手写的，卓某作为劳动者不可能私下让所有领导在同一份考勤表上签字，而公司作为用人单位可以随时制作相应的考勤表。故法院对卓某提交的考勤表予以采信。

案例 3

王某为广州某物业管理公司员工。2015 年 5 月 19 日，物业公司以王某私下制作手指模，交由其他同事代其打卡，严重违反了公司规章制度为由，解除了与王某的劳动关系。王某以物业公司违法解除劳动关系为由，提起劳动仲裁。

劳动仲裁委员会以物业公司未能提供充分证据证实其解除劳动关系的合法性为由，支持了王某的主张。物业公司提起一审诉讼。

一审时，物业公司提交了员工手册、保证书、员工个人行为责任保证书、指纹打卡记录、视频光盘、证人证言等。指纹打卡记录显示王某 2015 年 5 月 8 日、9 日、10 日均有打卡记录，但是监控视频中对应的时间点未显示王某出现，而是显示他人进行指纹打卡。一审法院仍然判决物业公司败诉。

二审时，物业公司提交了王某 2015 年 5 月 8 日至 5 月 10 日的微信朋友圈截图，该段时间内王某朋友圈内容为某旅游景点的视频及图片，地点定位为上述地址。经当庭核对王某手机，公司所提交的截图与王某朋友圈记录一致。

① 广州市黄埔区人民法院（2013）穗黄法民一初字第 120 号民事判决书。

【判词摘录】[①]

1. 物业公司在一审、二审期间提交了指纹打卡记录、视频资料、证人证言、员工手册以及保证书、王某微信朋友圈截图等证据予以证明。其中，指纹打卡记录显示 2015 年 5 月 8 日至 10 日均有王某的打卡记录。但根据物业公司所提交的视频资料，在对应的时间点未显示王某出现，而是显示他人进行的指纹打卡。

2. 根据王某 2015 年 5 月 8 日至 5 月 10 日的微信朋友圈记录显示，该段时间内王某朋友圈内容为某风景区的视频及图片，地点定位为风景区地址。

3. 物业公司所提交的系列证据能够相互印证，形成证据链，达到了高度盖然性的证明标准，可以证实王某在 2015 年 5 月 8 日至 5 月 10 日未回公司上班且存在让人代打卡之行为……本案中，王某的行为已严重违反了公司规章制度，物业公司解除与王某的劳动合同符合相关法律规定，无须向王某支付解除劳动合同的经济赔偿金。

证据指引

1. 员工亲笔签名的考勤记录

考勤表都是由公司制作并掌握数据，如果在诉讼中员工不主动提交考勤表，公司应该就考勤情况提交证据。作为用人单位，公司很容易随便更改考勤的数据，所以在员工没有在考勤表上签名的情况下，公司将通过电子文档生成的纸质文件提交给法院时，员工如果否认考勤记录的真实性，那么公司的考勤记录不被法院认可的风险很大。考勤记录应尽量做到由每个员工签字确认。通过电子方式实行的考勤，考勤数据需要员工确认和签收，公司通过电子文档或者 OA 系统向员工发送的，需要有送达的记录。

2. 考勤情况监控视频

公司可以在考勤区域进行视频监控，将员工考勤的情况进行录像存证，以便

① 广州市中级人民法院（2017）粤 01 民终 6413 号民事判决书。

于将来针对员工是否有上班考勤以及上、下班的时间的事实情况能够举证证明。

法律依据

《劳动争议调解仲裁法》

第六条 发生劳动争议，当事人对自己提出的主张，有责任提供证据。与争议事项有关的证据属于用人单位掌握管理的，用人单位应当提供；用人单位不提供的，应当承担不利后果。

《最高人民法院关于审理劳动争议案件适用法律若干问题的解释（三）》

第九条 劳动者主张加班费的，应当就加班事实的存在承担举证责任。但劳动者有证据证明用人单位掌握加班事实存在的证据，用人单位不提供的，由用人单位承担不利后果。

二、请假制度的建立

风险提示

如果一家公司没有明确的请假申请流程，那么就意味着这家公司针对员工请假的处理并没有明确的规定，这样就导致了员工可以随便以各种方式或理由提出请假，对公司而言不利于管理。

员工向公司提出请假申请的流程手续，是公司在休假管理中重要的一部分，为了规范员工请假流程和审批方式，公司有必要建立请假管理规定。规定建立后，公司应当严格执行自己的请假管理规定，当员工向公司提出请假申请时，公司需要严格按照规定处理。

以案说法

案例 1

李某在睿某电子科技公司任行政文员职务，其 2014 年 4 月 27 日因为怀孕而休产假。经核定，李某的法定产假为113天，期限为2015年4月27日至2015年8月17日。

2015年8月18日，李某产假已休完本应回公司上班，但她向公司的主管打电话请假说自己不舒服还需要休息，随即一直到2015年8月31日都没有回到公司上班。

2015年9月1日，公司以李某没有采取有效的请假方式为理由认为李某旷工数日，并对李某作出开除处理。李某不服，她认为自己已经向公司主管请假，公司的开除行为属于违法，应当向她支付经济赔偿金。

经法庭审理查明，睿某电子科技公司并没有建立员工请假制度，以往员工的请假方式都非常随意，采取口头、电话或者提交书面请假单的情形都存在。

【律师评析】

因为公司没有建立明确的请假制度，所以无法认定李某到底是否采取了符合公司规定的请假方式。公司没有请假制度，就没有办法证明李某的请假不符合规定，因此公司并不能以李某仅向主管口头请假不属于有效请假为理由将她不上班的行为认定为旷工。

本案中，公司在李某没有上班的情况下应当先向李某发送返岗通知书，告知李某应当返岗上班或按照具体规定提出请假申请，若李某在收到公司通知后没有按公司要求上班或提出请假，公司再对她进行开除处理。这样操作法院才有可能认定公司的开除行为合法。

案例2

孙某是瑞嘉公司的员工，2016年3月8日他打电话向瑞嘉公司的主管请长假，主管没有批准。孙某在未被批准的情况下就没去上班。3月14日，瑞嘉公司以孙某连续旷工超过两个工作日违反公司规章制度作为理由，将孙某辞退。

孙某不服瑞嘉公司的开除决定，提起诉讼要求公司向她支付经济赔偿金。孙某向主管请假时有电话录音，在录音中公司主管表示不同意孙某口头请假，并要求孙某回来办理请长假前的工作交接手续。法院查明，孙某与瑞嘉公司的劳动合同规定："乙方（指劳动者）在甲方（指公司）工作期间犯有以下错误的或存在以下情形的，甲方可立即与其解除劳动合同并不支付任何补偿：……乙方在与甲方存在劳动关系期间一年累计旷工三个工作日以上的或连续旷工两个工作日。"

【判词摘录】[①]

劳动者应当遵守用人单位的规章制度。孙某以有事需要处理为由向瑞嘉公司请假，应当按照单位的要求办理请假手续，而其未办理请求手续，不再上班，违反了瑞嘉公司对员工的正常管理制度，瑞嘉公司解除与孙某的劳动关系，不违反法律规定。孙某要求支付违法解除劳动关系经济赔偿金，没有依据，本院不予支持。

证据指引

1. 劳动合同中关于请假申请的条款或公司请假管理规定

公司需要在劳动合同中设定请假制度条款或者专门制定请假管理规定来约束员工的请假行为，相关的内容需要对员工请假的申请时间、请假审批的权限以及请假需要提供的文件材料等作细化且可操作的规定。

笔者另外提醒，在公司有明确的请假申请规定的情况下，公司需要按照规定严格执行，切忌出现有规定不执行的情况，因为当公司与员工就请假申请是否符合规定产生纠纷时，若法院查明发现公司有规定不执行、公司在员工请假申请方面管理随意的话，则很有可能作出对公司不利的判决。

2. 员工提出请假申请时与公司主管的协商录音

若员工通过打电话的方式向公司提出请假，涉及公司到底有没有批假而发生纠纷时，公司往往会因为无法举证而败诉。笔者建议，若员工用打电话、发微信等较随意的方式向公司提出请假，公司应当将员工与公司协商请假事宜的对话进行录音或者截图，以证明公司对员工请假的态度。

① 北京市第三中级人民法院（2018）京 03 民终 30 号民事判决书。

法律依据

《劳动争议调解仲裁法》

第六条 发生劳动争议，当事人对自己提出的主张，有责任提供证据。与争议事项有关的证据属于用人单位掌握管理的，用人单位应当提供；用人单位不提供的，应当承担不利后果。

第四节 保密义务与竞业限制

一、员工违反保密义务的认定

风险提示

员工须保守公司的商业机密，这是员工所负有的义务。公司所涉及的商业机密是什么？有哪些事项属于公司的秘密不允许员工泄露？当公司认为员工有泄密行为双方产生纠纷时，如何避免员工以泄露事项不属于公司秘密进行抗辩？

所谓“商业秘密”，根据《反不正当竞争法》第九条第三款的规定，是指不为公众所知悉、具有商业价值并经权利人采取相应保密措施的技术信息和经营信息。商业秘密包括两部分：非专利技术和经营信息。因此，公司应当与内部涉密人员签订保密协议，明确公司具体的商业秘密有哪些，当员工违反了自己签署的协议泄露了协议中所列明的商业机密时，公司则可以向法院起诉维护自己的合法权益。

以案说法

案例 1

2000 年 7 月 28 日，陈某入职正某机电设备公司担任业务主管，双方签订了劳动合同，劳动合同中约定了竞业限制及保密条款。相关条款约定，若陈某离职，2 年内不得入职相关企业与正某机电设备公司进行不正当竞争，正某机电设备公司向陈某支付一定的经济补偿。2000 年 9 月 14 日，双方又签订了一份补充协议，再次明确竞业禁止与保密的问题。

2001 年，陈某向公司提出辞职，随后与别人共同投资成立众某机械设备公司，经营与正某机电设备公司相同的业务。陈某离职后，没有向正某机电设备公司索要经济补偿金。

在陈某入职正某机电设备公司期间及之前，公司有 16 家较为重要的销售客户，而陈某在离职后成立众某机械设备公司半年内，即与该 16 家公司建立了业务联系。正某机电设备公司向法院提起诉讼，认为陈某侵犯了自己的商业秘密，要求陈某立即停止违约行为，退出众某机械设备公司。而陈某则认为，正某机电设备公司并没有关于保密协议的规章制度，并且这 16 家客户名单是公开的，并非自己所窃取。

【判词摘录】[①]

1. 关于正某机电设备公司是否制定有保密制度的问题，陈某不承认正某机电设备公司制定有书面的保密制度，但是，双方在订立的劳动合同中约定了竞业禁止条款和保密条款，并从中明确要求职工不得违反保密制度，而约定竞业禁止条款也是为了更好地保密，避免受到不正当竞争；同时，双方在已签订的劳动合同基础上又慎重地签订补充协议，对竞业禁止条款和保密条款作了进一步的补充，因此，正某机电设备公司主张其制定有保密制度的事实是可以认定的。

2. 至于众某机械设备公司，陈某是否侵犯正某机电设备公司商业秘密的问题。众某机械设备公司在成立半年后即迅速发展了与正某机电设备公司相重叠的客户，而陈某曾在正某机电设备公司任职，具有接触这些客户名单的条件。由此可以认定，此争议客户名单并非众某机械设备公司投入

① 佛山市中级人民法院（2001）佛中法知初字第 98 号民事判决书；广东省高级人民法院（2003）粤高法民三终字第 39 号民事判决书。案例摘自陶凯元主编：《掩卷而思：反不正当竞争案例选萃》，法律出版社 2006 年版，第 67–76 页。

相应的劳动自主开发而来，而系陈某将正某机电设备公司的客户资料披露给众某机械设备公司，而众某机械设备公司未经许可使用了这些客户名单，故已构成侵权。

案例 2

幸某为江钻公司的核心技术人员，从1983年入职至2001年离职，一直处于企业核心技术岗位。江钻公司于20世纪90年代以有偿转让方式从美国引进牙轮钻头制造技术，依据技术许可协议，江钻公司不得向第三方泄露任何保密的技术资料。江钻公司也一直将技术含量高且具有巨大商业价值的三牙轮钻头设计制造技术纳入其商业保密范围，先后制发了《科研工作保密管理规定》《关于确定企业保密范围及涉密项点的通知》《企业专利、专有技术管理规定》等文件，对企业文件和资料等12个保密类别均作了详细的规定。并在企业员工手册中明文规定应严格保守企业机密。

立钻公司筹备成立于2001年，江钻公司核心技术人员幸某在立钻公司筹备期间，自荐到立钻公司工作，主持牙轮钻头的产品设计，并负责制定相关企业技术标准和检验规程工作。幸某在立钻公司工作期间，违反江钻公司对离职员工的保密规定，非法使用江钻公司技术秘密，制定有关钻头公司标准；非法使用轴承设计技术，并制作了有关钻头图纸，用于立钻公司制造销售三牙轮钻头产品，截至2006年6月，给江钻公司造成经济损失人民币10692282.61元。

江钻公司于2008年6月向法院提起侵犯商业秘密之诉，要求立钻公司及幸某停止侵权，并赔偿经济损失。

【判词摘录】[①]

1. 本案所涉三牙轮钻头技术信息依法属于江钻公司的商业秘密。幸某以不正当手段获取江钻公司的三牙轮钻头轴承设计图纸，用于立钻公司进行钻头轴承设计，同时还违反江钻公司有关保密要求，非法使用其在江钻

① 湖北省汉江中级人民法院（2008）汉民初字第13号民事判决书；湖北省高级人民法院（2009）鄂民三终字第30号民事调解书。

公司工作期间掌握的技术，为立钻公司制定相关企业技术标准，用于制造、销售三牙轮钻头产品的行为，侵犯了江钻公司的商业秘密。

2. 立钻公司明知江钻公司拥有国内领先的三牙轮钻头设计制造技术和该技术给江钻公司带来的市场竞争优势，且知晓幸某在江钻公司涉密岗位工作多年，系高级技术人员，掌握了有关技术秘密。立钻公司为谋求不正当经济利益，聘用幸某，非法使用江钻公司的商业秘密制造、销售三牙轮钻头产品，亦侵犯了江钻公司的商业秘密。

3. 一审判决幸某和立钻公司停止侵权，并销毁记载江钻公司技术秘密的文件、资料及相关技术秘密信息，赔偿截至 2006 年 6 月 30 日的经济损失 10692282.61 元。同时，江钻公司于 2005 年向公安机关报案，2006 年 1 月幸某被刑事拘留，后被以侵犯商业秘密罪判处有期徒刑六年，并处罚金 50000 元。

证据指引

1.《劳动合同》《保密协议》或《离职保密确认书》中所明确的员工不得泄露的商业秘密事项

公司与高管、主要员工、技术骨干等签订保密协议，是为了保护公司商业秘密，所以公司在保密协议中最好能针对员工具体的保密事项作出明确的约定。例如，某食品公司的食品配方是重要的商业机密，公司可以在《保密协议中》明确员工需要保密的配方文件和数据。若员工日后违反《保密协议》的约定，泄露了协议中明确的公司商业秘密，公司便拥有了更有力的追责依据，便于在法庭上进行举证，也避免了员工抗辩称自己泄密的信息不属于公司商业机密。

2. 公司的保密制度

公司应建立商业秘密保密机制，制定员工保密手册、保密管理规范等相关规章制度。严格限定接触商业秘密的人员范围，并安排不同人员负责商业秘密的不同部分，以方便日后追责；加强保密文件的管理，要求非相关人员不得查阅相关文件资料，并对文件进行编号，划分保密等级，配备必要的保密设备，确保保密资料的安全性。公司在有了上述制度性的规范文件的基础上，对泄密员工进行处罚时才能做到有章可循、有制度可依。

法律依据

《劳动合同法》

第二十三条 用人单位与劳动者可以在劳动合同中约定保守用人单位的商业秘密和与知识产权相关的保密事项。

……

《反不正当竞争法》

第九条 经营者不得实施下列侵犯商业秘密的行为：

（一）以盗窃、贿赂、欺诈、胁迫或者其他不正当手段获取权利人的商业秘密；

（二）披露、使用或者允许他人使用以前项手段获取的权利人的商业秘密；

（三）违反约定或者违反权利人有关保守商业秘密的要求，披露、使用或者允许他人使用其所掌握的商业秘密。

第三人明知或者应知商业秘密权利人的员工、前员工或者其他单位、个人实施前款所列违法行为，仍获取、披露、使用或者允许他人使用该商业秘密的，视为侵犯商业秘密。

本法所称的商业秘密，是指不为公众所知悉、具有商业价值并经权利人采取相应保密措施的技术信息和经营信息。

《最高人民法院关于审理不正当竞争民事案件应用法律若干问题的解释》

第九条 有关信息不为其所属领域的相关人员普遍知悉和容易获得，应当认定为反不正当竞争法第十条第三款规定的“不为公众所知悉”。

具有下列情形之一的，可以认定有关信息不构成不为公众所知悉：

（一）该信息为其所属技术或者经济领域的人的一般常识或者行业惯例；

（二）该信息仅涉及产品的尺寸、结构、材料、部件的简单组合等内容，进入市场后相关公众通过观察产品即可直接获得；

（三）该信息已经在公开出版物或者其他媒体上公开披露；

（四）该信息已通过公开的报告会、展览等方式公开；

（五）该信息从其他公开渠道可以获得；

（六）该信息无需付出一定的代价而容易获得。

第十三条 商业秘密中的客户名单，一般是指客户的名称、地址、联系方式以及交易的习惯、意向、内容等构成的区别于相关公知信息的特殊客户信息，包括汇集众多客户的客户名册，以及保持长期稳定交易关系的特定客户。

客户基于对职工个人的信赖而与职工所在单位进行市场交易，该职工离职后，能够证明客户自愿选择与自己或者其新单位进行市场交易的，应当认定没有采用不正当手段，但职工与原单位另有约定的除外。

二、赔偿条款是保密协议的重要条款

风险提示

笔者在审查一些企业有关保密协议的文件时，会发现一个普遍存在的漏洞，即赔偿金额的不确定性。例如，某公司在保密协议中约定："若员工违反本协议泄露公司商业秘密的，应赔偿公司因员工泄密而造成的一切经济损失。"这样的条款并没有明确具体的赔偿金额，看起来似乎是一个很妥当的写法，毕竟员工泄密要向公司赔偿一切损失。但是在实际操作中，员工泄露商业机密后，公司很难向法院证明自己的经济损失到底是多少，若公司要向法院起诉，即使证明了员工真的泄密，但如果没有明确的损失数额，那么公司则无法通过赔偿来弥补自己的损失。

以案说法

某食品公司生产的产品因为有独特的配方而深受消费者的喜爱，为了保护公司的配方，防止配方泄露，公司与接触配方材料的研发部员工签订了保密协议。公司在保密协议中约定了具体的配方文件和数据等是公司的商业机密，若员工将配方泄密则属于违约，需要向公司赔偿因此造成的一切经济损失。

2018 年 4 月，公司研发部员工陈某将公司的一款产品的配方文件卖给了公司的竞争对手，随后事情败露，陈某被抓到泄密后承认了自己的过错。公司要求陈某赔偿经济损失三千万元。陈某认为自己泄密虽有过错但是不需要向公司赔偿这么高的费用。双方协商不成，于是对簿公堂。

【律师评析】

本案中关于员工是否泄密的问题已经不存在争议，员工泄露了公司的商业机密的确存在过错，但是员工针对这一过错需要向公司赔偿多少金额，这需要根据双方的协议来认定。

公司与员工签订的保密协议约定员工泄密的，需要向公司赔偿一切经济损失。根据这一约定，法官会向公司询问具体的经济损失是多少，公司在案件中提出的三千万元是如何计算出来的。如果公司没有明确的证据可以证明自己的经济损失，那么公司就会因为经济损失无法计算得出具体数额而败诉。

证据指引

保密协议中所明确的员工泄露商业秘密的具体赔偿金额

为了避免员工泄密后公司难以证明损失而导致赔偿金无法得到法院支持的情况发生，公司应当在保密协议中明确具体的赔偿金额。例如，公司可以约定："员工不得将此保密协议所约定的公司商业秘密透露给任何第三方，包括但不限于本公司员工以及乙方家人、朋友。若员工违背上述保密义务，公司有权开除员工并无须支付任何经济赔偿，同时员工还需向公司赔偿人民币 ××× 万元（或赔偿双方劳动关系终止前一个年度员工工资总额的 ××× 倍），若上述赔偿金额不足以弥补公司经济损失的，公司有权向员工追讨经济损失差额。"

法律依据

《劳动合同法》

第二十三条 用人单位与劳动者可以在劳动合同中约定保守用人单位

的商业秘密和与知识产权相关的保密事项。

……

第九十条 劳动者违反本法规定解除劳动合同，或者违反劳动合同中约定的保密义务或者竞业限制，给用人单位造成损失的，应当承担赔偿责任。

三、竞业限制需要明确约定且仅限部分人员

风险提示

所谓竞业限制，亦称“竞业禁止”，是指负有特定义务的员工在任职期间或者离开工作岗位后的一定时间内不得自营或为他人经营与其所任职的公司同类的经营项目。许多公司尤其是外资企业，非常重视公司技术人员及高层员工跳槽的问题。

公司与员工签订竞业限制合同的要点有：（1）员工离职后不得到与本单位生产或者经营同类产品、从事同类业务的有竞争关系的其他用人单位工作，或者自己开业生产或者经营同类产品、从事同类业务。（2）只限于高级管理人员、高级技术人员和其他负有保密义务的员工。（3）必须支付补偿金的时间不超过两年。

公司与员工签订了竞业限制合同后，公司应根据合同约定，在员工竞业禁止期间支付相应的经济补偿，如果公司不按照合同的约定支付经济补偿，员工可以要求公司支付或者要求与公司解除竞业限制关系。如果竞业限制条款中没有约定经济补偿标准，竞业限制并不会因此无效，《最高人民法院关于审理劳动争议案件适用法律若干司法解释（四）》第六条规定：“当事人在劳动合同或者保密协议中约定了竞业限制，但未约定解除或者终止劳动合同后给予劳动者经济补偿，劳动者履行了竞业限制义务，要求用人单位按照劳动者在劳动合同解除或者终止前十二个月平均工资的 30% 按月支付经济补偿的，人民法院应予支持。前款规定的月平均工资的 30% 低于劳动合同履行地最低工资标准的，按照劳动合同履行地最低工资标准支付。”

以案说法

左某于2011年7月1日入职某教育科技公司担任舞蹈老师，双方签订了书面的劳动合同及保密协议。2012年2月16日，左某以个人原因为由向公司申请离职，并于同月23日提交了《员工离职审批表》。当日，公司在左某的《员工离职审批表》上填写“自离职之日起启动竞业禁止条款，公司按月支付经济补偿金”，公司总经理意见栏则签署“同意”。《员工离职审批表》左下角员工签字确认处有左某的签名。

左某离职以后，从同年五六月起到某舞蹈学校从事舞蹈教学工作。2012年3月1日，某教育科技公司通过工商银行向左某的账户汇入3000元，在其保留的转账凭证用途一栏注明“竞业禁止补偿金”，备注一栏注明“2012年3月竞业禁止补偿金”。此后，左某拒收公司支付的补偿金并注销了银行账号。2012年5月15日，某教育科技公司向法院提起诉讼，提出公司的《员工手册》中已经明确记载了关于竞业限制的规定，而左某在入职时已经阅读了《员工手册》知悉自己应承担竞业限制的义务，因此请求法院判决左某履行竞业限制的义务并判决左某支付违约金。左某否认自己知悉《员工手册》中关于竞业限制的内容，并认为自己无须承担竞业限制义务。

【判词摘录】[①]

1. 本案中，公司与左某签订的劳动合同书与保密协议中均无竞业限制条款；左某离职后，公司在《员工离职审批表》上填写“自离职之日起启动竞业禁止条款”及之后公司以竞业禁止补偿金名义向左某账户汇款，均系公司单方行为。

2. 左某在某教育科技公司的工作也不属于高级管理人员、高级技术人员和其他负有保密义务的人员。且公司提交的证据不能充分佐证载明有竞业限制条款的《员工手册》就是左某在确认书中所确认查收、阅读并声明遵守的那份《员工手册》。故本院对公司要求左某履行竞业限制的义务并判

① 杭州市中级人民法院（2012）浙杭民终字第2913号民事判决书。

决支付某教育科技公司违约金的请求不予支持。

证据指引

合规的竞业限制条款

公司要求员工履行竞业限制义务的，需要与员工在劳动合同中设定竞业限制条款或者双方专门签订竞业限制合同予以明确，签订竞业限制合同的时间在劳动合同开始之日及劳动关系存续期间均可。如果劳资双方没有专门就竞业限制义务进行明确约定，当员工提出异议时，公司要求员工履行竞业限制义务将难以得到法院的支持。对于非公司的高级管理人员、高级技术人员和其他负有保密义务的人员，公司不能与其约定竞业限制义务，即使约定了也是没有法律效力的。

法律依据

《劳动合同法》

第二十四条 竞业限制的人员限于用人单位的高级管理人员、高级技术人员和其他负有保密义务的人员。竞业限制的范围、地域、期限由用人单位与劳动者约定，竞业限制的约定不得违反法律、法规的规定。

在解除或者终止劳动合同后，前款规定的人员到与本单位生产或者经营同类产品、从事同类业务的有竞争关系的其他用人单位，或者自己开业生产或者经营同类产品、从事同类业务的竞业限制期限，不得超过二年。

第九十条 劳动者违反本法规定解除劳动合同，或者违反劳动合同中约定的保密义务或者竞业限制，给用人单位造成损失的，应当承担赔偿责任。

《最高人民法院关于审理劳动争议案件适用若干问题的解释（四）》

第六条 当事人在劳动合同或者保密协议中约定了竞业限制，但未约定解除或者终止劳动合同后给予劳动者经济补偿，劳动者履行了竞业限制义务，要求用人单位按照劳动者在劳动合同解除或者终止前十二个月平均工资的 30% 按月支付经济补偿的，人民法院应予支持。

前款规定的月平均工资的30%低于劳动合同履行地最低工资标准的，按照劳动合同履行地最低工资标准支付。

第七条 当事人在劳动合同或者保密协议中约定了竞业限制和经济补偿，当事人解除劳动合同时，除另有约定外，用人单位要求劳动者履行竞业限制义务，或者劳动者履行了竞业限制义务后要求用人单位支付经济补偿的，人民法院应予支持。

第八条 当事人在劳动合同或者保密协议中约定了竞业限制和经济补偿，劳动合同解除或者终止后，因用人单位的原因导致三个月未支付经济补偿，劳动者请求解除竞业限制约定的，人民法院应予支持。

四、与签订竞业限制协议的员工解除劳动关系后，企业应明确竞业限制是否生效

风险提示

有的企业考虑到自己的利益，对公司的高级管理人员、高级技术人员和其他负有保密义务的人员等一切符合约定竞业限制条件的员工签订竞业限制协议。很多公司的HR会存在一个误解，他们认为："反正能签的就都签上，员工离职后是否需要履行竞业限制义务的主动权在公司，如果公司需要员工履行竞业限制义务，就向员工提出并且支付补偿金，如果不需要就不提出要求、不支付补偿金。"其实这是一个错误的理解，目前司法实践中，如果公司与符合条件的员工约定了竞业限制义务，那么日后员工离职，公司没有主动单方提出之前双方约定的竞业限制义务解除的，员工就可以主动履行自己的竞业限制义务，并要求公司支付补偿金。另外，《最高人民法院关于审理劳动争议案件适用若干问题的解释（四）》第九条规定，如果双方已经在竞业限制期限内的，公司提出要解除竞业限制协议，承担竞业限制义务的员工还有权要求公司额外支付三个月的竞业限制经济补偿。

以案说法

张某于2015年3月入职某科技公司担任技术人员。入职时张某与公司签订了一份《保密协议》，其中第三条约定，张某在劳动合同终止后两年内，不得组建、参与或就业于与该科技公司有直接竞争关系的公司或单位。协议中没有约定竞业限制经济补偿的计算和支付方式。

2016年5月，张某遭到该科技公司的开除，于是提起劳动仲裁程序要求公司支付经济赔偿金和竞业限制补偿金。劳动仲裁委员会在2016年7月作出裁决，裁决的其中一项是公司要向张某支付从2016年5月1日起到2016年7月31日止的补偿金。

张某因为不服劳动仲裁的结果，向法院提起诉讼。法院在2016年10月28日一审开庭审理。法院在一审开庭时发现，某科技公司直到一审开庭前都没有提出与张某解除竞业限制义务的声明，该公司一审代理律师在开庭当天当庭向法官明确解除张某的竞业限制义务。张某提出，如果科技公司在竞业限制履行期限内解除其竞业限制义务，还需要额外支付三个月的经济补偿金。

【判词摘录】[①]

1. 从公司提交的仲裁庭审笔录可知，其并未在仲裁庭审时明确表示要求解除《保密协议》，直至本案2016年10月28日开庭前也未作出过类似的意思表示，故法院认定《保密协议》自2016年10月28日解除。科技公司应向张某支付从2016年5月1日至2016年10月28日的竞业限制经济补偿。

2. 根据《最高人民法院关于审理劳动争议案件适用法律若干问题的解释（四）》第九条的规定，张某主张科技公司还应额外再支付三个月的经济补偿于法有据，本院予以支持。

① 广州市黄埔区人民法院（2016）粤0112民初4710号民事判决书。

证据指引

竞业限制解除告知书

公司与员工在劳动关系存续期间有对竞业限制义务进行约定的，员工离职后需要承担竞业限制义务，公司也对应地需要承担支付经济补偿金的义务。因此，若公司不需要员工承担竞业限制义务，应当在员工离职前及时单方解除与员工的竞业限制约定，向员工交付竞业限制解除告知书。

如果员工离职后公司才向员工单方解除竞业限制义务，那么则需要根据法律规定向已离职的员工支付三个月的竞业限制经济补偿。

法律依据

《最高人民法院关于审理劳动争议案件适用若干问题的解释（四）》

第九条 在竞业限制期限内，用人单位请求解除竞业限制协议时，人民法院应予支持。

在解除竞业限制协议时，劳动者请求用人单位额外支付劳动者三个月的竞业限制经济补偿的，人民法院应予支持。

第五节 劳动关系履行过程中的企业损害赔偿

一、违反劳动合同法规定的违约金条款无效

风险提示

违约金是合同一方当事人因为违反了合同的约定，需要向遵守约定的另一方当事人支付的赔偿。一方向另一方主张违约金，必须要有合同的约定作为前提，只有在合同中具体约定违约情况以及违约金数额的，才会得

到法院的支持。但在劳动用工中，法律对违约金有特别的约定，《劳动合同法》仅限定了在两种情况下公司才可以与员工约定违约金条款：（1）公司为员工提供专项培训费用，对员工进行了专业技术培训的，可以与员工订立服务期合同，若员工违反服务期的约定则视为违约，公司可以根据之前的约定要求员工支付违约金。（2）公司与员工之间因为商业秘密的问题约定了竞业限制条款的，员工若违反竞业限制规定，公司可以要求员工支付违约金。

法律对公司要求员工支付违约金作出了限制，但并未禁止和限制员工向公司主张违约金的行为。公司和员工约定了违约条款而公司违约的，则公司要根据约定向员工支付违约金。

以案说法

案例 1

广东安某精密工业股份有限公司（以下简称安某公司）与韩国籍员工韩某的劳动合同中约定："当事人一方不履行或者履行合同义务不符合约定条件，即违反合同时，甲方（即安某公司）违约，甲方支付给乙方（即韩某）剩余合同期总工资的 200%，并开具乙方无责任证明；乙方违约，乙方支付给甲方剩余合同期总工资的 200%，并开具甲方无责任证明。"

2014 年，安某公司解雇韩某，韩某认为根据双方签订的劳动合同条款，安某公司的行为不只属于违法解除劳动合同，还属于违约行为，于是向法院起诉要求安某公司除要向自己支付经济赔偿金外，还要支付自己剩余合同期总工资的 200% 作为违约金。

案件一直诉至广东省高级人民法院，高院裁决违约条款中涉及安某公司向员工韩某支付违约金的部分有效，而涉及员工韩某向安某公司支付违约金的部分无效。高院的裁定，意味着安某公司已违约，需要向韩某支付剩余劳动合同期间总工资的 200% 作为违约金。

【判词摘录】[①]

1. 涉案劳动合同约定：当事人一方不履行或者履行义务不符合约定条件，即违反合同时，公司违约，公司支付给劳动者剩余合同期总工资的200%，并开具劳动者无责任证明；劳动者违约，劳动者支付给公司剩余合同期总工资的200%，并开具公司无责任证明。上述约定，属于双方真实意思表示，但根据《劳动合同法》第二十五条的规定，除培训违约金及保密和竞业限制违约金外，用人单位不得与劳动者约定由劳动者承担违约金。

2. 法律仅限制用人单位不得与劳动者约定由劳动者承担违约金的行为，并没有限制用人单位与劳动者约定由用人单位承担违约金的行为。

3. 双方约定韩某承担的违约责任的内容因违反上述规定，无效。但安某公司违约而承担违约金的内容，并不违反上述规定。

案例 2

张某于2012年6月入职海业公司，双方在劳动合同中约定："任何一方违反本劳动合同的任何一条，都必须支付给另一方十万元违约金。"2012年10月，海业公司法定代表人要求张某辞职，张某于当日离职，之后起诉要求公司支付违约金。公司认为，合同中的违约金条款只有在服务期和竞业限制方面才可以进行约定，其他情形约定属于无效。

【判词摘录】[②]

1. 根据《劳动合同法》第二十五条的规定，除劳动者有违反服务期约定或竞业限制条款的情形外，用人单位不得与劳动者约定由劳动者承担违约金。根据上述规定，在张某不存在除外情形的前提下，海业公司约定由张某承担违约金违反了法律的禁止性规定，上述约定由张某承担违约金的条款部分无效。

2. 由于法律仅规定了用人单位不能与劳动者约定由劳动者承担违约金，并未规定不能约定由用人单位承担违约金，因此双方约定若用人单位违反

① 广东省高级人民法院（2016）粤民申1757、1758号民事裁定书。

② 佛山市顺德区人民法院（2013）佛顺法民四初字第31号民事判决书；佛山市中级人民法院（2013）佛中法民四终字第1070号民事判决书。

协议约定应承担违约金赔偿的条款仍具有法律效力，海业公司应该按协议的约定承担相应的违约责任。

证据指引

劳动合同中的违约责任条款

公司应当检查自己与员工签订的劳动合同，看看自己是否存在像本案中海业公司那样与员工约定了违约条款的情形，在双方还没有发生劳资纠纷时，立刻与员工签订劳动合同的补充协议，将违约条款进行修改或删除。

法律依据

《劳动合同法》

第二十二条　用人单位为劳动者提供专项培训费用，对其进行专业技术培训的，可以与该劳动者订立协议，约定服务期。

劳动者违反服务期约定的，应当按照约定向用人单位支付违约金。违约金的数额不得超过用人单位提供的培训费用。用人单位要求劳动者支付的违约金不得超过服务期尚未履行部分所应分摊的培训费用。

用人单位与劳动者约定服务期的，不影响按照正常的工资调整机制提高劳动者在服务期期间的劳动报酬。

第二十三条　用人单位与劳动者可以在劳动合同中约定保守用人单位的商业秘密和与知识产权相关的保密事项。

对负有保密义务的劳动者，用人单位可以在劳动合同或者保密协议中与劳动者约定竞业限制条款，并约定在解除或者终止劳动合同后，在竞业限制期限内按月给予劳动者经济补偿。劳动者违反竞业限制约定的，应当按照约定向用人单位支付违约金。

第二十五条　除本法第二十二条和第二十三条规定的情形外，用人单位不得与劳动者约定由劳动者承担违约金。

《广东省高级人民法院关于审理劳动争议案件疑难问题的解答》

21. 劳动者能否要求用人单位支付违约金

《中华人民共和国劳动合同法》第二十五条只是对用人单位要求劳动者支付违约金作出限制，并未禁止劳动者主张违约金。因此，在法律法规未对违反劳动合同的违约金性质和适用条件作出具体规定的情况下，劳动者可以同时主张违约金、经济补偿金，劳动者依据劳动合同的约定要求用人单位支付解除劳动合同的违约金的，予以支持。

《深圳市中级人民法院关于审理劳动争议案件的裁判指引》

一百〇六、用人单位与劳动者约定竞业限制的，应当在竞业限制期限内依法给予劳动者经济补偿。用人单位未按约定支付经济补偿的，劳动者自用人单位违反约定之日起三十日内可要求用人单位一次性支付尚未支付的经济补偿，并继续履行竞业限制协议；劳动者未在三十日内要求一次性支付的，可通知用人单位解除竞业限制协议或支付已履行竞业限制义务期间的经济补偿。

劳动者在职期间违反竞业限制义务，用人单位依据双方约定要求劳动者支付违约金的，应予支持。

当事人主张双方约定的违约金过高请求调整的，人民法院可依法予以调整。

《浙江省高级人民法院民一庭关于审理劳动争议纠纷案件若干疑难问题的解答》

十、用人单位一次性向劳动者支付了竞业限制经济补偿，劳动者违反竞业限制义务时，用人单位能否向劳动者主张违约金?

《劳动合同法》第二十三条仅规定了用人单位“在竞业限制期限内按月给予劳动者经济补偿”的补偿方式。用人单位如果在解除或终止劳动合同时，一次性向劳动者支付了竞业限制补偿金的，劳动者违反竞业限制义务时，用人单位可以向劳动者主张违约金。

《江苏省高级人民法院、省劳动争议仲裁委员会关于审理劳动争议案件的指导意见》

第十五条 劳动者单方解除劳动合同，除有《劳动合同法》第二十二条、二十三条规定的情形外，用人单位主张劳动者赔偿违约金的，不予支持。但劳动者违反诚实信用原则提前解除劳动合同，给用人单位造成实际损失，用人单位主张劳动者赔偿直接经济损失的，应予支持。

……

二、企业为员工提供培训福利后的服务期约定

风险提示

一些公司会为员工提供培训服务，目的是让员工增强劳动技能从而更好地为公司创造财富，而员工也会非常乐意参加公司所组织的培训，因为培训费用由公司支付，自己培训后提升了技能，对未来的发展也有很大的帮助。

公司支付费用让员工培训，员工在享受到优惠的同时，也要承担相应的义务。公司可以要求员工接受培训后，在一定的期间内不准离职，必须服务满一定的期限，在法律上该期限称为服务期。

公司为员工提供了专项培训费用，对员工进行了专业技术培训的，可以与该员工订立协议约定好服务期。当员工违反了双方的约定在服务期内提出辞职的，则视为违约，需要向公司作出相应的赔偿。但法律规定，违约金的赔偿数额不能超过公司提供的培训费用，若在服务期内员工辞职的，公司要求员工支付的违约金不能超过服务期尚未履行的部分所应分摊的培训费用。但是要提醒公司注意的是，只有为员工提供了专项培训的才能要求签订服务期协议约定服务期，专项培训并不包括公司日常自行组织的培训，一些公司认为只要为员工提供了培训就可以约定服务期，这种想法是错误的。

以案说法

案例 1

陈某于2008年3月入职某科技软件开发公司任软件开发员，月薪过万。

陈某入职后，凭借其出色的能力开发了好几套功能强大的软件，深得领导的赞赏，并于2009年5月升任公司的项目经理，公司给了他配车、配司机的待遇。

公司为留住人才，在给予陈某配车、配司机待遇的同时，要求与陈某签订服务期协议，协议约定陈某必须要为公司服务5年，从2009年5月起算，如果陈某违约则需要向公司赔偿40万元。2010年5月，陈某向公司提出辞职，公司认为陈某违反服务期的约定，要求陈某支付违约金。

【律师评析】

本案的争议焦点在于，公司为陈某提供配车、配司机的待遇，能否作为陈某为公司服务五年的条件。在现实中，许多用人单位都会认为，自己为劳动者提供了额外的福利，当然有权要求劳动者作出一定的承诺。但是，《劳动合同法》仅规定为劳动者提供专项培训才能约定服务期及违反服务期违约金条款，其他任何额外的待遇都不能成为约定服务期的依据。因此，公司若提起诉讼要求陈某支付违约金，是得不到法院的支持的。

案例 2

苏某于1992年7月27日到第四建筑公司工作，任职施工管理岗位，之后升任造价管理岗位。苏某与第四建筑公司自1995年开始签订劳动合同，最后一份合同于2004年11月8日签订，双方约定：劳动期限自2004年11月8日起至2007年11月7日止。

苏某与第四建筑公司在2005年8月28日签订关于考取造价师执业资格证的《员工培训合同》，约定苏某为第四建筑公司服务的年限为5年。苏某与第四建筑公司于2006年5月10日签订关于考取高级工程师的《员工培训合同》，约定苏某需为第四建筑公司服务5年，培训费/奖励金额为6000元。苏某与第四建筑公司在2006年5月29日签订关于考取一级建造师执业资格证的《员工培训合同》，约定苏某为第四建筑公司服务的年限为10年，培训费/奖励金额为10000元。上述三份《员工培训合同》均约定：若出于苏某的原因致使合同无法履行，苏某应承担违约责任，返还第四建筑公司已支付的费用并支付违约金30000元。

2007年11月8日，因合同期限届满，苏某提出离开第四建筑公司，而第四建筑公司认为苏某应该与公司续签劳动合同，否则苏某应向公司支付违约金。苏某不同意，认为自己与公司之间的劳动合同期限已届满，双方签订的《员工培训合同》也应该相应地终止。

【判词摘录】[①]

1. 苏某与第四建筑公司自愿签订的劳动合同，是双方的真实意思表示，且未违反法律、行政法规的强制性规定，合法有效，双方的劳动合同关系受国家法律保护。之后，双方先后签订的三份《员工培训合同》，是以已经存在的劳动合同为基础的，且与劳动合同的内容并无矛盾或冲突，应视为对劳动合同内容的补充和特殊约定，是双方劳动合同的一部分，双方的劳动服务年限因此调整至 2016 年 1 月 9 日。

2. 劳动合同是劳动者与用人单位确立劳动关系、明确双方权利和义务的协议，本案双方签订的《员工培训合同》是劳动合同的一部分。双方在《员工培训合同》中对苏某参加学习后取得一定的资质或职称的情况下，双方的权利和义务进行了特殊约定，其中并不存在会使苏某产生误解的条款。

3. 苏某、第四建筑公司的劳动合同虽在 2007 年 11 月 8 日期满，但不因此影响双方在《员工培训合同》中约定的服务期限及违约金条款的效力。苏某在合同期限届满后，没有与第四建筑公司重新订立劳动合同，终止了与第四建筑公司的劳动关系，该行为违反了《员工培训合同》的约定，苏某的行为已构成违约，其应承担违约责任。现苏某要求不需向第四建筑公司支付违约金 30000 元，明显违反了双方的约定，对苏某的该项请求，不予支持。

证据指引

1. 服务期合同

公司在向员工提供专项培训前，应该与员工单独签订服务期合同，合同要明确员工具体的服务内容，最好可以明确服务的项目，笔者建议有课

① 广州市中级人民法院（2009）穗中法民一终字第 1541 号民事判决书。

程计划和学习培训表的可以作为合同的附件。

服务期合同中还要明确公司为该员工的培训具体支付了多少费用，也可以将培训期间所付费用的发票复印件作为服务期合同的附件。这样做的目的在于日后员工如果违约，公司可以向法院举证证明自己因员工培训所支付的费用从而更容易获得赔偿。

服务期合同中有关服务期条款的参考：

鉴于甲方（公司）为乙方（员工）提供 ××× 培训待遇，甲乙双方协商乙方在接受培训后继续为甲方服务 ××× 年（自培训结束次日起计算）。在此服务期间，如遇甲乙双方劳动合同期满，双方可以续订劳动合同，合同时间不能确定的，最短履行至服务期满。除有《劳动合同法》第三十八条[①]规定的情形外，乙方不得解除劳动合同，否则应依法承担违约金，违约金的计算方法为［（应服务天数 – 已服务天数）/ 应服务天数 × 培训费用］。

2. 培训签到记录表或培训确认文件

员工参加专项培训时应该签到，公司要留存员工参加培训的记录并妥善保存，因为日后有可能出现员工否认自己参加了培训的情况。

3. 公司因培训事宜所支付的费用票据

当员工违反服务期的约定时，公司除可以要求员工支付合同中所约定的违约金外，还可以要求员工根据违约的情况返还一定的培训费用，而公司提出返还培训费用必须有支付了培训费用的票据作为依据，否则将会因为证据不足而得不到法院的支持。

① 《劳动合同法》第三十八条规定：用人单位有下列情形之一的，劳动者可以解除劳动合同：（一）未按照劳动合同约定提供劳动保护或者劳动条件的；（二）未及时足额支付劳动报酬的；（三）未依法为劳动者缴纳社会保险费的；（四）用人单位的规章制度违反法律、法规的规定，损害劳动者权益的；（五）因本法第二十六条第一款规定的情形致使劳动合同无效的；（六）法律、行政法规规定劳动者可以解除劳动合同的其他情形。《劳动合同法》第二十六条第一款规定：下列劳动合同无效或者部分无效：（一）以欺诈、胁迫的手段或者乘人之危，使对方在违背真实意思的情况下订立或者变更劳动合同的……

服务期合同中关于培训费用条款的参考：

甲（公司）乙（员工）双方确认，培训费用包括但不限于学费、交通费、住宿费等一切与培训有关的费用，其中学费、交通费、住宿费的数额以具体票据为准。

法律依据

《劳动合同法》

第二十二条 用人单位为劳动者提供专项培训费用，对其进行专业技术培训的，可以与该劳动者订立协议，约定服务期。

劳动者违反服务期约定的，应当按照约定向用人单位支付违约金。违约金的数额不得超过用人单位提供的培训费用。用人单位要求劳动者支付的违约金不得超过服务期尚未履行部分所应分摊的培训费用。

用人单位与劳动者约定服务期的，不影响按照正常的工资调整机制提高劳动者在服务期期间的劳动报酬。

《劳动合同法实施条例》

第十六条 劳动合同法第二十二条第二款规定的培训费用，包括用人单位为了劳动者进行专业技术培训而支付的有凭证的培训费用、培训期间的差旅费用以及因培训产生的用于该劳动者的其他直接费用。

三、员工行为给企业造成损害的赔偿责任认定

风险提示

正如前文所述，在劳动法领域，企业不能随意为劳动者设定违约金，但是法律并没有禁止企业与劳动者约定损害赔偿条款。如果劳动者的过错行为给公司造成了经济损失，劳动者需要为公司的损失承担赔偿责任。

公司要求有过错的员工支付赔偿，可以在工资中予以扣减，但是在具体的操作上有很大的限制，根据《工资支付暂行规定》第十六条的规定，扣减工资禁止超过月薪的20%，但在实践中，各地有所不同。例如，《广东省

工资支付条例》第十五条规定："因劳动者过错造成用人单位直接经济损失，依法应当承担赔偿责任的，用人单位可以从其工资中扣除赔偿费，但应当提前书面告知扣除原因及数额；未书面告知的不得扣除。扣除赔偿费后的月工资余额不得低于当地最低工资标准。"读者应在《工资支付暂行规定》的基础上，参照自己所在地市的工资支付条例进行操作。

在实际操作中，员工的过错行为导致了公司的经济损失，具体很难计算，公司向法院主张劳动者支付赔偿的，需要提供足够的证据证明损失的具体数额。损失必须量化、可以计算且已实际发生，否则难以得到法院的支持。另外，法院在审理员工给公司造成损失的案件中，往往会认为公司也应承担一定的经营风险，即使员工真的有过错并且给公司造成了很明确的经济损失，法院也常会给判赔数额"打折扣"，根据员工的工资数额和实际过错程度酌情判决员工承担损失的一定比例。

以案说法

案例 1

徐某于2006年7月5日入职天某公司担任技术总监，双方签订合同约定劳动期限为2006年7月5日至2011年7月4日，年薪8万元。同时，徐某保证入职两年内天某公司所生产出来的产品均达到国家相应的产品标准，如违约应支付天某公司40万元违约金。

2007年7月，天某公司生产的某款电池出现了产品质量事故。2007年9月1日，徐某出具《事故报告》，陈述其愿承担相应的事故责任。2008年1月15日，徐某提出辞职。同日，天某公司以徐某任职期间严重失职使公司遭受损失为由，要求徐某支付违约金，徐某不服，双方诉至法院。

【判词摘录】[1]

1. 徐某在担任天某公司技术部门主管期间，对发生的质量事故负有责

① 湖州市中级人民法院（2009）浙湖民终字第62号民事判决书。

任，但《劳动合同法》并未规定因劳动者失职造成用人单位损失的，用人单位可以向劳动者主张赔偿金。而《劳动合同法》第二十二条、第二十三条虽规定了用人单位可以与劳动者约定违约金的情形，即用人单位可因劳动者违反服务期限的约定而根据专项培训费用主张违约金，或者因劳动者违反竞业禁止的规定而主张违约金。但该法第二十五条同时规定，除上述两种情形外，用人单位不得与劳动者约定违约金。

2. 所以，本案用人单位向劳动者主张违约金不符合相关规定，用人单位与劳动者之间关于因劳动者违约即承担 40 万元违约金的规定属无效条款。

案例 2

邹某为三某模型公司的综合班班长。2012 年 8 月，综合班加工的产品未按照图纸进行，产品尺寸全部超长，造成返工，导致公司出现直接经济损失 6000 多元。同月，综合班的员工在加工转动轴焊产品时因为焊接不牢固导致安装后脱落，最终造成批量性返工，出现直接经济损失 1000 多元。

公司规章制度规定："员工违反企业生产管理与质量管理制度的，公司有权向员工追讨一切经济损失……"同时公司制定的《班长职责》规定："班长为本班组生产任务、安全生产和产品质量第一责任人……"

公司认为邹某是这两次产品质量事故的直接责任人，要求邹某为产品尺寸超长的质量事故赔偿损失 2000 元，并对下属员工产品焊接不牢固的过错承担赔偿责任。

【判词摘录】①

1. 邹某作为班长，审核图纸、监督下属班组员工严格按图纸尺寸加工是其本职工作，因此对该事故负有直接责任。根据劳动部《工资支付暂行规定》第十六条的规定："因劳动者本人原因给用人单位造成经济损失的，用人单位可按照劳动合同的约定要求其赔偿经济损失……"公司要求原告邹某承担部分损失 2000 元，有事实和法律依据，本院予以支持。

① 珠海市香洲区人民法院（2013）珠香法民一初字第 504 号民事判决书。

2. 转动轴焊接不牢固事故，是邹某下属员工造成，没有证据表明邹某在此事故中存在“违反企业生产管理与质量管理制度”的行为，公司要求邹某承担此次事故的责任，证据不足。

案例 3

张某是丽鑫公司的仓库管理员，双方劳动合同中约定：因员工造成公司损失，除给付公司相应的经济赔偿外，造成公司损失还须追究责任。

公司在某次对仓库的产品进行盘点时发现，公司购进的某款产品数量缺少，经查发现是因为仓库管理员疏忽，将产品误认为是不良品而进行销毁处理，公司出现产品损失 5267 元。

公司随后出具员工处分记录单，处罚原因为：仓库人员严重疏忽，误将产品和不良品一起拉走处理，造成公司损失 5267 元，此笔费用由张某承担。张某在该员工处分记录单上签名。

后公司与张某因赔偿问题产生纠纷，双方诉至法院。

【判词摘录】[①]

1. 产品数量短缺是仓库人员误将良品当作不良品交付处理所致，张某本人亦在载明“此属于外仓人员严重疏忽……总费用为 5267 元……由组长张某承担”的员工处分记录单的被处分人签名栏中签字，张某主张该批产品非其本人安排搬运，又未能提供相应证据予以证实。

2. 在此情况下，确可认定张某对系争化妆品包材损失之发生负有一定责任。但结合张某的过错程度、岗位特点及工资收入情况，丽鑫公司要求张某承担全部损失赔偿责任，过于苛责，本院酌情调整赔偿金额为 1000 元。

案例 4

2014 年 11 月 15 日，邓某入职北京某建设股份有限公司广东分公司，岗位为施工员，工作职责主要为指挥和安排现场施工。

① 上海市第一中级人民法院（2016）沪 01 民终 6751 号民事判决书。

2015 年 5 月 14 日，邓某在某项目的施工现场指挥挖掘机司机施工时，将地下电缆挖断。

建设公司以邓某工作失职为由，要求邓某赔偿损失 113787.95 元（包括抢修费 47017.95 元、律师费 16770 元，以及被工程监理公司罚款 50000 元）。一审法院判决邓某应向建设公司支付抢修费及被工程监理公司罚款共计 97017.95 元。邓某不服提起上诉。

【判词摘录】[①]

1. 关于邓某在挖断电缆事件中是否存在过错问题。原审法院根据双方当事人的诉辩、提交的证据对本案事实进行了认定，并在此基础上认定由于邓某的安排和指挥不当导致挖断地下电缆事件发生，理由阐述充分，本院予以确认。

2. 至于邓某是否应对造成公司的损失承担责任的问题。因邓某是在履行职务过程中指挥不当，导致挖断电缆事件的发生，属于履行职务过程中的过失行为，故邓某应对造成公司的损失承担相应的赔偿责任。公司作为用工主体，其在用工过程中产生的经营风险一般应自行承担，考虑到本案的实际情况，本院酌定邓某应对造成公司的损失承担 20% 的赔偿责任，即邓某应赔偿金港广东分公司 19403.59 元［（50000 元＋ 47017.95 元）×20%］，原审判决邓某对公司的损失承担全部赔偿责任不当，本院予以变更。

证据指引

1. 劳动合同中的损害赔偿条款

虽然员工因过错行为给公司造成损失的，员工要承担赔偿责任，但笔者考虑到劳动用工法律对用人单位与劳动者的保护存在一定程度的向劳动者一方倾斜的特殊情况，所以笔者建议公司与员工签订的劳动合同中还是要明确损害赔偿条款。公司可以简单地约定：若员工因过错行为给公司造成

① 广州市中级人民法院（2016）粤 01 民终 11335 号民事判决书。

损失，员工需承担赔偿责任。

2. 检讨书、承认错误的录音等能证明员工存在过错的证据

公司若想让法院支持自己的索赔请求，必须证明员工的行为和公司的损失有直接的因果关系。员工若做了损害公司的行为，公司必须有证据可以证明，以避免员工在事发后否认公司的损失与自己无关。公司可以考虑让员工写检讨书或签署承认自己存在过错的文件等。

3. 能够证明公司实际损失的鉴定报告、损失数额文件等

如果员工确实存在过错行为，也确实有证据证明员工的行为造成了公司的损失，但是具体损失数额没有办法计算得出的情况下，公司也没有办法向员工进行索赔，因为数额不确定，法院也不会随便判决一个要求员工支付的数额。公司受到经济损失后，要有证据证明损失的实际数额，如在上述第一宗案例中，天某公司可以提供因产品责任事故而需要销毁的电池数量，并提供生产电池的单个成本，以此来计算遭受的损失，若公司因为质量事故而向合作方支付了违约金，也可以要求徐某对此作出赔偿。

4. 公司向员工出具的书面告知书

因员工过错行为给公司造成经济损失的，公司可以从员工工资中扣除相应款项作为惩罚，但公司需要书面向员工告知扣除工资的理由和金额。公司应当保存告知书的发送记录和员工签收等文件，以证明公司已经书面向员工进行告知。

5. 员工岗位职责确认书

公司处罚员工时，员工会以损失并非自己造成或者以该工作并非本人负责为理由进行反驳，实际案例中也并不排除有过错的员工会以此为理由推卸自己的责任。所以公司有必要针对具体主管或负责员工签订岗位职责确认书，明确该员工的具体工作和岗位职责，一旦公司发生损失事件，则可以凭借岗位职责确认书对有过错的员工进行问责。

法律依据

《工资支付暂行规定》

第十六条 因劳动者本人原因给用人单位造成经济损失的，用人单位可按照劳动合同的约定要求其赔偿经济损失。经济损失的赔偿，可从劳动者本人的工资中扣除。但每月扣除的部分不得超过劳动者当月工资的20%。若扣除后的剩余工资部分低于当地月最低工资标准，则按最低工资标准支付。

《广东省工资支付条例》

第十五条 因劳动者过错造成用人单位直接经济损失，依法应当承担赔偿责任的，用人单位可以从其工资中扣除赔偿费，但应当提前书面告知扣除原因及数额；未书面告知的不得扣除。扣除赔偿费后的月工资余额不得低于当地最低工资标准。

《广东省高级人民法院关于审理劳动争议案件疑难问题的解答》

5. 因劳动者过错造成用人单位损失，用人单位能否在劳动合同解除后要求劳动者承担赔偿责任

劳动者在劳动关系存续期间因故意或重大过失造成用人单位直接经济损失，用人单位在双方劳动合同解除后要求劳动者一次性赔偿的，予以支持。劳动者应承担赔偿数额根据劳动者的过错程度等具体情况酌情确定，且不得把属于用人单位应承担的经营风险扩大由劳动者承担。

《浙江省高级人民法院关于审理劳动争议案件若干问题的意见》

第三十八条 劳动者提前三十日以书面形式通知用人单位，可以依法解除劳动合同。用人单位在劳动合同中设定违约金条款以限制劳动者上述解除权的，该违约金条款无效。但由于劳动者行使上述解除权而违反劳动合同有关约定，并给用人单位造成直接经济损失的，劳动者应予赔偿。

《江苏省高级人民法院、省劳动争议仲裁委员会关于审理劳动争议案件的指导意见》

第十五条 劳动者单方解除劳动合同，除有《劳动合同法》第二十二条、二十三条规定的情形外，用人单位主张劳动者赔偿违约金的，不予支持。

但劳动者违反诚实信用原则提前解除劳动合同，给用人单位造成实际损失，用人单位主张劳动者赔偿直接经济损失的，应予支持。

劳动者以《劳动合同法》第三十八条第一款规定为由解除劳动合同，应当通知用人单位解除劳动合同并说明理由，劳动者未履行告知程序，事后又以《劳动合同法》第四十六条第（一）项规定为由请求用人单位支付经济补偿的，不予支持。

《江苏省工资支付条例》

第十二条 劳动者提供了正常劳动，用人单位应当按照劳动合同约定的工资标准支付劳动者工资。劳动合同约定的工资标准不得低于当地最低工资标准。

劳动者有下列特殊情形之一，但提供了正常劳动的，用人单位支付给劳动者的工资不得低于当地最低工资标准，其中非全日制劳动者的工资不得低于当地小时最低工资标准：

……

（三）违反用人单位依法制定的规章制度，被用人单位扣除当月部分工资的；

（四）给用人单位造成经济损失，用人单位按照劳动合同的约定以及依法制定的规章制度的规定需要从工资中扣除赔偿费的；

……

前款第（三）项规定的情形，用人单位扣除劳动者当月工资的部分并不得超过劳动者当月应发工资的百分之二十；第（四）项规定的情形，用人单位和劳动者在经济损失发生后另有约定的除外。

……

《北京市高级人民法院、北京市劳动争议仲裁委员会关于劳动争议案件法律适用问题研讨会会议纪要（二）》

40、劳动者未按规定提前三十天（在试用期内提前三天）通知用人单位解除劳动合同即自行离职，或虽然履行通知义务，但有未履行的相关义务，给用人单位造成损失的，应否赔偿？

劳动者未提前三十天（在试用期内提前三天）通知用人单位解除劳动合同，自行离职，或虽然履行通知义务，但有未履行的相关义务，如其应当履行的办理工作交接等义务，给用人单位造成直接经济损失的，应当承担相应的赔偿责任，对所造成的经济损失，用人单位负有举证责任。

《山东省企业工资支付规定》

第三十条 因劳动者原因造成企业经济损失需要赔偿的，企业可以从劳动者工资中扣除，但扣除后的剩余部分不得低于当地月最低工资标准。

第四章

劳动报酬与劳动待遇

第一节　员工的薪酬待遇

一、劳动用工中的月平均工资制

风险提示

当用人单位需要向劳动者支付经济补偿金或经济赔偿金时，劳动者的月工资是计算上述费用的依据。根据《劳动合同法》第四十七条第三款以及《劳动合同法实施条例》第二十七条的规定，计算劳动者的经济补偿金或经济赔偿金时，劳动者的月工资是指他在劳动合同解除或者终止前 12 个月的平均工资。劳动合同解除或者终止前 12 个月的平均工资低于当地最低工资标准的，按照当地最低工资标准计算。劳动者工作不满 12 个月的，按照实际工作的月数计算平均工资。

法律上计算劳动者的经济补偿金或经济赔偿金适用月平均工资制进行计算，所以如果某一位员工在一个年度内领取了奖金、加班费、补贴等且数额较大的，那么他的月平均工资则会相对较高。如果公司采取的是浮动工资制，公司通过考评使得某一位员工在某些月份的工资有所减少，那么他的月平均工资则会相对减少，从而会影响他的经济补偿金或经济赔偿金的获得数额。

以案说法

陈某自 2016 年 8 月起入职某科技信息公司，公司每个月采取月基本工资加绩效考评工资的形式计算薪酬，绩效考评工资的发放是由员工每个月月底填写工作自评，并由该员工的上级领导进行打分，打的分数则对应相关绩效考评的工资数。陈某每个月基本工资为 3500 元，另加绩效考评工资

1000 元至 2000 元不等。

2018 年 1 月至 5 月，陈某因为工作表现不佳，导致他的绩效考评工资每个月仅有 500 元。2018 年 6 月，公司提出解雇陈某，并同意按照违法解除劳动合同的标准向陈某支付经济赔偿金，但双方就陈某应该获得多少经济赔偿金的问题产生了争议。

【律师评析】

公司在 2018 年 6 月解雇陈某，按照陈某 2016 年 8 月入职来计算工作年限，需要向陈某支付四个月工资作为经济赔偿金。而陈某的工资则需要将他 2017 年 6 月到 2018 年 5 月所获得的所有工资（包括加班费、补贴、年终奖等）全部相加并除以 12，得出其月平均工资。

陈某每个月因为绩效考核工资数额不同，所以他每个月的工资数额并不固定。在本案中，陈某 2018 年 1 月至 5 月的绩效考评工资很低，这会对计算他的月平均工资数额造成很大的影响。

证据指引

1. 通过劳动合同薪酬待遇条款或绩效考核办法设定浮动工资体系

公司可以通过劳动合同以及绩效考核办法设计员工的浮动工资体系，通过固定工资加绩效考核相结合的模式对员工的工资进行发放。对于公司而言，固定月工资不利于公司对员工调薪和解雇员工。如果公司采取了上述浮动工资制，那么在涉及员工经济补偿金和经济赔偿金的支付时，可以通过考评等方式调整降低员工的工资从而达到降低补偿金或赔偿金的效果。

2. 员工工资条签收凭证

员工每个月签收工资条，一般情况下即可以视为员工确认了当月工资的发放数额。计算员工月平均工资时，公司可以按照员工签名确认的工资条上的数额予以计算，避免双方产生工资数额的纠纷。

法律依据

《劳动合同法》

第四十七条第三款 本条所称月工资是指劳动者在劳动合同解除或者终止前十二个月的平均工资。

《劳动合同法实施条例》

第二十七条 劳动合同法第四十七条规定的经济补偿的月工资按照劳动者应得工资计算，包括计时工资或者计件工资以及奖金、津贴和补贴等货币性收入。劳动者在劳动合同解除或者终止前12个月的平均工资低于当地最低工资标准的，按照当地最低工资标准计算。劳动者工作不满12个月的，按照实际工作的月数计算平均工资。

二、工资支付发生争议由企业负举证责任

风险提示

工资发放不规范，是目前用人单位普遍会存在的问题。用人单位如果在工资发放上操作不规范，就会导致劳资双方就工资标准、工资数额等产生纠纷。在司法实践中，劳动者与用人单位就工资发放问题产生纠纷的，由用人单位负举证责任，如《广东省工资支付条例》和《江苏省工资支付条例》都有因工资支付发生争议由用人单位负举证责任的明确规定。

广州市中级人民法院在2017年5月发布的《广州劳动争议诉讼情况白皮书（2014—2016）》提到："工资是劳动关系的核心问题。司法实践中，绝大部分劳动争议案件都离不开工资报酬问题，加班工资、未签订劳动合同二倍工资、经济补偿金（赔偿金）和工伤赔付计算基数等问题，均与工资存在直接关联。但是，用人单位发放工资不规范，为劳动争议的产生滋生了隐患：其一，用人单位不依法建立工资台账备查，在双方当事人发生争议时，工资是否发放、月工资标准等基本事实均无法查清。这也可能为不诚信的劳动者利用，主张高额的工资标准，导致用人单位承担举证不能的法

律后果。其二，刻意采取两种工资发放方式。即部分工资采取银行转账方式发放，部分工资采取现金支付方式发放。发生争议时，对劳动者主张的现金支付工资部分不予确认，损害劳动者的合法权益……”广州市中级人民法院所提到的问题，值得用人单位多加注意。

以案说法

案例 1

陈某于2014年5月入职某集团公司担任财务总监，入职时签订的劳动合同约定月工资为15000元。陈某觉得月工资太高交税多，所以与公司协商每个月工资发10000元，另外5000元走报销程序，每个月陈某提供一些特定品种的发票给公司。

2016年3月，公司从市区搬到20公里之外的经济技术开发区，因路途遥远，陈某与公司协商解除劳动关系。公司同意向陈某支付经济补偿金。

后陈某起诉称公司每个月拖欠她5000元工资，要求公司补发。

【律师评析】

本案中，陈某与公司之间没有就工资构成以及发放的方法作出约定。虽然事实上陈某每个月走报销程序的5000元款项是工资的一部分，但是因为双方没有约定，所以在陈某否认的情况下，公司无法举证证明，因此公司要承担不利的后果。

案例 2

朱某是广州某物流公司的送货员，因为一次交通事故受伤致残。

物流公司考虑到朱某受伤无法工作，于是与朱某协商希望能与他解除劳动合同并且支付经济赔偿金。朱某也考虑到自己受伤无法工作，同意公司对他进行解雇，但是在支付经济赔偿金的数额上，双方产生了分歧。经济赔偿金需要以朱某劳动合同解除前一个年度月平均工资为基数计算得出，关于朱某的月平均工资数额，公司认为朱某每月固定工资为2000元，而朱某则主张自己每月固定工资为 3600 元。朱某认为，公司每个月除向他固定转账 2000 元外，还额外每个月向他支付 1600 元的现金。

双方诉至法院，法院要求公司提交工资台账及工资条等证据来证明朱某月工资为 2000 元而非 3600 元的事实，公司因为在管理上存在疏漏，无法提供证据，只能证明每个月向朱某转账 2000 元。

【判词摘录】[①]

1. 关于朱某被解除劳动合同前 12 个月的平均工资问题，朱某主张其月平均工资为 3600 元，除银行转账外尚有现金收入。公司对此不予认可，主张朱某月平均工资为 2000 元。

2.《广东省工资支付条例》第四十四条第一款规定："因工资支付发生争议，用人单位负有举证责任。用人单位拒绝提供或者在规定时间内不能提供有关工资支付凭证等证据材料的，劳动保障部门、劳动争议仲裁委员会或者人民法院可以按照劳动者提供的工资数额及其他有关证据作出认定。"由于公司并未提交工资条等证据以证明朱某的工资情况，故本院采纳朱某的主张，认定其被解除劳动合同前月平均工资为 3600 元。

证据指引

1. 工资支付台账

公司应当编制工资支付台账，这是公司与员工发生纠纷时公司能提供的最重要的证据。笔者在处理公司劳动纠纷案件时，只要涉及员工工资待遇问题的，劳动仲裁委员会和法院都一定会要求公司提供工资支付台账，如果公司无法提供，那么其将在很大程度上面临败诉的风险。

工资支付台账应当包括支付日期、支付周期、支付对象姓名、工作时间、应发工资项目及数额，代扣、代缴、扣除的项目和数额，实发工资数额，银行代发工资凭证或者劳动者签名等内容。

① 广州市中级人民法院（2015）穗中法民一终字第 3972 号民事判决书。

2. 员工签名的工资条

公司向员工发放工资，给不给员工工资条并不是太重要，关键的是员工必须在工资支付单上签名确认，也就是说，公司手上应当保留有员工签名的工资条。员工签名的工资条等于收款的凭证，目前司法实践中如果公司能够提交有员工签名的工资条，一般情况下法院都会认定员工已经确认了公司向其支付的工资数额（除非员工有明确的证据能够证明工资条中的工资有少发的事实）。

3. 劳动合同以及工资条中关于工资构成的约定

公司将员工的工资数额细分具体项目，通过劳动合同或工资条明确约定工资各项构成，这样可以避免公司在与员工发生工资待遇纠纷时对工资发放的标准和构成无法确认的情况。

法律依据

《劳动合同法》

第七十四条 县级以上地方人民政府劳动行政部门依法对下列实施劳动合同制度的情况进行监督检查：

……

（五）用人单位支付劳动合同约定的劳动报酬和执行最低工资标准的情况；

……

第八十五条 用人单位有下列情形之一的，由劳动行政部门责令限期支付劳动报酬、加班费或者经济补偿；劳动报酬低于当地最低工资标准的，应当支付其差额部分；逾期不支付的，责令用人单位按应付金额百分之五十以上百分之一百以下的标准向劳动者加付赔偿金：

（一）未按照劳动合同的约定或者国家规定及时足额支付劳动者劳动报酬的；

（二）低于当地最低工资标准支付劳动者工资的；

……

《广东省工资支付条例》

第十六条 用人单位应当按照工资支付周期如实编制工资支付台账。工资支付台账应当至少保存二年。

工资支付台账应当包括支付日期、支付周期、支付对象姓名、工作时间、应发工资项目及数额，代扣、代缴、扣除项目和数额，实发工资数额，银行代发工资凭证或者劳动者签名等内容。

第四十四条 因工资支付发生争议，用人单位负有举证责任。用人单位拒绝提供或者在规定时间内不能提供有关工资支付凭证等证据材料的，劳动保障部门、劳动争议仲裁委员会或者人民法院可以按照劳动者提供的工资数额及其他有关证据作出认定。

用人单位和劳动者都不能对工资数额举证的，由劳动争议仲裁委员会或者人民法院参照本单位同岗位的平均工资或者当地在岗职工平均工资水平，按照有利于劳动者的原则计算确定。

《江苏省工资支付条例》

第五十一条 用人单位对工资支付承担举证责任。用人单位拒绝提供或者在规定时间内不能提供有关工资支付凭证等证据材料的，人力资源社会保障行政部门、劳动争议仲裁委员会和人民法院可以按照劳动者提供的工资数额及其他有关证据直接作出认定。

用人单位和劳动者都不能对工资数额举证的，由人力资源社会保障行政部门、劳动争议仲裁委员会和人民法院参照本单位同岗位的平均工资或者当地在岗职工平均工资水平，按照有利于劳动者的原则计算确定。

三、公司克扣员工工资需谨慎

风险提示

公司对员工采取克扣工资的形式进行处罚是目前实践操作中最常见也是最有“效果”的管理方法，“员工迟到 ×× 小时公司有权扣除当月工资”“员工违反劳动纪律的，公司有权扣除当月工资”等条款常见于各公司的规章制度中。

但在法律规定和法院审判实践中，对公司克扣员工工资的行为有很大的限制。有的公司管理者曾经向笔者抱怨，如果公司不能对员工采取扣钱的方式进行处罚，则很难管理。但实际上，在法律层面不可能放任公司随意对员工扣钱。《工资支付暂行规定》第十六条规定了公司扣除员工工资的数额限制，该条规定扣除员工工资的数额不能高于员工工资的20%。如果公司违反法律规定扣除员工工资，实质上就是少发工资，员工可以向劳动监察部门投诉，同时员工也可以以公司拖欠工资为由提出辞职并以此主张要求公司支付经济补偿金。

以案说法

王某是物流发行公司的送货员，2012年8月，公司认为王某多次将货物送出后没有足额向公司上交货款，随后以王某私吞货款为理由，在2012年的9月至11月连续三个月扣发了王某的工资。王某当时没有提出异议。

2014年6月，王某向公司提出辞职。在辞职书上，王某以2012年9月至11月公司无故扣发他的工资、公司不足额支付劳动报酬为理由，要求公司支付经济补偿金。公司认为2012年扣发王某的工资是因为王某存在过错，且2014年提出辞职却以2012年的事情作为理由是找借口，于是不同意支付经济补偿金。

庭审中，王某不承认自己存在私吞货款的情况。公司没有证据可以证明王某在2012年8月私吞了货款的事实，同时也没有证据证明在2012年9月至11月扣除王某工资时作了通知和说明。

【律师评析】

公司没有提供证据证实自己当年扣减王某工资时具有合法合理的理由，所以在本案中，法院会认定公司存在拖欠王某工资的情形。王某以公司拖欠其工资等为由通知公司解除双方的劳动合同符合法律规定，公司应依法向王某支付解除劳动合同的经济补偿金。

证据指引

1. 公司扣除员工工资的事实依据证明

员工如果因过错行为导致公司出现经济损失，公司应当及时收集证据以便日后有证据可以证明侵害事实的存在。员工过错行为给公司造成损失是公司克扣员工工资的基础。公司可以考虑在员工出现过错时让员工写检讨书或者通过谈话录音等方式固定证据。

2. 公司扣除员工工资的告知书

公司对员工进行扣工资的处罚时，应当通过发放告知书等方式告知员工，否则在程序上可能会被认定为公司没有进行告知而造成违法的后果。

法律依据

《工资支付暂行规定》

第十五条 用人单位不得克扣劳动者工资。有下列情况之一的，用人单位可以代扣劳动者工资：

（一）用人单位代扣代缴的个人所得税；

（二）用人单位代扣代缴的应由劳动者个人负担的各项社会保险费用；

（三）法院判决、裁定中要求代扣的抚养费、赡养费；

（四）法律、法规规定可以从劳动者工资中扣除的其他费用。

第十六条 因劳动者本人原因给用人单位造成经济损失的，用人单位可按照劳动合同的约定要求其赔偿经济损失。经济损失的赔偿，可从劳动者本人的工资中扣除。但每月扣除的部分不得超过劳动者当月工资的20%。若扣除后的剩余工资部分低于当地月最低工资标准，则按最低工资标准支付。

《北京市工资支付规定》

第十一条 用人单位不得随意扣除劳动者工资。

除法律、法规、规章规定的事项外，用人单位扣除劳动者工资应当符合集体合同、劳动合同的约定或者本单位规章制度的规定。

因劳动者本人原因给用人单位造成经济损失，用人单位按照前款规定扣除劳动者工资的，扣除后的余额不得低于本市最低工资标准。

《广东省工资支付条例》

第十五条 因劳动者过错造成用人单位直接经济损失，依法应当承担赔偿责任的，用人单位可以从其工资中扣除赔偿费，但应当提前书面告知扣除原因及数额；未书面告知的不得扣除。扣除赔偿费后的月工资余额不得低于当地最低工资标准。

四、绩效奖金及年终奖的发放

风险提示

我国现行的法律法规并没有将绩效奖金和年终奖等奖励性质的酬劳纳入工资的范围，发放奖励性质的酬劳并非公司的强制义务。因此，公司应当在劳动合同以及相关的薪酬奖励规定文件中明确绩效奖金的发放条件，以及说明奖金是根据公司每年的经营情况由公司自行决定发放与否以及发放的金额。

公司在制定奖励性质酬劳相关制度时，要避免奖励性质酬劳变成必须支付的工资，切勿将“权利”变成“义务”。例如，有的公司会在制度文件中规定员工年底双薪，在这种情况下，公司就等于把本来自己有权决定的事项变成了年底必须多发一个月工资的义务。针对绩效奖金类型的酬劳，公司可以详细制定具体的考核办法，通过具体的制度依据确认发放的规则。

以案说法

2015年年底，明某公司召集全员开年终奖发放说明会。公司规定，根据已预设好的考评项目由员工和上级领导分别打分评定，如果有员工的分数低于60分（60分以上为合格），将不对其发放年终奖。

公司员工袁某参加了年终奖发放说明会，并根据公司要求提交了考评表，但随后根据上级领导的评分，袁某的最后考评得分仅为40多分。公司根据规定没有向袁某发放年终奖。

2016 年 2 月公司辞退了袁某，双方产生劳动纠纷，袁某向法院提出公司应向其支付 2015 年的年终奖。

【判词摘录】[①]

年终奖是用人单位对劳动者的特别激励和嘉奖，公司可以根据自身的情况就年终奖的计算方式和发放标准设定条件，这也是用人单位行使自主权的体现，应当予以尊重。

根据年终奖发放通知，考核至少达到“合格”才可以发放年终奖。

公司已经发布通知召开了年终奖说明会，并且实际组织进行了考核，现公司对袁某考核之后认为袁某的工作表现不足以达到可以领取年终奖的条件，故袁某请求被告支付 2015 年年终奖金没有事实依据，本院不予支持。

证据指引

1. 绩效奖金发放条件

涉及员工绩效奖金发放的情况，公司应当确定相应的绩效奖金的发放条件，与员工明确以完成一定工作任务、业绩作为发放条件，或者当具体某一条件不成立时则不发绩效奖金。

2. 年终奖发放规则

公司明确年终奖的发放方式是关键，所以笔者建议公司每年根据自身的经营收益情况制定年终奖发放规则，在年终奖发放规则中要设定评分制度及年终奖发放的限制条件，根据预设好的制度对应地支付奖金。公司应当避免将年终奖的发放变成自己的义务。如果公司在规章制度或劳动合同中明确约定年底发双薪之类确定了具体的发放金额和发放方式的条款，那么公司就需要按照自己事先设定好的规定履行自己的义务。

另外，公司也可以不对年终奖的发放公布任何文件，仅凭每年的经营

① 广州市黄埔区人民法院（2016）粤 0112 民初 1526 号民事判决书。

情况来决定是否发放以及发放的金额，但这样的操作容易给公司的薪酬管理造成混乱。

3. 绩效奖金或年终奖发放规则告知函

公司建立绩效考核奖金或年终奖的发放规则后，需要将“游戏规则”告知员工，让员工知道绩效奖金和年终奖的发放条件。笔者建议公司可以召开绩效奖金或年终奖发放规则说明会，参会员工需要签到，并且由公司制作会议记录让员工签名。公司让员工事先知悉“游戏规则”，可以避免发生员工不服公司发放奖金决定的纠纷。实践中，笔者服务的一些企业就是通过这种方式减少了许多法律风险。

法律依据

《劳动法》

第四十七条 用人单位根据本单位的生产经营特点和经济效益，依法自主确定本单位的工资分配方式和工资水平。

第二节 加班与加班费

一、加班事实的举证责任及加班审批管理

风险提示

曾经有一家工厂的负责人与笔者谈过这样一件“趣事”：工厂请了一位外来打工者，因为该员工居住的出租屋没有空调，夏天天气热，他发现工厂办公室晚上不断电而且办公室的厕所有淋浴设备，于是买了折叠床放在办公室，晚上就在办公室睡觉。该员工工作了三个多月后，向公司提出辞职时要求公司支付加班费，拿出的证据是他的打卡记录（每天早上六点打

一次卡表示上班，晚上十二点打一次卡表示下班）。工厂发现自己管理上的漏洞，不敢与这名员工对簿公堂，最终双方协商确定了一笔费用，和解了事。

公司的加班规定缺失，没有明确的加班规则和加班审批的方法，员工的加班具有随意性，这种漏洞的存在使得员工与公司发生关于加班方面的纠纷时，到底是真加班还是假加班以及加了多少班等问题存在争议，无法说清。在诉讼中，因为公司缺少证据证明自己的主张而导致败诉的情况比比皆是。

司法实践中，企业和员工关于是否存在加班事实的主张，有很明确的举证分配规则：首先，员工主张加班工资的，先由员工就加班事实的存在承担举证责任。其次，如果公司否认员工有加班的事实的，就要提出证据予以反驳。如果关于加班事实的证据是掌握在公司手上，公司就要提供证据，公司不提供的，就要承担败诉的不利后果。

以案说法

孙某在某公司任职，担任行政主管的职务。2018 年 4 月，孙某向公司提出辞职，同时他向公司表示，自己从 2017 年 9 月开始多次加班，公司均没有向他支付加班费，并提供了自己的打卡记录作为证据。

公司不同意向孙某支付加班费，理由是虽然孙某的打卡记录是真实的，但是公司和孙某双方签订的劳动合同中明确约定了加班需要由员工提交加班申请并由公司批准，未经批准的不属于加班。为了证明自己有加班审批制度，公司提交了以往孙某加班时向公司提交过的加班申请表。

【律师评析】

孙某以考勤记录作为证据证明自己加班的事实，如果考勤记录是真实的，那么公司认为孙某不存在加班的，就必须证明孙某延长的工作时间不属于加班，因此公司提交了双方对加班需要申请并批准的约定，同时也证明了以往公司和孙某之间一直在履行这样的约定。

孙某在日常加班时，按照与公司约定的方式提交了申请，可以看出双方对加班的认定有事先的约定并且按照约定履行，所以孙某没有提交申请的延长工作时间不被认定为加班的可能性很大。

证据指引

1. 考勤记录

考勤记录是认定员工是否存在加班事实纠纷案件中最常见也是最重要的证据。一般情况下员工起诉称自己有加班的事实，首先会拿出考勤记录予以证明。如果员工拿不出考勤记录中的数据，且没有其他辅助证据证明自己有加班事实的，通常都无法得到法院的支持。

2. 劳动合同中对加班的约定以及加班审批流程文件等

为了避免公司与员工之间就加班事实产生纠纷无法说清的情况发生，公司应当优化健全劳动合同条款，对加班审批流程进行约定，明确员工加班需要经过主管审批同意才能认定为加班。笔者建议每个月公司都应当与员工就加班情况进行核对汇总，厘清事实。

公司建立了加班审批制度后，还要严格按照制度履行，相关加班审批流程文件的签订以及加班审批流程等都需要严格按照要求进行处理操作。

法律依据

《劳动争议调解仲裁法》

第六条 发生劳动争议，当事人对自己提出的主张，有责任提供证据。与争议事项有关的证据属于用人单位掌握管理的，用人单位应当提供；用人单位不提供的，应当承担不利后果。

《最高人民法院关于审理劳动争议案件适用法律若干问题的解释（三）》

第九条 劳动者主张加班费的，应当就加班事实的存在承担举证责任。但劳动者有证据证明用人单位掌握加班事实存在的证据，用人单位不提供的，由用人单位承担不利后果。

《广东省高级人民法院、广东省劳动争议仲裁委员会关于适用〈劳动争议调解仲裁法〉、〈劳动合同法〉若干问题的指导意见》

第二十九条 劳动者主张加班工资，用人单位否认有加班的，用人单位应对劳动者未加班的事实负举证责任。用人单位以已经劳动者确认的电子考勤记录证明劳动者未加班的，对用人单位的电子考勤记录应予采信。

劳动者追索两年前的加班工资，原则上由劳动者负举证责任，如超过两年部分的加班工资数额确实无法查证的，对超过两年部分的加班工资一般不予保护。

二、加班费的计算基数

风险提示

加班费的计算基数确定，是核发加班费的重要依据。但在实践中，因为国家层面的法律规定缺乏完善详细的规定且相关规定不具有可操作性，所以一些地方会出台具体规定，这使得在实务操作中许多企业HR在工作中难以掌握要点。

如何通过制度文件来合法合理地减少和控制加班费支付的成本压力，是企业HR需要思考和重视的问题。以北京市、上海市和广东省三地为例，北京市允许公司与员工在劳动合同中约定加班费计算基数，但是不得低于北京市最低工资标准或双方约定的工资标准；上海市允许公司与员工约定加班费的计算基数，但不能低于劳动合同中所约定的工资标准，如果双方没有约定加班费计算基数，计算基数统一按照员工所在岗位正常出勤的月工资的70%进行计算；广东省规定加班费计算基数是正常工作时间的工资，对于正常工作时间的工资有哪些项目，可以由公司与员工进行确定，但数额不得低于广东省当地最低工资标准。笔者在广州省执业，广州市中级人民法院在2009年对加班费的计算作了更加明确的特殊规定：双方当事人约定了加班费计算基数的，就按照约定处理；双方没有约定加班费计算基数但约定了标准工资的，标准工资就是加班费计算基数；双方既没有约定加班费计算基数又没有约定标准工资但实发工资列明工资构成的，就以实发工资中的标准（基本）工资作为加班费计算基数。

以案说法

余某自 2017 年 3 月入职某信息公司以来，因为工作缘故经常加班。2018 年 6 月余某提出辞职并向公司表示，自己从入职以来直到离职期间的加班费公司没有足额支付。公司认为，余某加班虽然是事实，但公司并不存在拖欠加班费的问题。

庭审中法院经过查明发现，某信息公司与余某的劳动合同约定：余某的工资分为基本工资、岗位工资、绩效奖金和津补贴四项，基本工资为当地最低工资标准。同时双方还约定加班费计算基数以基本工资为准。而公司在向余某支付加班费时，一直都是以当地最低工资标准作为基数进行处理，而余某则认为公司应当以应发工资数额作为加班费的计算基数。

当地地方法规允许公司与员工就加班费计算基数问题进行约定，但基数不得低于当地最低工资标准。

【律师评析】

某信息公司通过劳动合同与余某就工资的构成作了明确的约定，其中基本工资为当地最低工资标准，同时双方还约定了基本工资为加班费计算基数。因此当余某加班时，公司可以以当地最低工资标准作为加班费的计算基数向余某发放加班费。如果在这个案件中公司没有与余某就加班费计算基数作出特殊约定，就很可能需要以余某的应发工资作为加班费的计算基数，这样就会导致公司的加班费成本增加。本案中，公司就是通过劳动合同的约定以及工资构成的设置，合法有效地控制了加班费成本。

证据指引

1. 公司与员工之间针对加班费计算基数进行约定的文件或条款

公司可以与员工就加班费计算基数作出明确的约定，双方可以通过劳动合同或者签订具体薪酬待遇文件进行确定。但笔者在此提醒读者，各地针对加班费计算基数问题基本都有专门的规定，在约定加班费计算基数方面是否存在具体限制和条件，需要读者自己查询当地的法规以及法院指导意见。

2. 员工的工资构成凭证

若公司与员工约定加班费计算基数为员工的基本工资，则需要有证据证明员工的基本工资的数额是多少。公司需要就员工的工资构成进行详细划分，并要求员工签收工资条。如果公司向员工支付的工资并没有区分项目，那么即使约定了加班费计算基数是基本工资，也会因为没有具体的工资构成而导致公司需要以全额工资作为基数向员工计发加班费。

法律依据

《北京市工资支付规定》

第四十四条 根据本规定第十四条计算加班工资的日或者小时工资基数、根据第十九条支付劳动者休假期间工资，以及根据第二十三条第一款支付劳动者产假、计划生育手术假期间工资，应当按照下列原则确定：

（一）按照劳动合同约定的劳动者本人工资标准确定；

（二）劳动合同没有约定的，按照集体合同约定的加班工资基数以及休假期间工资标准确定；

（三）劳动合同、集体合同均未约定的，按照劳动者本人正常劳动应得的工资确定。

依照前款确定的加班工资基数以及各种假期工资不得低于本市规定的最低工资标准。

《北京市高级人民法院、北京市劳动争议仲裁委员会关于劳动争议案件法律适用问题研讨会会议纪要》

19. 对于加班工资的日或小时工资基数的确定，应参照《北京市工资支付规定》第四十四条的规定执行。

用人单位与劳动者在劳动合同中约定了工资标准，但同时又约定以本市最低工资标准或低于劳动合同约定的工资标准作为加班工资基数，劳动者主张以劳动合同约定的工资标准作为加班工资基数的，应予支持。

《上海市企业工资支付办法》

九、企业安排劳动者加班的，应当按规定支付加班工资。劳动者在依法享受婚假、丧假、探亲假、病假等假期期间，企业应当按规定支付假期工资。

加班工资和假期工资的计算基数为劳动者所在岗位相对应的正常出勤月工资，不包括年终奖，上下班交通补贴、工作餐补贴、住房补贴，中夜班津贴、夏季高温津贴、加班工资等特殊情况下支付的工资。

加班工资和假期工资的计算基数按以下原则确定：

（一）劳动合同对劳动者月工资有明确约定的，按劳动合同约定的劳动者所在岗位相对应的月工资确定；实际履行与劳动合同约定不一致的，按实际履行的劳动者所在岗位相对应的月工资确定。

（二）劳动合同对劳动者月工资未明确约定，集体合同（工资专项集体合同）对岗位相对应的月工资有约定的，按集体合同（工资专项集体合同）约定的与劳动者岗位相对应的月工资确定。

（三）劳动合同、集体合同（工资专项集体合同）对劳动者月工资均无约定的，按劳动者正常出勤月依照本办法第二条规定的工资（不包括加班工资）的70%确定。

加班工资和假期工资的计算基数不得低于本市规定的最低工资标准。法律、法规另有规定的，从其规定。

《广东省高级人民法院、广东省劳动争议仲裁委员会关于适用〈劳动争议调解仲裁法〉、〈劳动合同法〉若干问题的指导意见》

第二十八条 劳动者加班工资计算基数为正常工作时间工资。用人单位与劳动者约定奖金、津贴、补贴等项目不属于正常工作时间工资的，从其约定。但约定的正常工作时间工资低于当地最低工资标准的除外。

《广州市中级人民法院关于审理劳动争议案件的参考意见》

第六条 双方当事人约定加班工资基数的，按照约定处理；劳动合同没有约定加班工资计算基数但约定标准工资的，按劳动合同约定的标准工资作为加班工资计算基数；劳动合同没有约定标准工资但实发工资列明工资构成的，可按实发工资中标准（基本）工资作为加班工资的计算基数……

三、工资表中的项目明细与加班费之间的法律关系

风险提示

目前，各行各业都竞争激烈，员工加班是常有之事，从事业务方面工作的员工更是常常需要加班。一些公司在向员工支付加班费后，仍然会遭到员工起诉，控告公司支付的加班费不足额。公司往往会感到困惑，什么情况下的加班才需要支付加班费？当今社会企业之间竞争激烈，过多支付加班费无疑会让公司难以负担，但员工若因加班费支付不足额而不加班干活，公司又将失去竞争力。

法律对于加班工资应该如何支付作了明确的规定（《劳动法》第四十四条），但是对于什么情况下公司可以免于支付加班费，法律并没有很明确的规定，这要从各地的地方法规及司法审判实践中得出结论。一般情况下，如果公司与员工就工作的性质在劳动合同等相关文件中予以了明确，员工的工作性质属于多劳多得且有明确的工资构成项目显示他在工资额外获得了提成、奖励等酬劳，法院就会将这部分的酬劳认定为加班费。

笔者以广东省和广州市的情况为例。《广东省高级人民法院、广东省劳动人事争议调解仲裁院关于适用〈劳动争议调解仲裁法〉、〈劳动合同法〉若干问题的指导意见》第二十七条指出："用人单位与劳动者虽然未书面约定实际支付的工资是否包含加班工资，但用人单位有证据证明已付的工资包含正常工作时间工资和加班工资的，可以认定用人单位已支付的工资包含加班工资。"另外，广州市中级人民法院于 2009 年发布了《关于审理劳动争议案件的参考意见》，其中第三条规定："在审理加班工资争议案件中，对于用人单位实行不同于标准工时制的固定工时制度（如固定每月工作五天，每天 9 小时或每周工作六天，每天 8 小时等）且劳动报酬固定的双固

定（固定时间，固定报酬）用工模式，劳动者要求用人单位支付加班工资的，用人单位主张劳动者入职时已明确的工资已包含全部工作时间（标准工作时间和加班工作时间）内的标准工资和加班工资并提供证据予以证实，且该工资收入不低于以当地最低工资数额作为标准工时工资折算的工资总额，人民法院对该抗辩理由可予以采信，不再另行计算加班工资。”第四条规定：“对于在岗时间较长、劳动强度不大、工作时间灵活或间断性、具有提成性工资性质的特殊行业岗位，人民法院应当充分考虑上述岗位的工作性质和当地劳动力价格水平，且尊重该行业和岗位工资支付的行规惯例，对于劳动者主张在标准工作时间以外的加班工资，从严掌握。”第五条规定：“用人单位应发工资高于劳动合同约定的标准工资，如果应发工资列明工资构成的，但工资构成无加班工资项目且用人单位亦不能证实其他收入项目具有加班工资性质的，应当认定用人单位未支付加班工资；如果应发工资未明确工资构成的，用人单位主张劳动者实发工资中包含加班费并提供证据予以证实，且符合当地行业正常收入水平的，人民法院可以结合案情予以确认。”对于上述司法审判规则，可供其他地区的法律同行及企业参考，并可了解一下当地是否也有相关的法院审判规则和指导意见可供适用。

以案说法

案例 1

袁某是某食品公司的行政科长，袁某入职时，公司与她签订的劳动合同约定袁某月薪为 12000 元，除基本月薪外，公司还会每个月向她支付津贴。因为袁某担任的是公司的管理岗位，所以双方约定每个月公司支付的津贴中包含了加班费，袁某在劳动合同上签字确认。

袁某工作了三年，公司与袁某一直按照劳动合同的约定履行，袁某经常加班，但没有向公司主张要求支付加班费。

2015 年 12 月，公司解雇袁某。袁某离职后提出自己工作多年存在加班的事实，公司没有支付加班费。

【判词摘录】[①]

结合袁某的任职情况及工资水平，可认定双方当事人在劳动合同中有关袁某的工资和津贴中已包含加班费的约定，是袁某对其自身权益的处分，不违反劳动法律法规对加班费的强行性规定。

案例 2

曾某是东某食品公司制作面包及糕点的员工，是公司下辖经营的某门店店长，负责该门店的管理工作。因为管理门店和销售，所以曾某经常加班工作。2011 年 7 月 4 日，因为曾某的一次过错，公司对曾某进行了开除处理。曾某在遭到东某食品公司解雇后，除要求法院确认公司违法解除劳动合同外，还要求法院确认自己存在加班的事实并要求公司支付加班费。

经法院审理查明，曾某的工资条中，部分月份存在销售奖的项目，曾某也确认自己的工资与店铺的销售业绩挂钩。

【判词摘录】[②]

对于曾某主张延时工作时间的加班费。因曾某提供的工资条（仅有部分月份）已经反映存在销售奖（600 元、300 元、150 元不等），且曾某基本工资为广州市最低工资，月平均工资则为 2181 元，可见平均至各月销售奖与奖金占工资相当之比例，考虑销售岗位与工资支付的行业管理，法院认定销售奖与奖金已经体现曾某延长工作时间的加班工资，对曾某该请求法院不予支持。

案例 3

王某为报社下辖某发行站的站长，负责辖区内的递送报刊和零售工作。2009 年 7 月，报社以王某违反规章制度做出了侵害公司利益的行为为理由，

① 广州开发区劳动人事争议仲裁委员会穗开劳人仲案字（2016）327 号裁决书。
② 广州市越秀区人民法院（2011）穗越法民一初字第 3890 号民事判决书。

将王某开除。

王某在遭到报社解雇后，要求确认自己存在加班的事实并要求公司支付加班费。而报社确认王某每天都要上班，但在法庭上提供了王某2009年5月到2011年4月的工资表，认为工资中有提成和固定加班费，所以王某属于自愿的多劳多得而不应再支付加班费。

【判词摘录】①

1. 王某领取的工资包括提成工资，该工资是根据工作量计算支付的，王某在超出标准工时以外的时间进行劳动以获取更高的提成工资，表明王某自愿在标准工时以外的时间进行劳动以获取更高的提成工资，王某自愿在标准工时以外的时间加班，其领取的提成工资应视为包括加班工资部分。

2. 报社提供的王某2009年5月到2011年4月的工资表显示，王某每月均有提成，2010年5月至2011年2月王某均有固定加班工资，因王某是从事具有提成性质的特殊行业岗位，其每月收入符合当地劳动力价格水平，故对王某主张的加班工资，法院不予支持，报社无须向王某支付加班工资。

证据指引

员工的工资构成项目

司法实践中，工资构成项目将影响公司是否需要向员工支付加班费。根据法院在司法实践中判决的案件及一些地方法院的审判指导文件，当员工的工作属于双固定（固定加班时间、固定加班费）模式时，公司能证明自己已与员工约定了工资中包含加班费，且员工工资收入不低于以当地最低工资数额作为标准工时工资折算的工资总额的，员工再主张公司支付加班费，则得不到法院的支持。

---

① 广州市越秀区人民法院（2011）穗越法民一初字第3908、3909号民事判决书；广州市中级人民法院（2012）穗中法民一终字第1370、1371号民事判决书。

法律依据

《广东省高级人民法院、广东省劳动人事争议调解仲裁院关于适用〈劳动争议调解仲裁法〉、〈劳动合同法〉若干问题的指导意见》

第二十七条 用人单位与劳动者虽然未书面约定实际支付的工资是否包含加班工资，但用人单位有证据证明已付的工资包含正常工作时间工资和加班工资的，可以认定用人单位已支付的工资包含加班工资。

《广州市中级人民法院关于审理劳动争议案件的参考意见》

第三条 在审理加班工资争议案件中，对于用人单位实行不同于标准工时制的固定工时制度（如固定每月工作五天，每天9小时或每周工作六天，每天8小时等）且劳动报酬固定的双固定（固定时间，固定报酬）用工模式，劳动者要求用人单位支付加班工资的，用人单位主张劳动者入职时已明确的工资已包含全部工作时间（标准工作时间和加班工作时间）内的标准工资和加班工资并提供证据予以证实，且该工资收入不低于以当地最低工资数额作为标准工时工资折算的工资总额，人民法院对该抗辩理由可予以采信，不再另行计算加班工资。

第四条 对于在岗时间较长、劳动强度不大、工作时间灵活或间断性、具有提成性工资性质的特殊行业岗位，人民法院应当充分考虑上述岗位的工作性质和当地劳动力价格水平，且尊重该行业和岗位工资支付的行规惯例，对于劳动者主张在标准工作时间以外的加班工资，从严掌握。

第五条 用人单位应发工资高于劳动合同约定的标准工资，如果应发工资列明工资构成的，但工资构成无加班工资项目且用人单位亦不能证实其他收入项目具有加班工资性质的，应当认定用人单位未支付加班工资；如果应发工资未明确工资构成的，用人单位主张劳动者实发工资中包含加班费并提供证据予以证实，且符合当地行业正常收入水平的，人民法院可以结合案情予以确认。

《江苏省高级人民法院、省劳动争议仲裁委员会关于审理劳动争议案件的指导意见》

第二十三条 用人单位实际支付劳动者的工资未明确区分正常工作时

间工资和加班工资，但用人单位有证据证明已支付的工资包含正常工作时间工资和加班工资的，可以认定用人单位已支付的工资包含加班工资。但折算后的正常工作时间工资低于当地最低工资标准或者计件工资中的劳动定额明显不合理的除外。

第二十六条 劳动者与用人单位就加班工资发生争议的，对劳动者提供的证明其加班事实的证据和用人单位提供的否认劳动者加班的证据，人民法院、仲裁机构应审慎审查，综合分析，合理认定。

用人单位提供的电子考勤记录、手工考勤记录、工资发放表等证据未经劳动者签字确认，但用人单位有证据证明根据规章制度规定或劳动合同约定，考勤记录、工资发放表等已通过一定方式向劳动者公示而劳动者在合理期限内没有提出异议的，应予采信。

劳动者提供电子考勤记录主张加班工资，但用人单位有证据证明劳动者未加班的，对劳动者的主张不予支持。

用人单位有明确的加班审批制度，劳动者仅以电子考勤记录主张存在加班事实的，不予支持。

《北京市工资支付规定》

第十三条 用人单位应当按照工资支付周期编制工资支付记录表，并至少保存二年备查。工资支付记录表应当主要包括用人单位名称、劳动者姓名、支付时间以及支付项目和金额、加班工资金额、应发金额、扣除项目和金额、实发金额等事项。

劳动者有权查询本人的工资支付记录。

第十六条 用人单位经批准实行综合计算工时工作制的，在综合计算工时周期内，用人单位应当按照劳动者实际工作时间计算其工资；劳动者总实际工作时间超过总标准工作时间的部分，视为延长工作时间，应当按照本规定第十四条第（一）项的规定支付加班工资；安排劳动者在法定休假日工作的，应当按照本规定第十四条第（三）项的规定支付加班工资。

第二十条 妇女节、青年节等部分公民节日期间，用人单位安排劳动者休息、参加节日活动的，应当视同其正常劳动支付工资；劳动者照常工作的，可以不支付加班工资。

四、加班与值班应区分

风险提示

一些公司（尤其是劳动密集型企业、工厂等）因为生产经营的需要，会安排特殊岗位上的员工在工作以外的时间值班，当值班人员与公司发生纠纷时，会以自己是加班为由向公司主张加班费。

值班与加班不同，值班是指“劳动者根据用人单位的要求，在日常工作日之外担负一定的非生产性的责任，主要是因单位安全、消防、假日等需要，担任单位临时安排或制度安排的与劳动者本职工作无关的值班”[①]。目前法律上并没有关于值班的规定，也没有与值班有关的司法解释，所以在审理此类纠纷时，法院对认定员工是值班还是加班这一问题的处理较为混乱，公司也常常因为没有证据证明员工是值班而非加班导致败诉。

在确认员工是值班而非加班的问题上，公司一方需要通过证据证明员工的额外工作是与生产任务无关的非生产性值班，不属于公司安排员工延长劳动时间从事生产或工作且员工可以在值班期间自行安排休息等，这样才能比较容易得到法院的支持。

以案说法

庞某是某游轮公司的船员，具体担任轮机员。因为游轮公司需要安排船员在船上值班管理船上非经营时段的安全，庞某等船员均被要求在游轮非经营时段轮流在船上值班。2017 年 7 月，庞某认为自己在船上的值班行为属于加班，要求公司支付加班费四十余万元。游轮公司称安排船员值班期间，船员可以在船上休息，负责船舶的安全。庞某对可以在船上休息的说法也予以认可。

① 杨心忠等：《劳动合同纠纷裁判精要与规则适用》，北京大学出版社 2014 年版，第 207 页。

【判词摘录】[①]

1. 双方在庭审时均认可，护船是负责船舶夜间防火防盗的安全，安排船员在船上休息值守。

2. 护船值班系公司安排庞某从事与其轮机岗位本职工作以及公司生产任务无关的非生产性值班，不属于用工单位安排劳动者延长劳动时间从事生产或工作，原告亦可自行安排休息，故护船值班不等于加班，庞某以实际履行护船值班为由，请求公司支付欠付加班费没有事实与法律依据，法院不予支持。

证据指引

1. 公司值班制度等相关文件及员工值班行为确认书

公司制定并发布相关的值班工作文件，明确公司的值班规则，并且要求参与值班的员工进行确认，这样便可以通过制度安排固定值班的证据，日后可以避免发生员工行为到底是值班还是加班的纠纷。当然，如果公司为员工安排的是从事生产且不能休息的工作，无论如何作出约定都不能被认定为值班。

2. 值班补贴的发放及员工签收确认

虽然法律上并没有强制要求公司给值班员工发放值班补贴，但公司根据自身情况适当地向员工发放值班补贴，员工收到补贴后予以签收确认，则可以证明双方已确认了值班的事实。

法律依据

《内河交通安全管理条例》

第二十四条第三款 船舶停泊，应当留有足以保证船舶安全的船员值班。

① 广州海事法院（2017）粤72民初670号民事判决书。

《北京市高级人民法院、北京市劳动争议仲裁委员会关于劳动争议案件法律适用问题研讨会会议纪要（二）》

44. 出租车司机主张休息日和法定节假日加班费如何处理？

出租车行业实行不定时工作制，休息、休假由出租车司机自行安排，故对出租车司机主张休息日和法定节假日加班费的不予支持。

《浙江省高级人民法院民一庭关于审理劳动争议纠纷案件若干疑难问题的解答》

八、对保安、门卫、仓库保管员等特殊岗位劳动者主张加班工资的，加班事实应如何把握？

对于全天 24 小时吃住在单位的保安、传达室门卫、仓库保管员等人员，其工作性质具有特殊性。如确因工作所需和单位要求，不能睡眠休息的，应认定为工作时间；如工作场所中同时提供了住宿或休息设施的，应合理扣除可以睡眠休息的时间，即劳动者正常上班以外的时间不应计算为工作时间，对超出标准工作时间上班的，用人单位应支付加班工资。审判实践中，可以综合考虑以下因素：用人单位是否就该岗位向劳动行政部门申请办理过综合计算工时工作制、不定时工作制的审批手续（应注意审批的有效期和审批人数）；用人单位是否在工作场所内为劳动者配备必要的休息设施；用人单位的工作制度或规章制度中对劳动者具体工作内容、工作强度的要求（以判断劳动者按照该制度工作是否将导致事实上无法休息）；用人单位安排值班的人数（即考虑同一时段劳动者是否有轮换休息的可能性）。

第三节　员工的休息休假

一、企业如何正确安排员工的年休假

风险提示

劳动者工作满一定年限后，每年都享有带薪年休假，根据《职工带薪年休假条例》第五条第三款的规定，员工应休而未休年休假的，有权要求公司支付三倍工资。

目前年休假采取以员工申请为主，公司统一安排为辅的原则。但是员工不申请年休假并不意味着公司就可以不安排。在现代社会，市场竞争和劳动者工作强度越来越大，许多公司的员工在当年都没有向公司申请年休假，当员工与公司发生劳动争议时，员工经常会以自己没有休年休假为由要求公司支付三倍工资差额，所以有的公司考虑到自己的风险，会统一安排要求员工休假。但在实际操作中，公司安排员工休假却疏忽了休假的内容（即双方没有明确员工休的是年休假），或者公司没有证据可以证明不休假是出于员工的主观意愿，这些情况会在发生劳资纠纷时导致公司面临需要支付3倍工资差额的败诉风险。

《职工带薪年休假条例》第五条第一款规定："单位根据生产、工作的具体情况，并考虑职工本人意愿，统筹安排职工年休假。"《企业职工带薪年休假实施办法》第九条规定："用人单位根据生产、工作的具体情况，并考虑职工本人意愿，统筹安排年休假。用人单位确因工作需要不能安排职工年休假或者跨1个年度安排年休假的，应征得职工本人同意。"

可见，在休假安排上，用人单位负有主动安排职工年休假的义务，员工并无申请的义务。即使用人单位的规章制度规定休假需员工主动申请，在员工未提出申请的情况下，亦不能免除用人单位主动安排员工年休假的义务。从司法实践来看，司法机关也普遍不支持这种逾期不申请即"视为放弃"的规定。

以案说法

案例1

孔某和伍某都是某餐饮公司的员工。

孔某是公司的成本核算员，根据孔某的工作年限，孔某2016年应享有5天的年休假。因为餐饮公司工作繁忙，公司根据自己的实际情况，平时不给员工安排年休假，而是在春节期间让员工多放 5 天假，将这多放的 5 天假算为年休假。2016 年孔某多次申请年休假，均未得到公司的批准。2017 年 3 月孔某辞职，要求公司支付 2016 年的未休年休假 3 倍工资差额。

而伍某自 2014 年入职某餐饮公司以来，一直到 2017 年均未休过年休假。公司多次提出要求伍某清理她的年休假，均未得到伍某的回应。2017 年 3 月公司考虑开除伍某，但公司方面担心伍某也会要求公司支付未休年休假 3 倍工资差额。

【律师评析】

公司让员工放假，但放的是什么假，这需要公司有证据说明。虽然公司给孔某放了假，但是孔某并没有同意和认可这是年休假。所以如果公司无法证明孔某休的是年休假，则很大可能要承担败诉的风险。

而伍某经过公司多次要求均不休假的行为在现实中也很常见。当公司发现员工存在故意不休年休假的行为时，应强制要求员工休假，同时要注意收集相应证据来证明是员工自己不休年休假，还要留存证据证明自己已进行了休假告知。

案例 2

某快递公司的《员工考勤管理规定》写明，员工的年休假必须最迟在次年 3 月 31 日前休完，否则自动作废。

公司员工张某被解雇，双方产生劳动纠纷，张某起诉要求公司支付赔偿金，同时提出自己上一年度没有休年休假，要求公司支付 3 倍工资差额。公司认为规章制度规定到 3 月 31 日未休年休假的视为自动作废，张某在规定时间内没有休完年休假，假期已自动作废，无须支付张某年休假工作报酬。

【判词摘录】[1]

《企业职工带薪年休假实施办法》第十条第二款规定："用人单位安排职

① 广东省高级人民法院（2015）粤高法民申字第 2128、2129 号民事裁定书。

工休年休假，但是职工因本人原因且书面提出不休年休假的，用人单位可以只支付其正常工作期间的工资收入。”

公司的《员工考勤管理规定》列明“未于规定时间内休完则自动作废”与上述法律规定明显冲突，其以内部规定为由认为无须支付年休假工资缺乏法律依据，本院不予采纳。

证据指引

1. 劳动合同或经员工确认的规章制度中有关年休假的规定

公司可以根据自己的生产经营实际情况统一安排年休假，但需要将年休假的安排方式通过制度予以明确，避免事后发生纠纷。公司可以在劳动合同或者在规章制度中对年休假的安排进行约定。例如，有的公司会在劳动合同和规章制度中明确，公司同意在每年春节假期前后安排员工年休假，年休假与春节假期连续放假。

2. 员工年休假确认书

员工休年休假时，需要填写年休假确认书并签名确认。员工签名时还需确认休假的性质是年休假。

3. 公司要求员工休年休假的证据

员工如果不提出休年休假，公司也应当主动安排员工休年休假，如果公司没有主动安排则需要支付 3 倍工资，除非员工主动提出不休年休假的才可以免除责任。公司可以向员工发送年休假通知书，为了避免该份通知书没有员工签名而产生无效的风险，公司可以向员工的电子邮箱发送通知或当面要求员工休年休假并录音。

一些公司会在自己的劳动合同、规章制度等相关文件中约定员工如果不提出休年休假则视为放弃年休假，即所谓的“自动放弃”条款，在目前的司法实践中，法院并不认可该条款的有效性，在此笔者提醒读者注意。

法律依据

《职工带薪年休假条例》

第五条 单位根据生产、工作的具体情况，并考虑职工本人意愿，统筹安排职工年休假。

年休假在 1 个年度内可以集中安排，也可以分段安排，一般不跨年度安排。单位因生产、工作特点确有必要跨年度安排职工年休假的，可以跨 1 个年度安排。

单位确因工作需要不能安排职工休年休假的，经职工本人同意，可以不安排职工休年休假。对职工应休未休的年休假天数，单位应当按照该职工日工资收入的 300% 支付年休假工资报酬。

《企业职工带薪年休假实施办法》

第九条 用人单位根据生产、工作的具体情况，并考虑职工本人意愿，统筹安排年休假。用人单位确因工作需要不能安排职工年休假或者跨 1 个年度安排年休假的，应征得职工本人同意。

二、女职工产假到期前的企业告知行为

风险提示

女职工产假到期后应回到公司上班，但实践中女职工在产假到期后出于身体等原因继续向公司请假休息或直接不来上班的情况时有发生，有些公司会以员工旷工为理由将其辞退。公司这样做会有很大的风险：第一，如果公司没有明确的请假规定，女职工则可以通过较为随意的方式请假，公司难以举证证明该女职工是否合法合规地请假（关于请假制度问题，读者可详见本书第三章第三节之三）。第二，女职工在产假到期前，公司应当向其发送通知书告知产假到期的时间以及要求返岗上班的时间，如果公司没有作出提前告知的行为，则女职工在产假后继续请假不来上班的，法院很可能会认定过错在公司而不在女职工。第三，在女职工产假到期未按规定请假又未返岗上班的情况下，公司应当向其发送返岗通知书告知返岗，公司没有发送返岗通知书便开除员工的行为存在违法解除劳动合同的风险。

以案说法

李某于2014年7月1日入职某科技公司，月工资为3450元。

李某入职没多久就怀孕了，并于2015年4月23日提出休产假。经行政管理部门核定，李某的产假为113天，从2015年4月27日至2015年8月17日。

李某休完产假后没有回公司上班。公司早已对李某入职没多久就怀孕的事情有意见，此次李某产假后不来上班更让公司难以接受，于是公司在2015年9月11日向李某发出了开除通知书，称其于2015年8月18日至31日（剔除周末）共旷工10天。

李某称自己在休完产假后因为身体不好，已提前向自己的部门主管口头请假，但公司称李某没有请假。双方对于是否有请假的问题均没有证据予以证明，公司在李某产假届满前没有发出产假结束告知书，也没有针对李某产假后未返岗上班的问题向她发送返岗通知书。

【判词摘录】①

1. 李某的法定产假为113天，期限为2015年4月27日至2015年8月17日，但李某向公司申请休假至2015年8月31日……即使经核假后李某的产假只到8月17日，公司作为用人单位有义务告知李某其产假到期的时间及到期后的假期如何处理等事宜。

2. 公司未告知李某上述情况，亦未要求其提前回来上班，故致使李某8月18日至8月31日未到岗上班的原因及过错并不在李某处。

3. 法院认为，公司的证据无法证明李某有旷工的违纪行为。

① 广州市黄埔区人民法院（2016）粤0112民初444号民事判决书。

证据指引

1. 产假到期通知书

在女职工的产假即将到期前，公司应及时向女职工发送假期结束通知并告知其返岗上班的日期，并告知如不能按时上班，应到公司提前办理相关手续。

2. 返岗通知书

针对女职工在产假结束后没有返岗上班的情况，公司不能直接予以解雇，应当先向女职工发送返岗通知书，给予适当的期限要求女职工返岗。如果女职工在收到通知书后没有按照要求返岗也没有办理相关请假手续，公司才可以按照规定对女职工进行处罚。

法律依据

《女职工劳动保护特别规定》

第五条 用人单位不得因女职工怀孕、生育、哺乳降低其工资、予以辞退、与其解除劳动或者聘用合同。

第六条 女职工在孕期不能适应原劳动的，用人单位应当根据医疗机构的证明，予以减轻劳动量或者安排其他能够适应的劳动。

对怀孕7个月以上的女职工，用人单位不得延长劳动时间或者安排夜班劳动，并应当在劳动时间内安排一定的休息时间。

怀孕女职工在劳动时间内进行产前检查，所需时间计入劳动时间。

《广东省实施〈女职工劳动保护特别规定〉办法》

第十五条 女职工产假期满上班，用人单位应当给予1至2周的适应时间。

第十六条 女职工产假期满，确有实际困难的，经本人申请，用人单位批准，可以请哺乳假至婴儿1周岁。哺乳假期间的工资待遇由双方协商决定。

《深圳市中级人民法院关于审理劳动争议案件的裁判指引》

一百〇一、用人单位违法解除与“三期”内女职工的劳动合同，女职工要求继续履行劳动合同的，应撤销用人单位解除劳动合同的决定，双方继续履行劳动合同；造成该女职工工资收入损失的，用人单位还应支付违法解除劳动合同期间的工资。在案件处理过程中劳动合同期限届满的，应在撤销用人单位解除劳动合同决定的同时，认定双方劳动合同终止，判令用人单位支付女职工工资和福利待遇至劳动合同终止之日以及终止劳动合同的经济补偿。

《浙江省高级人民法院民事审判第一庭、浙江省劳动人事争议仲裁院关于审理劳动争议案件若干问题的解答（四）》

八、用人单位以《劳动合同法》第四十条规定解除了与女职工的劳动合同，女职工现以怀孕期间不能解除劳动合同为由，要求恢复劳动关系，是否支持？如其要求支付违法解除劳动合同的赔偿金，是否支持？

答：用人单位以《劳动合同法》第四十条规定解除了与女职工的劳动合同，女职工现以怀孕期间不能解除劳动合同为由，要求恢复劳动关系的，应当予以支持；不要求恢复劳动关系但要求支付违法解除劳动合同赔偿金的，应举证证明在解除劳动合同前其已告知用人单位怀孕的事实。

第四节 社保福利待遇

一、工伤的认定标准

风险提示

只要在工作时间、工作地点发生的与工作有关系的人身伤亡，一般都会被认定为工伤，员工故意犯罪、醉酒、吸毒、自残、自杀的情况除外。公司若没有为员工购买社保，则需要自行向受到工伤的员工支付与工伤保险等额的赔偿。员工在工作中因自己的过错受伤的（如开压机不按照规范操作而压断了手指、在工地不戴安全帽等），并不影响工伤的认定。

除上述在工作过程中因工作原因而造成的伤害可以被认定为工伤外，在上下班途中受到非本人主要责任的交通事故或者搭乘城市轨道交通、客运轮渡以及火车而遭受事故伤害的，也会被认定为工伤。该处工伤的认定强调员工是非主要责任的交通事故受伤，或在规定的交通工具上受伤的才属于工伤，如员工在上下班途中自己骑车不注意掉入水坑受伤，或下班乘飞机回家而受伤的，均不属于工伤。对于“上下班途中”该如何界定？法院在审理案件时会根据“合理时间”和“合理路线”来进行具体的分析认定。哪些情况是“合理时间”或“合理路线”呢？法院会根据个案情况具体分析。例如，员工为了避免下班高峰期而晚一个小时下班，搭乘回家的公交车而遭遇事故，虽然该员工晚了一个小时离开公司，却是为了避免下班的高峰期，因此可以认定为“合理时间”。又如，员工在下班途中顺路到家附近的菜场买菜而被车辆撞伤，因为买菜地点属于顺路且在家的附近，因此可以认定为“合理路线”。

以案说法

案例 1

朱某是港某公司招用在番禺区雍景山庄工地的杂工，2005 年 12 月 1 日，朱某在工地从事外墙空调机架翻新的油漆工作，下午 4 时左右，朱某在空调机架上休息时，违反操作规程和安全守则吸烟，引燃身边的易燃物料天拿水，导致全身衣物着火燃烧，朱某被送至番禺区中医医院治疗，被诊断为“全身多处烧伤”。

朱某于 2006 年 11 月 7 日向南沙社保局提出工伤认定申请，南沙社保局认定朱某受伤属于工伤。

2007 年 6 月 11 日，港某公司不服工伤认定，将南沙区社保局起诉至法院。港某公司认为，朱某是在休息的时候发生事故受伤，而非在工作时间内，事故的发生是朱某吸烟导致，不是由于工作原因。且朱某作为一个智力正常的人，应当具备在天拿水等易燃物品旁不得吸烟的常识。因此，朱某的情形不能认定为工伤。

南沙法院一审判决支持了社保局的工伤认定。港某公司不服判决提起上诉。广州市中级人民法院二审认为：朱某违反禁火的操作规程吸烟，导致起火被烧伤，其受伤与其从事使用油漆翻新空调机架的工作没有联系，因此朱某受伤不属于因工作原因受伤，依法应当予以撤销。

二审判决生效后，朱某向检察机关申请抗诉，得到支持，案件由广东省高院再审。

伤害事故发生前，港某公司并没有为朱某购买工伤保险。[1]

【判词摘录】[2]

1. 关于朱某受伤是否因工作原因所造成的问题。《工伤保险条例》的立法目的在于有效保障劳动者的合法权益，工伤认定应适用无过错原则，对《工伤保险条例》所称的工作时间、工作场所和工作原因亦应作广义的、统一的理解。

2. 朱某所从事的油漆工作具有间断性的特点，在工作过程中需要间隔休息是由该项工种的工作量集中、劳动强度大的性质所决定的，工间休息是整个工作时间的一部分。

3. 朱某工间休息时吸烟，与喝水饮食一样，是为了恢复由于工作原因而造成的身体疲劳。

4. 朱某所处的工作场所存放有油漆、天那水等易燃物品，工作环境存在不安全客观因素，但港某公司对该工作环境致害因素并未采取必要的安全管理和有效的防范措施，是导致生产安全事故隐患不能从根本上得到消除的客观原因。

5. 朱某在工间休息时所受的伤害属于在工作时间、工作场所内、因工作原因受到的事故伤害，应认定为工伤。抗诉机关抗诉理由成立，本院予

---

① 陈万如："工人自己过错是否认定工伤各级法院各有见解，高院一锤定音——工地吸烟酿火烧身4年诉讼确认工伤"，载《南方都市报》2013年6月5日，广州读本A18版，http：//epaper.oeeee.com/G/html/2013-06/05/content_1870893.htm。

② 广东省高级人民法院（2011）粤高法审监行再字第9号行政判决书。

以支持。原审判决以朱某吸烟并非劳动中必然产生的行为，认为朱某受伤不具备“因工作原因受到事故伤害的”这一认定工伤的必要要件不当，本院予以纠正。

案例 2

某铝材加工厂有工人四百多人，因晚上常要加班，且工厂考虑员工的安全等问题，所以厂区内盖有宿舍楼，免费分配给工人居住。员工赵某是铝材加工厂的普工，分得了房间后并不在宿舍居住，而自愿在离工厂十几公里外的城中村租房居住。

2011 年 12 月 17 日晚上 8 时，赵某下班。在骑自行车回家的路上，赵某于晚上 8 时 15 分与一辆货车发生碰撞，造成重伤，被送往医院经抢救无效死亡。交警对事故的认定为赵某无责任。

工厂在事故发生前没有为工人购买工伤保险。赵某家属认为赵某的死属于工伤，要求工厂向他们支付工伤保险待遇。工厂认为，赵某有宿舍不住偏要在外面租房，因此出了事应该自己负责，另外赵某从工厂回出租屋有很多条路可以走，而出事的路段并非工厂到出租屋的最短路线。工厂认为赵某当时并非想直接回家，因此不属于在下班的途中发生事故。

【律师评析】

工厂向员工提供了宿舍，但是住不住宿舍是员工自己的选择。赵某可以选择拿了宿舍钥匙后，在外面另租房屋居住。赵某下班不回宿舍而是在回出租屋的路上发生了事故，仍然属于在下班的路上发生非本人存在主要责任的事故，因此赵某属于工伤。

而对于工厂所提出的有多条路线可以供赵某选择回到出租屋，但赵某选择的路线并非最短路线，怀疑赵某当时并非想直接回家因此不属于在下班途中的说法，是无法得到法院的支持的。法院在判断是否为上下班途中的问题上，往往有一个“合理路线”的认定，会结合出事的路线和出事的时间来具体判断。本案中，赵某在下班后十五分钟即发生事故，且事故发生在回出租屋的某一条路径中，因此会被法院判定为合理路线。

证据指引

社保缴纳证明文件

公司为员工购买社保是法定义务，如果员工发生工伤而公司没有为其购买社保，则公司要承担本可以由社保支付的费用。公司为员工缴纳社保应保存相应的证明文件，以证明公司已为员工缴纳社保的事实以及缴纳的具体数额。

法律依据

《工伤保险条例》

第十四条 职工有下列情形之一的，应当认定为工伤：

（一）在工作时间和工作场所内，因工作原因受到事故伤害的；

（二）工作时间前后在工作场所内，从事与工作有关的预备性或者收尾性工作受到事故伤害的；

（三）在工作时间和工作场所内，因履行工作职责受到暴力等意外伤害的；

（四）患职业病的；

（五）因工外出期间，由于工作原因受到伤害或者发生事故下落不明的；

（六）在上下班途中，受到非本人主要责任的交通事故或者城市轨道交通、客运轮渡、火车事故伤害的；

（七）法律、行政法规规定应当认定为工伤的其他情形。

第十五条 职工有下列情形之一的，视同工伤：

（一）在工作时间和工作岗位，突发疾病死亡或者在48小时之内经抢救无效死亡的；

（二）在抢险救灾等维护国家利益、公共利益活动中受到伤害的；

（三）职工原在军队服役，因战、因公负伤致残，已取得革命伤残军人证，到用人单位后旧伤复发的。

职工有前款第（一）项、第（二）项情形的，按照本条例的有关规定享受工伤保险待遇；职工有前款第（三）项情形的，按照本条例的有关规定享受除一次性伤残补助金以外的工伤保险待遇。

第十六条 职工符合本条例第十四条、第十五条的规定，但是有下列情形之一的，不得认定为工伤或者视同工伤：

（一）故意犯罪的；

（二）醉酒或者吸毒的；

（三）自残或者自杀的。

二、员工自愿不买社保的法律效力

风险提示

公司为员工购买社保是法定义务，但现实中公司（尤其是工厂一类的劳动密集型企业）不为员工购买社保的情况较为普遍。公司不为员工购买社保的原因一是公司想节省用工成本，二是员工自己不愿意购买社保。

有的公司会跟笔者抱怨：公司并不是不愿意为员工购买社保，而是一些外来务工人员自己不愿意买社保，公司如果买社保就招不到人。针对这种“被迫”不买社保的情况，一些公司会要求员工签订自愿不买社保的确认书。而在司法实践中，这种自愿不买社保的确认书普遍会被法院认定为无效的文件，如果员工生病或发生了工伤，公司难以用这份确认书主张免责。

虽然自愿不买社保确认书如上所述普遍会被认定为无效，但笔者认为，既然是员工提出的不买社保且公司一方又不得不作出妥协，还是建议要求员工签署确认书并保存，以证明不买社保的过错并不完全在公司一方。值得一提的是，广州市中级人民法院在 2017 年 5 月发布了《广州法院劳动争议典型案例（2014—2016）》，该份文件中的典型案例 6 就涉及员工签署自愿不买社保确认书而事后发生了工伤，法院认为公司只需要承担一半的责任。广州市中级人民法院的法官指出：“用人单位和劳动者不履行参加基本医疗保险的法定义务都需承担相应的法律责任，双方约定无须缴纳社保并不产生免除承担不履行法定义务造成损失的法律责任的不利后果。”[①]

① 广州市中级人民法院：《广州法院劳动争议典型案例（2014—2016）》，第 10 页。

以案说法

王某与某清洁服务有限公司签订了劳动合同，同时王某签署了声明，确认本人在家乡已经购买了社保（包括医疗保险、失业、养老、工伤险），现强烈要求公司放弃为本人购买所有社保，一切后果本人自负。

劳动合同存续期间王某因病住院。因为公司没有为王某购买社保，所以王某的医疗费用需要自己支付。王某认为，如果当初购买了社保，自己就无须承担这笔费用，不买社保的责任在公司，因此要求公司赔偿自己的损失。

【判词摘录】①

1. 王某虽然声明放弃要求公司购买社保，但并不构成公司免除为王某购买社保并缴付作为用人单位应负担的社保费之法定义务的正当理由。因此，王某请求公司赔偿其因未购买社保无法享受社保待遇导致的医疗费损失的理由成立。

2. 但有鉴于社会保险费由职工个人支付和用人单位负担两部分组成，而王某并未依法履行职工应当参加职工基本医疗保险的法定义务，亦有过错，应自行承担相应的责任，因此，王某与公司应对此造成的损失各自承担 50% 的责任。

证据指引

员工自愿不缴纳社保确认书

由员工签署确认书，文件中明确是员工要求不缴纳社保。员工因病或工伤而与公司发生赔偿争议时，公司可以通过该份确认书证明员工对不买社保也存在一半的过错。

法律依据

《社会保险法》

第二十三条第一款 职工应当参加职工基本医疗保险，由用人单位和

① 广州市中级人民法院（2015）穗中法民一终字第 6861 号民事判决书。

职工按照国家规定共同缴纳基本医疗保险费。

《广东省高级人民法院、广东省劳动人事争议仲裁委员会关于审理劳动人事争议案件若干问题的座谈会纪要》

25. 用人单位与劳动者约定无须办理社会保险手续或将社会保险费直接支付给劳动者，劳动者事后反悔并明确要求用人单位为其办理社会保险手续及缴纳社会保险费的，如用人单位在合理期限内拒不办理，劳动者以此为由解除劳动合同并请求用人单位支付经济补偿，应予支持。

《浙江省高级人民法院民一庭关于审理劳动争议纠纷案件若干疑难问题的解答》

十一、劳动者不愿意缴纳社会保险费，并书面承诺放弃参加社会保险的法律后果是什么？

劳动者不愿意缴纳社会保险费，并书面承诺放弃参加社会保险的，该书面承诺无效。劳动者可以此为由解除劳动合同，但要求用人单位支付经济补偿金的，不予支持。

《北京市高级人民法院、北京市劳动人事争议仲裁委员会关于审理劳动争议案件法律适用问题的解答》

25. 劳动者要求用人单位不缴纳社会保险，后又以用人单位未缴纳社会保险为由提出解除劳动合同并主张经济补偿的，应否支持？

依法缴纳社会保险是《劳动法》规定的用人单位与劳动者的法定义务，即便是因劳动者要求用人单位不为其缴纳社会保险，劳动者按照《劳动合同法》第三十八条的规定主张经济补偿的，仍应予支持。

三、新型农村合作医疗报销费用可抵扣工伤赔偿

风险提示

实践中，许多员工（尤其是外来务工人员）因为在老家购买了新型农村合作医疗保险，于是不想再出资购买社保，而公司面对招工难、劳动用

工成本高等问题，也会妥协与员工协商不为员工购买社保。

但如笔者在前文所述，即使在员工签署自愿不买社保确认书的情况下，员工发生工伤公司也不能免责（如广州地区可减免一半的责任）。如果员工在老家自费购买了新型农村合作医疗保险，公司需要提前了解情况并且要求员工提供相关资料，因为当员工发生疾病或工伤事件时，新型农村合作医疗保险可以为员工报销一部分的医疗费用，而对这笔费用，公司在承担员工工伤赔偿时可以抵扣减免。

以案说法

王某在某清洁公司担任清洁员，公司没有为王某购买社保，但是她在自己的老家购买了新型农村合作医疗保险。

在劳动合同存续期间，王某因病住院，共产生医疗费 48716.66 元。医疗保险服务管理局进行医疗费用报销标准审核，核定属于医保统筹应支付部分的合计金额为 33063.04 元。

王某认为公司没有为她购买社保，应当向她支付本应由社保报销的费用 33063.04 元。在法庭调查中法院发现，王某因为购买了新型农村合作医疗保险而获得住院外诊补偿 16950.4 元。

【判词摘录】[①]

王某在新农合已报销的医疗费中已经获得部分补偿，该部分损失不应再重复赔偿，故予以扣除。

证据指引

新型农村合作医疗保险购买凭证

不买社保的员工若在老家购买了新型农村合作医疗保险，公司应当提前了解情况并收集相关购买凭证文件，以便在员工生病或发生工伤事件时

① 广州市中级人民法院:《广州法院劳动争议典型案例（2014—2016）》，第 12 页。

举证证明可抵扣费用的事实。

法律依据

《社会保险法》

第二十三条第一款 职工应当参加职工基本医疗保险，由用人单位和职工按照国家规定共同缴纳基本医疗保险费。

四、工伤保险不足额缴纳的一次性伤残补助金差额支付

风险提示

公司为了减少用工成本，会向社保部门少报员工的工资从而达到少交社保的目的。如果公司没有按照员工工资标准进行足额缴纳，日后员工发生工伤时、就会产生工伤保险赔付不足的问题。例如，某公司员工的月工资为一万元，原本应当以实际工资为标准进行缴纳社保，但公司为了节省社保支付成本，只按照当地最低工资标准进行缴纳，最终导致员工获得的工伤保险赔付数额比实际应获得的数额要少得多。在这种情况下，员工可以要求公司支付不足额缴纳所导致的差额损失。

以案说法

广东某工程公司的员工范某因一次工伤事故，被鉴定为七级伤残。根据公司为范某所购买的社保标准，工程公司所在地的社会保险基金管理中心向范某一次性发放了伤残补助金 72908.29 元。

范某认为如果以自己的月工资数额作为标准缴纳社保，获得的补助金将不止七万多元，于是提起诉讼要求工程公司支付自己的工伤保险待遇差额部分。

据查，范某发生工伤前 12 个月的月平均工资为 8676.82 元，而根据法

律法规的规定，员工七级伤残的伤残补助金为本人 13 个月的工资。

【判词摘录】[①]

社会保险基金管理中心核发范某一次性伤残补助金 72808.29 元。而范某发生工伤前 12 个月的平均月工资实际为 8676.82 元，与公司工伤保险缴费数额有差异，客观上公司存在未足额缴纳工伤保险费的情形。公司应补足范某一次性伤残补助金差额 39890.37 元（8676.82 元 ×13 个月 –72908.29 元）。

证据指引

1. 员工的月平均工资数额证明

员工发生工伤事故（尤其是涉及伤残结果时），需要根据员工的月平均工资标准计算可获得的工伤保险赔付数额。公司需要在员工发生工伤事故后，尽快统计员工受伤前十二个月的平均工资数额，并将工资台账及工资支付凭证等相关单据进行保留，便于日后出现纠纷时方便举证计算出员工的准确工资数额。

2. 社保缴费记录

社保缴费记录是证明公司为员工缴纳社保数额的重要证据，公司如果没有按照员工的实际工资申报导致未足额缴纳工伤保险的，员工受工伤后所获赔偿不足的，有权要求公司补足差额。

法律依据

《社会保险法》

第四十一条 职工所在用人单位未依法缴纳工伤保险费，发生工伤事故的，由用人单位支付工伤保险待遇。用人单位不支付的，从工伤保险基金中先行支付。

从工伤保险基金中先行支付的工伤保险待遇应当由用人单位偿还。用

① 广州市黄埔区人民法院（2017）粤 0112 民初 5222 号民事判决书。

人单位不偿还的，社会保险经办机构可以依照本法第六十三条的规定追偿。

《广东省工伤保险条例》

第五十八条 用人单位少报职工工资，未足额缴纳工伤保险费，造成工伤职工享受的工伤保险待遇降低的，工伤保险待遇差额部分由用人单位向工伤职工补足。

《江苏省实施〈工伤保险条例〉办法》

第二十一条 劳动能力鉴定费以及鉴定过程中符合工伤保险有关规定的医疗检查费，工伤职工参加工伤保险的，由工伤保险基金支付；工伤职工未参加工伤保险的，由用人单位支付。

第三十八条 用人单位依照《条例》和本办法规定应当参加工伤保险而未参加或者参加工伤保险后中断缴费期间，职工发生工伤的，该工伤职工的各项工伤保险待遇，均由用人单位按照《条例》和本办法规定的项目和标准支付。用人单位按照规定足额补缴工伤保险费、滞纳金后，职工新发生的工伤保险待遇由工伤保险基金和用人单位按照《条例》和本办法规定的项目和标准支付。

《浙江省高级人民法院民事审判第一庭、浙江省劳动人事争议仲裁院关于审理劳动争议案件若干问题的解答（二）》

十六、用人单位已依法为劳动者缴纳了工伤保险，劳动者工伤医疗费超出社保基金报销目录范围的费用，如何承担？

答：用人单位已依法为劳动者缴纳了工伤保险，劳动者工伤医疗费超出社保基金报销目录范围的费用原则上不应由用人单位承担，但超出目录范围的费用经用人单位同意或者认可的除外。

五、职业病危害补贴的发放

风险提示

根据《职业病防治法》第二条第二款的规定：职业病是指企业、事业单位和个体经济组织等用人单位的劳动者在职业活动中，因接触粉尘、放射性物质和其他有毒、有害因素而引起的疾病。一些工厂的员工常会接触到上述条款中对自己有毒有害的物质从而产生职业病，为了保护劳动者的身体健康，督促企业改善和提升用工环境保障劳动者的安全，法律专门规定用人单位在防止职业病方面应当有特定的保护措施和履行专门的义务。

在有职业病危害岗位工作的员工相比一般员工来说，患职业病的可能性更大。公司应当对那些会接触到职业病危害的员工，即使其未患职业病，也要在员工工作期间支付岗位津贴。有的企业疏忽了岗位津贴的待遇，会导致员工以公司不足额发放工资及福利待遇为由提出辞职并索要经济补偿金，同时，员工也可能在患职业病后要求公司支付过往所欠发的津贴。

以案说法

范某于2006年7月入职广东某工程公司，工作的岗位存在职业病危害。2017年，范某在工作期间被诊断患有职业病，于是提出公司没有按照法律规定在他工作期间向他支付岗位津贴。范某向法院起诉要求公司支付从2006年7月开始到2017年5月的岗位津贴65500元。

庭审中，法院查明该工程公司每个月向范某支付的工资中有50元为津贴，但是该津贴究竟是什么项目的津贴，无法确认。

【判词摘录】

1. 公司每月均有支付范某津贴，因现行法律法规对岗位津贴如何发放及发放标准未有明确规定，现公司每月工资发放的津贴可视为包括范某可能患职业病的岗位津贴，故劳动人事争议仲裁委员会对范某的请求不予支持。[①]

2.《职业病防治法》第五十六条第四款规定，用人单位对从事接触职业病危害作业的劳动者，应当给予适当岗位津贴。公司已然发给范某岗位津贴，该津贴并不排斥“接触职业病危害作业”岗位津贴的属性，且为双方劳动合同薪酬构成之约定，双方长期履行范某并无异议，现提出公司应向

① 广州开发区劳动人事争议仲裁委员会穗开劳人仲案字（2017）971号裁决书。

其支付 2006 年 7 月至 2017 年 5 月职业病危害岗位津贴 65500 元，缺乏理据，法院不予支持。[①]

证据指引

劳动合同和工资单中有关公司向员工已支付津贴的证据

劳动合同条款应明确津贴项目，同时工资单也需要与劳动合同进行对应，公司应保留员工工资条签收确认文件。

目前我国的《职业病防治法》只是要求公司要适当给予从事接触职业病危害的作业的员工岗位津贴，但是具体要给多少钱，并没有明确的规定，所以司法实践中法院在审查公司是否有向从事接触职业病危害的作用的员工支付津贴时，不会针对数额进行审查，若工资项目中有具体津贴的呈现，则公司不会被认定为违法。

法律依据

《职业病防治法》

第五十六条第四款 用人单位对从事接触职业病危害的作业的劳动者，应当给予适当岗位津贴。

六、员工因病或非因工死亡待遇

风险提示

当员工发生了工伤事故受伤或死亡，工伤保险会向员工及家属赔偿一定的费用，若公司没有为员工购买工伤保险，则公司需要支付该笔费用作为补偿。那么，关于员工因病或非因工受伤、死亡的补偿，法律是如何规

① 广州市黄埔区人民法院（2017）粤 0112 民初 5222 号民事判决书。

定的呢？

员工若不是因为工伤而受伤或死亡，工伤保险基金是不会作出赔付的，但是社保基金和公司需要向员工家属支付一些补偿费用。根据《社会保险法》第十七条的规定，当员工出现因病或因工死亡，其养老保险部分可以支付员工家属的丧葬补助金和抚恤金。

除上述丧葬补助金和抚恤金由社保基金支付外，各地还会制定一些规章制度，要求公司增加支付项目。以广东省为例，《广东省企业职工假期待遇死亡抚恤待遇暂行规定》第十条第一款规定："职工（含离退休人员）因病或非因工负伤死亡，发给丧葬补助费，供养直系亲属一次性救济金（或供养直系亲属生活补助费）、一次性抚恤金。"根据该条规定可以看出，除《社会保险法》中规定支付的丧葬费和抚恤金外，广东省还额外增加了一笔"供养直系亲属一次性救济金"，具体数额为6个月工资，月工资按当地上年度社会月平均工资计算。

另外，在北京市和上海市也都有关于支付供养直系亲属一次性救济金的规定，如北京市规定，公司需要根据死者亲属的人数支付一定数额的"救济费"。

公司可以结合自身的情况，计算一下风险与成本，平衡员工因病或非因工负伤死亡时所要支付的额外费用与额外购买商业保险的费用，看是否有为员工购买商业保险的必要。通过购买商业保险的方式（如意外保险或雇主责任险），在向死者家属支付了费用后，因为公司是受益人，所以可以从保险公司处报销费用，从而转嫁风险。

以案说法

黄某是广州某物流公司的员工，于2012年9月1日入职，负责物流送货的工作。2012年10月11日中午，黄某吃饭时喝醉酒，随后在上班的途中遭遇车祸死亡。

黄某遗属随后向人社局提出工伤认定，人社局认为黄某的死亡不属于工伤。黄某遗属要求公司支付相关补偿费用，因公司已为黄某缴纳了社保，于是认为社保已报销所有的费用，自己无须再支付其他补偿。

【律师评析】

在公司已经为黄某缴纳社保的情况下，黄某的遗属可以通过社保领取丧葬费和抚恤金。本案发生在广东省广州市，因此公司还需要根据前文所述的《广东省企业职工假期待遇死亡抚恤待遇暂行规定》第十条的规定，自行向黄某的遗属支付“供养直系亲属一次性救济金”，具体支付的费用是 28734 元（广州市 2011 年度社会平均月工资 4789 元 ×6 个月）。

证据指引

1. 各地针对员工因病或非因工死亡的相关规定和指引

对于因病或非因工死亡的赔偿问题，各地的规定都有所不同。法律规定应支付丧葬费和抚恤金，但有些地区往往还会额外让公司增加支付赔偿项目，因此公司需要充分了解自己所在地方省、市关于这类情况的规章制度。

2. 公司与员工之间针对保险购买目的的约定

在公司额外购买商业保险的情况下，公司应与保险公司协商，看能否将保险受益人写为公司（一般情况下雇主责任险的保险受益人是公司，但是公司在购买时需要详细了解保险产品的免赔事项）。若无法将保险受益人写为公司，就需要在与劳动者签订劳动合同时明确约定公司为劳动者购买了商业保险，该商业保险购买的目的是弥补劳动者因病或非因工死亡等情况下超出社会保险支付的范围而给公司造成的损失。

法律依据

《社会保险法》

第十七条 参加基本养老保险的个人，因病或者非因工死亡的，其遗属可以领取丧葬补助金和抚恤金；在未达到法定退休年龄时因病或者非因工致残完全丧失劳动能力的，可以领取病残津贴。所需资金从基本养老保险基金中支付。

《广东省企业职工假期待遇死亡抚恤金待遇暂行规定》

十、职工（含离退休人员）因病或非因工负伤死亡，发给丧葬补助费，供养直系亲属一次性救济金（或供养直系亲属生活补助费）、一次性抚恤金。

丧葬补助费的标准：3个月工资（月工资按当地上年度社会月平均工资计，下同）；

供应直系亲属一次性救济金标准：6个月工资；

一次性抚恤金标准：在职职工6个月工资；离退休人员3个月工资。

已参加社会养老保险的离退休人员死亡，由当地社会保险机构按养老保险有关规定发放待遇；在职职工因病或非因工负伤死亡，除有规定纳入社会保险支付的地方外，由企业按上述标准发给死亡抚恤待遇。

《广东省高级人民法院关于审理劳动争议案件疑难问题的解答》

10. 职工因病或者非因工死亡，其遗属能否主张一次性救济金（或供养直系亲属生活补助费）

职工因病或者非因工死亡，其遗属依据《广东省企业职工假期待遇死亡抚恤待遇暂行规定》主张丧葬补助费、供养直系亲属一次性救济金（或供养直系亲属生活补助费）、一次性抚恤金的，予以支持。

《广州市中级人民法院关于审理劳动人事争议案件若干问题的研讨会纪要》

32. 社会保险法实施后，在职职工因病或非因工负伤死亡的，用人单位应依照《广东省企业职工假期待遇死亡抚恤待遇暂行规定》支付三项待遇，其中丧葬补助金和抚恤金由社保基金中支付，供养直系亲属一次性救济金由用人单位支付。因《社会保险法》只是从社会保险角度对非因工死亡的待遇作出规定，并没有禁止各地政府针对非因工死亡待遇问题规定用人单位的支付责任，广东省的上述暂行规定目前仍有效。

《北京市劳动和社会保障局、北京市财政局关于调整企业职工因病或非因工死亡后供养直系亲属救济费标准的通知》

一、企业职工和退休人员因病或非因工死亡后，仍按照《中华人民共和国劳动保险条例》的有关规定，根据供养直系亲属的人数分别给相当于死者本人工资 6 个月、9 个月、12 个月的救济费。“死者本人工资”指按死亡时全市最低工资为标准。

《浙江省高级人民法院民事审判第一庭、浙江省劳动人事争议仲裁院关于审理劳动争议案件若干问题的解答（四）》

十一、用人单位未缴纳工伤保险，职工工亡的，其近亲属要求用人单位支付丧葬补助金、一次性工亡补助金产生的争议是否属于劳动争议？近亲属的范围如何确定？

答：用人单位未缴纳工伤保险，职工工亡的，其近亲属要求用人单位支付丧葬补助金、一次性工亡补助金产生的争议属于劳动争议。近亲属的范围为《中华人民共和国继承法》规定的继承人。

第五章

劳动关系的解除与终止

第一节　员工解除劳动合同

一、员工辞职理由是企业是否需要支付经济补偿金的重要证据

风险提示

根据《劳动合同法》第三十八条第一款和第四十六条的规定，员工如果以公司“未按照劳动合同约定提供劳动保护或者劳动条件”“未及时足额支付劳动报酬”“未依法为劳动者缴纳社会保险费”“规章制度违反法律、法规的规定损害劳动者权益”以及“劳动合同因胁迫或欺诈等导致无效”为由向公司提出辞职，上述理由如果查明属实，公司应当要向员工支付经济补偿金。

员工以《劳动合同法》第三十八条第一款中的理由提出辞职的，我们俗称“被迫辞职”。在实践中，员工辞职时的理由很重要，一些公司会在员工提出离职时提供离职申请表让员工填写，如果公司日常劳动人事管理中出现相应的漏洞，那么员工会以《劳动合同法》第三十八条第一款中的理由提出辞职并索要经济补偿金。

当然，员工如果要以《劳动合同法》第三十八条第一款中的理由提出辞职，必须在辞职时提出。如果员工以“个人原因”“自己决定辞职”等非上述法定理由提出辞职而事后又以《劳动合同法》第三十八条第一款的理由向公司索要经济补偿金，则法院不予支持。

以案说法

案例 1

赵某自 2008 年 11 月入职天津华某制衣有限公司。

2017 年 10 月 16 日，政府部门下发关于对公司重大火灾隐患挂牌督办的通知，称该公司车间内未按规定设置自动喷水灭火系统、火灾自动报警系统、机械排烟系统，仓库内未按规定设置室内消火栓系统，存在火灾隐患，责令该公司于 2018 年 3 月 31 日前整改完毕。

2018 年 1 月 11 日，赵某以公司厂房不合格为由向公司提出辞职，随后通过诉讼程序，赵某获得经济补偿金五万余元。

【判词摘录】①

公司因车间存在火灾隐患，被有关部门责令限期整改，但公司未完成车间整改。故赵某以公司未能提供劳动条件为由，要求解除双方之间的劳动关系并支付经济补偿金符合法律规定，应予支持。公司不同意支付经济补偿金没有事实及法律依据，本院不予支持。

案例 2

马某自 2002 年 3 月 30 日起便入职某房产开发公司工作。

2017 年 1 月，公司向马某发出了工作安排通知书，公司提出马某不适合在原岗位任职，决定将马某从广州的工作地点调到位于河北省的一家关联公司工作。

马某不同意公司的调岗决定，继续留在公司上班，公司于是从 2017 年 2 月起就没有再向马某发放工资并停缴了马某的社保。2017 年 3 月底，马某以快递的形式向公司发出《解除劳动合同通知书》，她以公司拖欠工资和停缴社保为由提出辞职。

马某向公司提出辞职后，以公司违反《劳动合同法》第三十八条第一款为由提起劳动仲裁，要求公司支付经济补偿金。

【判词摘录】②

马某提交的《缴费历史明细表》显示，公司为马某参保至 2017 年 1 月止；

① 天津市第一中级人民法院（2018）津 01 民终 6045 号民事判决书。

② 广州市增城区劳动人事争议仲裁委员会穗增劳人仲案（2017）416、485 号仲裁裁决书。

庭审中，公司也确认其并未支付马某 2017 年 2 月的工资，故马某以公司未支付其工资及未依法为其缴纳社会保险为由解除双方的劳动关系，符合《劳动合同法》第三十八条的规定。公司应根据《劳动合同法》第四十六条和第四十七条规定，支付马某解除劳动关系的经济补偿金。

案例 3

李某在某汽车设备公司工作多年，后因李某认为公司平时加班时间过多过长、劳动强度大，于是向公司提出辞职。李某在辞职报告中说明自己的辞职理由是“因为种种原因”，公司接到李某的辞职报告后也接受了李某的辞职。

李某辞职后，以公司平时加班过多但没有给足加班费、工作强度大等为由提起了劳动仲裁程序，他认为公司违反了《劳动合同法》第三十八条第一款的规定，要求公司支付经济补偿金。

【判词摘录】[①]

李某在辞职报告中以“因为种种原因”提出辞职，庭审时又主张辞职的根本原因是加班时间过多过长、劳动强度大，上述原因均不符合《劳动合同法》第三十八条规定的劳动者提出解除劳动合同需要用人单位支付经济补偿金的情形，因此，李某要求公司支付经济补偿金，于法无据，本委不予支持。

证据指引

员工辞职报告或离职申请表

员工辞职报告或离职申请表中的辞职理由是关键证据，如果员工在辞职时以《劳动合同法》第三十八条第一款作为理由，若员工所述理由是事实，公司就要向员工支付经济补偿金。

另外，公司也可以考虑在制定员工离职申请表范本时，在申请表的末端加设员工声明，写明员工确认离职时与公司不存在劳动纠纷，并要求员

① 广州市黄埔区劳动人事争议仲裁委员会穗埔劳人仲案（2015）512 号仲裁裁决书。

工在声明栏中签名确认。

法律依据

《劳动合同法》

第二十六条第一款 下列劳动合同无效或者部分无效：

（一）以欺诈、胁迫的手段或者乘人之危，使对方在违背真实意思的情况下订立或者变更劳动合同的；

（二）用人单位免除自己的法定责任、排除劳动者权利的；

（三）违反法律、行政法规强制性规定的。

第三十八条 用人单位有下列情形之一的，劳动者可以解除劳动合同：

（一）未按照劳动合同约定提供劳动保护或者劳动条件的；

（二）未及时足额支付劳动报酬的；

（三）未依法为劳动者缴纳社会保险费的；

（四）用人单位的规章制度违反法律、法规的规定，损害劳动者权益的；

（五）因本法第二十六条第一款规定的情形致使劳动合同无效的；

（六）法律、行政法规规定劳动者可以解除劳动合同的其他情形。

用人单位以暴力、威胁或者非法限制人身自由的手段强迫劳动者劳动的，或者用人单位违章指挥、强令冒险作业危及劳动者人身安全的，劳动者可以立即解除劳动合同，不需事先告知用人单位。

第四十六条 有下列情形之一的，用人单位应当向劳动者支付经济补偿：

（一）劳动者依照本法第三十八条规定解除劳动合同的；

……

《广东省高级人民法院关于审理劳动争议案件疑难问题的解答》

8. 劳动者以用人单位存在《中华人民共和国劳动合同法》第三十八条第一款情形为由主张被迫解除劳动合同是否应在离职时明确提出

劳动者以用人单位存在《中华人民共和国劳动合同法》第三十八条第一款情形为由主张被迫解除劳动合同，应当在离职时明确提出，劳动者在离职时未以用人单位存在《中华人民共和国劳动合同法》第三十八条第一款情形为由主张被迫解除劳动合同，其之后以用人单位存在《中华人民共和国劳动合同法》第三十八条第一款情形主张被迫解除劳动合同经济补偿金的，一般不予支持。

《浙江省高级人民法院关于审理劳动争议案件若干问题的意见》

第四十四条　劳动者以其他事由提出解除劳动合同后，又以系因用人单位存在《劳动合同法》第三十八条第一款所列情形迫使其辞职为由要求用人单位支付经济补偿金的，一般不予支持。

《上海市高级人民法院关于适用〈劳动合同法〉若干问题的意见》

九、劳动者以用人单位未“及时、足额”支付劳动报酬及“未缴纳”社保金为由解除合同的，“及时、足额”支付及“未缴纳”情形的把握

用人单位依法向劳动者支付劳动报酬和缴纳社保金，是用人单位的基本义务。但是，劳动报酬和社保金的计算标准，在实际操作中往往比较复杂。而法律规定的目的就是要促使劳动合同当事人双方都诚信履行，无论用人单位还是劳动者，其行使权利、履行义务都不能违背诚实信用的原则。如果用人单位存在有悖诚信的情况，从而拖延支付或拒绝支付的，才属于立法所要规制的对象。因此，用人单位因主观恶意而未“及时、足额”支付劳动报酬或“未缴纳”社保金的，可以作为劳动者解除合同的理由。但对确因客观原因导致计算标准不清楚、有争议，导致用人单位未能“及时、足额”支付劳动报酬或未缴纳社保金的，不能作为劳动者解除合同的依据。

劳动者以存在《劳动合同法》第三十八条规定的其他情形为由主张解除劳动合同的，应当遵循合法、合理、公平的原则，参照前款精神处理。

《北京市高级人民法院、北京市劳动争议仲裁委员会关于劳动争议案件法律适用问题研讨会会议纪要（二）》

39. 劳动者以《劳动合同法》第三十八条规定之外的情形为由提出解除劳动合同的，在仲裁或诉讼阶段又主张是用人单位存在前述法定情形迫使其解除劳动合同，请求用人单位支付经济补偿金或赔偿金的如何处理？

对于劳动者提出解除劳动合同的，应以劳动者当时实际解除劳动合同

时提出理由作为认定案件事实的依据，劳动者以《劳动合同法》第三十八条规定之外的情形为由提出解除劳动合同，在仲裁或诉讼阶段又主张是用人单位存在前述法定情形迫使其解除劳动合同，请求用人单位支付经济补偿金或赔偿金的，仲裁委、法院不予支持，但劳动者证明在解除劳动合同时，存在欺诈、胁迫、重大误解等违背其真实意思表示的情形的除外。

二、公司拒收员工辞职通知并不影响员工的辞职行为

风险提示

现实情况中，员工辞职而公司拒收员工辞职通知（或员工单方解除劳动关系通知）的情况一般有两种：1. 公司存在《劳动合同法》第三十八条第一款的情形（详见本节第一部分）导致员工被迫与公司解除劳动关系；2. 员工希望辞职但公司认为员工的辞职违法或者影响公司经营的。

在目前的司法实践中，员工如果单方向公司提出辞职，公司是没有办法进行阻拦的，公司即使不批或者不接收文件，员工也可以根据自己的意愿从公司离职。在一些劳动争议案件中，公司因为违反了《劳动合同法》第三十八条第一款的规定，担心员工辞职后向其追讨经济补偿金而拒收员工的辞职通知书，在这种情况下，法院则会认定公司的拒收行为并不能阻碍员工的辞职行为，公司若违法导致员工被迫辞职，仍要支付经济补偿金。

以案说法

2017 年 1 月 22 日，任职某房地产公司的马某接到公司的通知，公司决定从 2017 年 2 月 4 日起调马某到位于河北省的与公司同属一个集团的某公司工作。马某认为房地产公司属于违法调岗，不同意公司的决定，并继续在原公司上班。

2017 年 2 月，房地产公司停发了马某的工资并停止为马某缴纳社保。

马某在 2017 年 3 月 22 日以 EMS 快递的形式向房地产公司邮寄了《关于公司违法调岗、停止缴纳社保及拖欠工资等事宜迫使马某提出解除劳动合同通知书》，公司拒收了该快递。

2017 年 4 月，马某提起诉讼要求公司支付经济补偿金，而公司提出自己并没有确认签收马某辞职通知书的主张。

【判词摘录】[①]

马某于 2017 年 3 月 22 日向公司邮寄《关于公司违法调岗、停止缴纳社保及拖欠工资等事宜迫使马某提出解除劳动合同通知书》，该邮件快递单记载了邮件的具体名称，且投递信息记录的退回原因为公司拒收，故此，可视为马某已向上诉人作出了解除劳动关系的意思表示，法院确认双方劳动关系解除时间为 2017 年 3 月 22 日。

证据指引

公司拒收员工辞职申请的证明

员工单方向公司提出辞职的，即使公司不签收确认，也无法阻止员工辞职。员工通常会通过快递的形式向公司寄出辞职通知文件，公司如果拒收，员工可以保留快递退回的快件并将退件理由打印出来，以此证明自己已向公司提出了辞职。

为了确保证据的有效性，一般快递被退回的，建议当事人不要拆封，待双方产生纠纷时，在劳动人事争议仲裁委员会或法院当庭拆开，以证明当事人邮寄快递的真实性。

法律依据

《劳动合同法》

第三十七条 劳动者提前三十日以书面形式通知用人单位，可以解除

① 广州市中级人民法院（2018）粤 01 民终 7028 号民事判决书。

劳动合同。劳动者在试用期内提前三日通知用人单位，可以解除劳动合同。

三、员工不按照法律规定提出辞职的法律责任

风险提示

公司在员工没有过错以及相关依据的情况下，不能随意解除与员工的劳动关系，否则要向员工支付经济赔偿金。那么如果员工向公司提出解除劳动关系，是否公司也可以同样要求员工赔偿？

根据《劳动合同法》第三十七条规定，员工如果要与公司解除劳动合同，要提前三十日以书面形式通知公司。如果员工还在试用期内，与公司解除劳动合同需要提前三日通知公司。根据《劳动合同法》第九十条的规定，员工如果违反《劳动合同法》的规定与公司解除劳动合同并给公司造成了损失，就要向公司承担赔偿责任。所以员工单方与公司解除劳动合同的，赔偿的前提是对公司造成了损失。而实践操作中，公司一方基本上很难证明自己损失的存在，以及员工的单方离职对公司造成损失的具体数额，毕竟员工的离职通常情况下都难以对公司造成巨大的影响，且离职对公司的影响也很难量化计算经济损失数额，所以员工单方面提出离职即使违反了《劳动合同法》的规定，但因为公司通常难以举证证明存在损失而最终无奈被迫接受员工的离职，无法追讨赔偿。

以案说法

某公司聘任汤某担任公司市场部负责人，双方签订的劳动合同约定汤某单方提出辞职的，应当按照《劳动合同法》的规定提前30天书面通知公司，否则汤某应当赔偿给公司造成的经济损失。

汤某工作两年后，某日突然向公司提出要离职，并且提出第二天就要离开。公司提出要求汤某再工作一个月并办理好交接，汤某予以拒绝并在第二天就没有再来上班。公司认为汤某离职太突然，没有办法在短时间内

找到新的人来接替汤某的职位，认为汤某的行为给公司造成了经济损失，于是拒绝了汤某的辞职申请并且要求汤某承担赔偿责任。

【律师评析】

公司与汤某之间的劳动合同约定，汤某单方提出辞职的，需要提前三十日书面向公司提出。案件中汤某违反了双方合同的约定，确实属于违约，虽然法律规定员工违约的，公司可以要求其赔偿因此造成的经济损失，但是公司如果没有办法证明汤某的辞职给公司造成的经济损失的具体数额，且两者之间存在因果关系，则法院难以判决汤某向公司支付赔偿。

证据指引

1. 员工辞职申请或辞职信

员工提出辞职的时间是证明员工违反《劳动合同法》的重要依据。员工如果在试用期内辞职，需要提前三日通知公司；正式员工辞职则要提前三十日通知公司。公司应举证证明员工向公司提出辞职申请的时间和方式违反了《劳动合同法》的规定，这样才能认定员工存在违约行为。

2. 劳动合同中有关员工违约辞职的赔偿责任条款

员工不按照《劳动合同法》的规定提出辞职的，属于违约，虽然法律规定不能以此要求员工支付违约金，但公司有权要求员工支付公司因此而造成的经济损失。公司可以与员工在劳动合同中约定员工违法辞职需要赔偿的范围和种类，以作为索赔依据，如员工违法辞职，公司有权要求员工支付临时招用新员工而产生的相关费用。

法律依据

《劳动合同法》

第三十七条　劳动者提前三十日以书面形式通知用人单位，可以解除劳动合同。劳动者在试用期内提前三日通知用人单位，可以解除劳动合同。

第九十条 劳动者违反本法规定解除劳动合同，或者违反劳动合同中约定的保密义务或者竞业限制，给用人单位造成损失的，应当承担赔偿责任。

《违反〈劳动法〉有关劳动合同规定的赔偿办法》

第四条 劳动者违反规定或劳动合同的约定解除劳动合同，对用人单位造成损失的，劳动者应赔偿用人单位下列损失：

（一）用人单位招收录用其所支付的费用；

（二）用人单位为其支付的培训费用，双方另有约定的按约定办理；

（三）对生产、经营和工作造成的直接经济损失；

（四）劳动合同约定的其他赔偿费用。

四、员工不按规定到岗的，公司不能简单地视为自动辞职

风险提示

笔者经常会听到公司负责人或HR说“自动辞职”这个词。通常情况下，如果一位员工没有按照公司规定请假也不来上班，公司就会向员工表示已视为他自动辞职，双方解除劳动关系。

但实际情况下，目前我国的法律法规并没有“自动辞职”“自动解除劳动关系”等相关的规定和表述，若员工出现未经请假即不到岗的情况，公司如果立即以“视为自动辞职”而与员工解除劳动关系，将有可能造成违法解除合同的法律后果。因此，公司要谨慎使用“视为自动离职”等表述，避免劳动纠纷中的败诉风险。

当员工出现不按规定到岗的情形，公司应当先查看自己制定的规章制度（前提是需合法有效）是如何规定相应情况的处理的。为了谨慎处理，公司可以先向不到岗员工发送限期返岗通知书，要求其在限定期限内到岗，若员工继续不予理会，则公司可以根据劳动合同及公司自身的制度规定对员工进行处理。

以案说法

王某在某食品加工厂担任包装工人，自 2018 年 3 月 1 日起，王某在未向公司请假的情况下就不来上班，经过公司人事部门员工电话确认，王某称自己家中有事需要处理。2018 年 3 月 5 日，王某回到工厂上班，被公司告知她已连续旷工四天，已视为自动辞职，公司称已解除了与王某的劳动关系。

王某不服公司的决定，提起劳动仲裁，认为公司非法解除与她的劳动关系应当支付经济赔偿金。

【律师评析】

王某在没有向公司提出请假的情况下便不到岗上班，确实存在过错。针对王某的行为，公司应当先向王某发出返岗通知书或者打电话（打电话通知的，要录音）明确要求王某限期返岗，王某不予理会不到岗上班的，公司则可以按照自己的规章制度对其作出旷工开除的处理。本案中，王某不到岗上班，数日后又返岗，公司简单地以多日旷工已视为自动辞职作为理由解除与王某的劳动关系，属于违法。

证据指引

限期返岗通知书

员工没有按照公司规定请假也不到岗上班的，公司若想以员工旷工为由将其辞退，需要先向员工发送限期返岗通知书。发送书面返岗通知有困难的，笔者建议可以打电话要求员工返岗并录音取证。员工收到限期返岗通知后仍然不予理会的，公司再以员工旷工违反公司规章制度为由将其解雇。

法律依据

《劳动合同法》

第三十九条 劳动者有下列情形之一的，用人单位可以解除劳动合同：

（一）在试用期间被证明不符合录用条件的；

（二）严重违反用人单位的规章制度的；

（三）严重失职，营私舞弊，给用人单位造成重大损害的；

（四）劳动者同时与其他用人单位建立劳动关系，对完成本单位的工作任务造成严重影响，或者经用人单位提出，拒不改正的；

（五）因本法第二十六条第一款第一项规定的情形致使劳动合同无效的；

（六）被依法追究刑事责任的。

第二十六条 下列劳动合同无效或者部分无效：

（一）以欺诈、胁迫的手段或者乘人之危，使对方在违背真实意思的情况下订立或者变更劳动合同的；

……

第二节 公司解除劳动合同

一、公司合法解雇员工的两大要素

风险提示

在员工无过错的情况下，公司是不能单方面解雇员工的，否则需要向员工支付经济赔偿金。笔者接受顾问单位的法律咨询时，常被公司的负责人问到能否辞退某员工，笔者最常回复的一个字是“缓”，理由是《最高人民法院关于审理劳动争议案件适用法律若干问题的解释》第十三条的规定：“因用人单位作出的开除、除名、辞退、解除劳动合同、减少劳动报酬、计算劳动者工作年限等决定而发生的劳动争议，用人单位负举证责任。”在司法实践中，公司合法解雇有过错的员工的，需要举证自己解雇员工“事实的依据”以及“制度的依据”，笔者称之为合法解雇员工的两大要素。所谓的“事实依据”是指能证明员工存在过错的事实，而“制度依据”则是指员工所存在的过错达到了公司可以对其进行解雇的条件。有的法官指出："劳动者在劳动争议案件中处于弱势地位，故在认定用人单位解除劳动合同合法与否的问题上，一定在用人单位提供充足证据，能够证明解除既有事实依据，又有法律依据、规章制度依据的情况下，才能认定为合法，要注重保护劳动者合法权益。"①

综上所述，公司若想合法有效地解雇有过错的员工且无须赔偿，需要在前期做好举证的准备工作。公司如果没有办法证明员工存在过错的事实或者没有解雇员工的制度依据就急于将员工解雇，员工一定会起诉公司要求支付经济赔偿金，届时吃亏的就是公司。

以案说法

案例 1

胡某自 2012 年 5 月起入职某经贸公司担任营销总监一职，公司与胡某在 5 月 27 日约定胡某的年销售任务是人民币 800 万元。

2013 年 2 月 5 日，公司发出了《关于开除原营销总监胡某的公告》，公告上载明："因原营销总监胡某不服从公司管理，阻滞公司考核，且身为营销中心第一责任人，对团队管理不善，导致公司严重亏损，且顶撞上司，对下属员工造成极其不良影响，经公司研究决定，对其作出开除处理。"

胡某不服，提起诉讼。公司认为，胡某没有完成年销售任务，辞退胡某是合法的。

【判词摘录】②

1. 开除公告系公司作出，公司依法应对上述公告提及的胡某存在的上述情形以及公司可以根据上述情形依法解除的劳动合同承担举证责任。

2. 但在本案中，公司提交的营销总监岗位职责由胡某于 2012 年 5 月 27

① 国家法官学院案例开发研究中心编：《中国法院 2015 年度案例 · 劳动纠纷（含社会保险纠纷）》，中国法制出版社 2015 年版，第 66 页。

② 广州市天河区人民法院（2013）穗天法民一初字第 1534 号民事判决书。

日签名确认，虽约定胡某的销售任务为年销售额人民币800万元。但至胡某离职时仍未达到半年，法院认为公司认定胡某未完成销售目标依据不足，且公司在开除胡某的公告中并没有提及系因为胡某未完成销售目标。

案例2

高某于2005年6月1日入职广州顶某食品公司工作，工作岗位为业务代表。双方的劳动合同约定，依照公司制定并经工会确认的《员工奖惩管理办法》，员工之奖惩事项经权责主管核准后进行奖励和扣罚。

2010年5月13日，公司向高某出具《解除劳动合同通知》，上面记载：因高某在本年度工作期间，有拒绝听从主管的指挥监督、经劝导仍不听从命令的行为，且在本年度有两次大过的处分，依据公司制度《奖惩管理办法》中5.4.4条第Q项的规定，公司依法与高某于2010年6月3日解除劳动合同，不支付经济补偿金。

高某认为公司属于非法解雇，提起诉讼要求公司支付经济赔偿金。为证明高某存在拒绝听从主管的指挥监督、经劝导仍不听从命令的行为，公司提供了业绩追踪表，表中并无高某拜访客户的记载，还提供了负责人黄某与高某的谈话记录和《人事令》，谈话记录中黄某告知高某应该积极拜访客户，人事令则是对高某调岗的证明，除此之外，公司还提供了部分客户提供的书面证明。

【判词摘录】[①]

1. 业绩追踪表上有其他员工的相关记录，而原告的部分业绩完成记录以及全部拜访客户记录为空白，原告主张其有按照被告的规定到客户处拜访，但未能提供任何证据予以证明。

2. 因拜访客户是高某应履行的职责，故未拜访客户的行为符合拒绝听从主管的指挥监督、怠于履行职务的情形。

3. 黄某告诫高某要去拜访客户，高某仍然不拜访客户，且高某在调整

① 广州市萝岗区人民法院（2011）萝法民三初字第4号民事判决书。

工作岗位后依然不履行拜访客户的职责，均足以认定高某经被告劝导仍不听从命令。

4. 公司依据《奖惩管理办法》第5.4.4条第Q项的规定与高某解除劳动合同关系，于法有据，应认定为合法解除，故高某要求公司支付违法解除劳动合同的赔偿金，缺乏事实和法律依据，法院不予支持。

案例3

袁某是某公司的行政科负责人，主管公司的行政事务。

袁某当年入职时，公司向她发出一份职务信息确认书，里面确认袁某负责管理公司工厂的工程项目、车辆调配、安全生产等工作。

一次偶然的机会，公司发现租用上下班的两辆班车存在虚报里程数的不诚信行为。公司在了解了对方租车公司的情况后发现，该租车公司其中一位股东是袁某的丈夫黄某，后经深入了解，发现承揽工厂的一项工程业务的公司的股东就是袁某和黄某。

公司认为袁某的行为因涉及利益冲突没有告知公司，同时袁某获取了不当利益，依据公司的《员工守则》第57条第7项将袁某开除。袁某提出公司租赁车辆以及工程外包承揽业务都并非由自己负责，并认为公司的解雇属违法应向其支付经济赔偿金。

【判词摘录】①

1. 劳动者与用人单位建立劳动关系，应当遵守用人单位的规章制度。袁某作为公司的管理人员，利用职务之便，将公司的相关业务交由其配偶作为股东以及其本人与配偶均为股东的公司承接经营的事实清楚，证据充分，法院予以确认。

2. 袁某的上述行为造成了其与公司之间的利益冲突，违反了劳动纪律以及公司《员工守则》第57条第7项的利益冲突规定。该条已明确规定，员工存在此种情形时，视为严重违反公司规章制度，可对该员工处以解除合

① 广州市中级人民法院（2016）粤01民终12702号民事判决书。

同的处分。公司据此解除其与袁某的劳动关系合法，法院予以确认。

案例4

陈某等十人在某化工公司工作。化工公司在2015年度因为严重亏损，财务状况恶化，在2016年8月与员工商讨年中奖金时，提出无法按照员工要求的标准进行支付。因为陈某等十人不满意公司确定的2016年年中奖金数额，于是在工作时间到工厂的饭堂静坐。

公司在陈某等人静坐时，通过录像取证的方式多次向陈某等十人告知要求复工，在经告知多次无效后，公司以员工违反劳动合同以及规章制度第六十四条“在公司内聚众闹事，或煽动罢工（含停工）、怠工的，或参与罢工（含停工）、怠工的；又或在外参加违法示威、集会等活动的行为，公司予以解雇处分”的规定，解除了与陈某等十人的劳动关系。

陈某等十人认为公司属于违法解除劳动关系，要求公司支付经济赔偿金。庭审中，陈某等十人在庭上解释自己在饭堂是与公司管理层协商奖金事宜，属于表达诉请，应当认定为提供劳动。而根据化工公司提交的监控视频、照片、通告等证据，陈某等十人在正常工作时间，因对奖金发放数额有异议于公司饭堂静坐，未进入工作区域提供劳动。

【判词摘录】①

1. 履行劳动义务，是劳动法律关系对劳动者的基本要求。

2. 在用人单位依法发出明确指令要求劳动者上班工作的情况下，劳动者没有合法正当的理由拒绝前往，拒不履行劳动关系中劳动者本应履行的按照用人单位指示提供劳动的基本义务，已使得用人单位与劳动者建立劳动关系的合同目的落空，应视为已严重违反劳动纪律，用人单位据此解除劳动关系依据充分。

3. 因不满意该调整结果而采取停工的方式要求协商，无疑会影响用人单位正常的生产经营秩序。在化工公司已反复劝说且明确后果的情况下，陈某等人仍继续停工拒绝返回工作岗位，化工公司据此解除劳动关系，理据

① 广州市中级人民法院（2017）粤01民终10359号民事判决书。

充分，法院予以确认。

证据指引

1. 能够证明员工存在过错的录音、录像、过错确认检讨书等

公司在解雇犯错员工时，需要事先掌握能够证明员工犯错的证据，对于员工犯错的事实需要由公司来举证，公司的录像、录音以及员工在犯错后向公司承认错误的文件或说明等，都可以证明员工有犯错的事实。公司平时应注意收集这些证据，避免劳资双方发生纠纷时员工否认自己有过错而公司无法举证的困境。

2.《职务定义表》或《员工职责确认书》

员工出现过错，公司要对员工进行问责时，需要证明员工确实违反了相应的工作职责而产生了过错。实践中，笔者经办的公司向员工问责的案件中，员工会以“×××工作不是我的职责范围”为由提出抗辩，也即会提出“错不在我”的反驳。这时候法庭就会向公司提问有关该员工的职务以及工作的内容。所以公司应当事先针对每一位员工（尤其是管理层员工）制定明确的岗位职责说明，并要求员工签名确认。职务确认文件是公司向管理层员工进行问责的重要依据。

3. 公司的规章制度

公司的规章制度应当明确区分员工的一般违纪和严重违纪的行为，并列明严重违纪具体由哪些行为以及确认当员工严重违纪的时候公司有权对员工进行解雇。（关于公司的规章制度如何做到合法有效的问题，参见本书第三章第一节的内容）

法律依据

《最高人民法院关于审理劳动争议案件适用法律若干问题的解释》

第十三条　因用人单位作出的开除、除名、辞退、解除劳动合同、减少劳动报酬、计算劳动者工作年限等决定而发生的劳动争议，用人单位负举证责任。

二、公司开除员工时应尽告知义务以及通知工会

风险提示

公司解雇存在违法违纪行为的员工，即使是存在事实依据和制度依据可以合法解雇的，在程序上也有相应的要求。如果公司在解雇员工时违反了相应的程序，那么即使解雇员工的理由是合法合理的，也会因为程序存在瑕疵而导致公司的解雇行为被法院认定为非法解除劳动关系。

在解雇员工的程序上，公司需要注意两个方面的问题。第一，公司在解雇员工时有义务向员工告知解雇的理由，要明确告知员工解雇的依据是什么。有的公司在解雇员工时，只是简单地通过口头或发一封解雇通知告知员工已被解雇，却没有明确员工是违反了什么事项而被解雇，最终公司的解雇行为被法院认定为违法。第二，已经建立了工会的公司，要向工会尽到通知的义务。公司应当将解雇的决定告知工会，公司有工会但是公司在解雇员工时没有尽到告知工会义务的，也会因为缺少了这一告知的行为而导致公司的解雇会被认定为违法。在这里笔者需要提醒的是，告知工会并不代表需要征得工会的同意，工会是否同意公司的解雇决定并不影响公司解雇行为的合法性，公司只需要有告知行为即可。当然在有些案件中，工会如果同意公司的解雇行为，便视为工会确认了员工被解雇的理由和依据，也可以让公司获得更有利的证据证明员工存在违法违纪行为。

以案说法

案例 1

曾某是东某食品公司制作面包及糕点的员工，是公司下辖经营的某门

店店长，负责该门店的管理工作。2011 年 6 月 23 日晚，公司临时检查各门店，在对曾某管理的门店进行盘点后发现存在短款的现象，现金盘点数与 POS 机收款额存在差异，少收金额 200 元。

2011 年 6 月 24 日，公司负责人与曾某就盘点短款问题进行谈话，询问了 6 月 23 日的销售状况并制作了笔录由曾某签名确认。2011 年 7 月 4 日，公司向曾某发出了《即时解雇信》，信上告知曾某违反了公司的收银操作和库存守则，给公司造成了损失，根据公司《纪律及诚信守则》和《员工手册》中的规定，对曾某予以开除。曾某不服，他认为公司属于违法解除劳动合同，应当作出赔偿。而公司则认为曾某违反公司的规章制度，开除曾某是合法的。

【判词摘录】[①]

公司已确认解除劳动关系的实际依据是《纪律及诚信守则》第十二条、《员工手册》奖惩条例的即时解雇情形第 16 项及奖惩条例的辞退情形，但在《即时解雇信》中公司仅告知曾某“严重违反公司的收银操作和库存守则”，并未告知曾某解雇的具体制度条款，故公司未尽告知义务。

案例 2

陈某等十人在某化工公司工作。化工公司在 2015 年度因为严重亏损，财务状况恶化，在 2016 年 8 月与员工商讨年中奖金时，提出无法按照员工要求的标准进行支付。因为陈某等十人不满意公司确定的 2016 年年中奖金数额，于是在工作时间到工厂的饭堂静坐。

公司在陈某等人静坐后，通过录像取证的方式多次向陈某等十人告知要求复工，在经告知多次无效后，公司以员工违反劳动合同以及规章制度第六十四条“在公司内聚众闹事，或煽动罢工（含停工）、怠工的，或参与罢工（含停工）、怠工的；又或在外参加违法示威、集会等活动的行为，公司予以解雇处分”的规定，解除了与陈某等十人的劳动关系，公司在解雇

① 广州市越秀区人民法院（2011）穗越法民一初字第 3890 号民事判决书。

陈某等十人的同时，向公司的工会书面告知了公司的解雇决定，工会在公司的告知书上盖章并确认收到了公司的告知。

陈某等十人认为公司属于违法解除劳动关系的其中一项理由是公司解雇的程序不符合法律规定。

【判词摘录】①

公司在作出解除决定当日已经函告工会，工会回函确认已经收到，故公司解除与陈某的劳动合同符合法定程序，属于合法解除。

案例3

晨某五金厂员工胡某等6人因为对工厂生产线调整不满，与工厂管理层产生了矛盾。2015年9月24日，胡某等6人因为与工厂的经理发生冲突，在车间外的广场上与工厂经理吵架，并且手持锉刀和铝合金支架与工厂保安打架斗殴。

工厂随后以胡某等6人聚众打架违反公司规章制度为由，对6人进行开除处理，同时将开除决定告知了工会。工厂工会在收到工厂的通知后作出了《关于〈解除劳动合同通知工会函〉的复函》，书面同意工厂开除胡某等6人的决定。

胡某等6人不服公司的决定，提起劳动仲裁认为工厂属于违法解除劳动关系应当支付经济赔偿金。

【判词摘录】②

企业工会是在本企业党组织和上下级工会的领导下，依照法律和工会章程独立自主地开展工作的组织，因此，公司工会作出的《关于〈解除劳动合同通知工会函〉的复函》具有较高的证明力，对于其所反映的公司以胡某等6人于2015年9月24日下午在车间言语挑衅、手持锉刀、铝合金支架等，蓄意闹事、攻击管理人员、聚众喧闹罢工为由，解除了双方的劳动关系，并得到了公司工会的同意的事实，本委予以采信。胡某等6人的前述

① 广州市中级人民法院（2017）粤01民终10359号民事判决书。

② 佛山市南海区劳动人事争议仲裁委员会佛南劳人仲案字（2015）4019号仲裁裁决书。

行为明显属于严重违反劳动纪律的行为，根据《劳动法》第二十五条第（二）项的规定，公司可以解除劳动合同。

证据指引

1. 解除劳动关系通知书中关于解除的依据和理由

公司解除与员工劳动关系发出的通知书中，应当明确公司解除劳动关系的依据和理由。例如，在通知书中应当表述："公司根据《劳动法》第二十五条第 ×× 项（或《劳动合同法》第三十九条第 ×× 项）、本公司员工守则（或规章制度）第 ×× 条的规定，决定于 ×××× 年 ×× 月 ×× 日正式解除与 ××× 签订的劳动合同。"

2. 通知工会函

公司应当将解除与员工劳动关系的决定书面告知工会，为了日后方便举证证明自己的解雇程序合法，建议公司要求工会盖章确认收到决定文件。笔者建议，公司的告知文件可以做成上下两联（上下联内容一样，均为告知解除劳动关系内容），上下两联中间画一条虚线，工会收件时在虚线处盖章，之后公司将上下联撕开，工会持有一份，公司保留一份。

法律依据

《劳动法》

第二十五条 劳动者有下列情形之一的，用人单位可以解除劳动合同：

（一）在试用期间被证明不符合录用条件的；

（二）严重违反劳动纪律或者用人单位规章制度的；

（三）严重失职，营私舞弊，对用人单位利益造成重大损害的；

（四）被依法追究刑事责任的。

《劳动合同法》

第二十六条 下列劳动合同无效或者部分无效：

（一）以欺诈、胁迫的手段或者乘人之危，使对方在违背真实意思的情况下订立或者变更劳动合同的；

……

第三十九条 劳动者有下列情形之一的，用人单位可以解除劳动合同：

（一）在试用期间被证明不符合录用条件的；

（二）严重违反用人单位的规章制度的；

（三）严重失职，营私舞弊，给用人单位造成重大损害的；

（四）劳动者同时与其他用人单位建立劳动关系，对完成本单位的工作任务造成严重影响，或者经用人单位提出，拒不改正的；

（五）因本法第二十六条第一款第一项规定的情形致使劳动合同无效的；

（六）被依法追究刑事责任的。

第四十三条 用人单位单方解除劳动合同，应当事先将理由通知工会。用人单位违反法律、行政法规规定或者劳动合同约定的，工会有权要求用人单位纠正。用人单位应当研究工会的意见，并将处理结果书面通知工会。

《最高人民法院关于审理劳动争议案件适用法律若干问题的解释（四）》

第十二条 建立了工会组织的用人单位解除劳动合同符合劳动合同法第三十九条、第四十条规定，但未按照劳动合同法第四十三条规定事先通知工会，劳动者以用人单位违法解除劳动合同为由请求用人单位支付赔偿金的，人民法院应予支持，但起诉前用人单位已经补正有关程序的除外。

《广州市劳动人事争议仲裁院与广州市中级人民法院关于审理劳动人事争议案件若干问题的研讨会纪要》

31. 最高人民法院《关于审理劳动争议渐渐适用法律若干问题的解释（四）》第十二条中所规定的“建立了工会组织的用人单位”是指建立了自己的工会组织的用人单位。

《江苏省劳动合同条例》

第三十一条 用人单位解除或者终止劳动合同，应当符合法定的条件和程序。

用人单位单方解除劳动合同，应当事先将理由通知工会；用人单位尚未建立工会的，通知用人单位所在地工会。

《北京市实施〈中华人民共和国工会法〉办法》

第二十三条 企业、事业单位以及其他组织单方面解除职工劳动合同时，应当事先将理由通知工会，工会认为其违反法律、法规和劳动合同，应当及时提出改正意见或者建议；工会要求重新处理时，单位应当研究工会的意见，并将处理结果书面通知工会。

企业符合法定情形确需裁减人员时，应当提前30日通过职工代表大会或者职工大会的形式，向职工说明情况，听取工会或者职工的意见。企业自裁员之日起6个月内录用人员的，应当依法优先录用被裁减的人员。

《上海市工会条例》

第二十三条 企业、事业单位处分职工，工会认为有法律依据不足、事实理由不充分、处分不当或者超过法定处理权限等情形的，有权提出意见。

企业单方面解除职工劳动合同时，应当事先将理由通知工会，工会认为企业违反法律、法规和有关合同，要求重新研究处理时，企业应当研究工会的意见，并将处理结果书面通知工会。

三、公司不得以违反计划生育为由解雇女职工

风险提示

有的公司会通过制定规章制度明确规定女员工如果违反了计划生育，公司有权对其进行开除处理。在以前实行独生子女计划生育的年代，法院会支持上述公司的做法。但随着全面放开二孩等政策的相继实施，司法实践也对此作出了相应的调整，各个地方相继修改当地的人口与计划生育条例及相关政策，取消“超生即解雇”的相关规定。因此在现今社会，企业如果还是继续实施“违反计划生育即可解雇”的规定，将不会再获得法院

的支持。如果公司以女员工违反计划生育为由对其进行辞退，将要支付经济赔偿金。

以案说法

吴某是某照明公司的员工，照明公司的规章制度规定："员工如果超生则属于违反当地计生条例，不实行计划生育的行为属于严重违反公司的规章制度，公司有权开除并不予赔偿。"

2018年9月，吴某第三次怀孕，公司以吴某违反规章制度为由将其开除。吴某认为公司属于违法解除劳动关系，要求公司支付经济赔偿金。

【律师评析】

针对目前全国各地均在修改（或已修改完毕）当地的人口与计生条例和相关政策，公司有必要及时了解当地的政策，并结合自己的规章制度修改有关内容。公司如果再以违反计划生育为由解雇女员工，即使自己的规章制度有明确的规定，也不会得到法院的支持。

证据指引

公司规章制度中关于超生即辞退的条款

公司应当调整自己原有的规章制度，对原规章制度中约定的"超生即辞退"条款要进行删除。如果公司在日后仍然以超生为由辞退女员工，将要承担赔偿责任。

法律依据

《人口与计划生育法》

第十八条 国家提倡一对夫妻生育两个子女。

符合法律、法规规定条件的，可以要求安排再生育子女。具体办法由省、自治区、直辖市人民代表大会或者其常务委员会规定。

少数民族也要实行计划生育，具体办法由省、自治区、直辖市人民代表大会或者其常务委员会规定。

夫妻双方户籍所在地的省、自治区、直辖市之间关于再生育子女的规定不一致的，按照有利于当事人的原则适用。

《劳动合同法》

第四十二条 劳动者有下列情形之一的，用人单位不得依照本法第四十条、第四十一条的规定解除劳动合同：

……

（四）女职工在孕期、产期、哺乳期的；

……

《广东省高级人民法院、广东省劳动人事争议仲裁委员会关于劳动人事争议仲裁与诉讼衔接若干意见》

十三、用人单位以劳动者违反计划生育政策为由解除劳动合同的，应承担违法解除劳动合同的法律责任。

《江苏省人口与计划生育条例》

第二十条 提倡一对夫妻生育两个子女。

符合下列情形之一的，可以要求安排再生育子女：

（一）一方婚前未生育，一方婚前已生育过一个子女，且双方婚后共同生育一个子女的；

（二）双方婚前合计生育两个及以上子女，且没有共同生育子女的；

（三）已生育的两个子女中，有经病残儿医学鉴定机构鉴定为病残儿，医学上认为可以再生育的。

依法收养的子女，执行本条例规定时，不计入生育的子女数。

《北京市人口与计划生育条例》

第十七条 提倡一对夫妻生育两个子女。生育两个以内子女的，按照国家有关规定实行生育登记服务制度。

……

《上海市人民代表大会常务委员会关于修改〈上海市人口与计划生育条例〉的决定》

一、将第二十三条修改为：提倡一对夫妻生育两个子女。

……

四、女职工在“三期”内违反劳动合同的约定或规章制度的，仍可以合法将其解雇

风险提示

女职工在“三期”（孕期、产期、哺乳期）内受劳动合同法的特殊保护，用人单位不得随意解除劳动合同。但劳动法对“三期”女职工的保护并非没有界限，如果“三期”女职工违反劳动合同中的约定或者公司的规章制度，也没有特殊的豁免权，用人单位可以解除与女职工的劳动合同关系而无须向其支付经济赔偿金。

以案说法

2016年7月11日，方某入职广州某服饰有限公司任商品主管。

双方签订有书面劳动合同和《试用期录用条件说明书》。《试用期录用条件说明书》中约定，方某同意在试用期内因非法定事由累计请事假超过2天或迟到超过3次，或者有旷工情况的，视为方某不符合试用期的录用条件，公司有权解除与方某的劳动合同。

方某入职服饰公司后，在试用期内迟到3次。公司在2016年12月6日向方某发出《终止试用期证明》，告知方某因为在试用期间迟到3次不符合转正条件，当天正式解雇方某，双方终止劳动合同。

公司通知方某解除劳动关系时，方某已经怀孕，所以方某认为自己是孕妇，公司的解雇行为是违法的，应当向她支付经济赔偿金。双方因为协商不成最终对簿公堂。

法院判决方某虽然怀孕但是因为在工作中违反了公司的试用期规定，公司开除方某是合法的，方某的迟到行为导致其不符合公司的录用条件，公司不用赔偿。

【判词摘录】①

1.《劳动合同法》第四十二条规定，女职工在孕期、产期、哺乳期的，用人单位不得依照该法第四十条、第四十一条的规定解除劳动合同。《劳动合同法》第三十九条规定，劳动者在试用期间被证明不符合录用条件的，用人单位可以解除劳动合同。因此，本案的争议焦点为公司以方某不符合试用期录用条件为由解除劳动合同是否合法，该公司在解除劳动合同时是否知晓方某怀孕并非本案的争议焦点。

2. 根据其考勤记录，其在 2016 年 9 月 10 日前有四次迟到，亦不符合广州某服饰有限公司的试用期录用条件。

证据指引

1. 劳动合同以及规章制度中关于可以合法解雇员工的具体规定

公司的劳动合同中应当明确可以合法解雇员工的严重违纪行为，也可以在规章制度中对可合法解雇员工的情形进行约定。涉及规章制度的制定问题，公司需要注意自己制定的制度不违反劳动合同法的禁止性规定，有关处罚性质的制度文件也需要有员工的签字确认，才能对员工具有约束力，保证规章制度的有效性。

2.“三期”女职工违纪事实的确认

公司不能随意将“三期”女职工开除，除非该女职工作出了违反劳动合同或规章制度中的严重违纪以致可开除的行为。所以公司在开除违纪的“三期”女职工之前，针对女职工的违纪行为要做好证据保存，确认违纪事实的存在。

① 广州市中级人民法院（2017）粤 01 民终 9272 号民事判决书。

法律依据

《劳动合同法》

第三十九条 劳动者有下列情形之一的，用人单位可以解除劳动合同：

（一）在试用期间被证明不符合录用条件的；

（二）严重违反用人单位的规章制度的；

（三）严重失职，营私舞弊，给用人单位造成重大损害的；

（四）劳动者同时与其他用人单位建立劳动关系，对完成本单位的工作任务造成严重影响，或者经用人单位提出，拒不改正的；

（五）因本法第二十六条第一款第一项规定的情形致使劳动合同无效的；

（六）被依法追究刑事责任的。

五、公司不得以末位淘汰制度解除与员工的劳动合同

风险提示

为了鼓励员工积极工作，公司会采取“优胜劣汰”的方法对员工进行管理。公司通过考核，将考核分数低的员工进行开除或调岗，以达到员工内部竞争的目的。

实际上，公司通过考核采取“末位淘汰”的方法管理员工有很大的法律风险，稍不注意就会导致违法行为的发生。很多公司管理者认为考核排在末位的员工不能胜任工作，但实际上，考核排在末位并不能与员工不能胜任工作直接挂钩，既然要考核排名，就自然有第一名也有最后一名，排在最后一名的，只是针对前面的员工而言能力稍欠缺，但并不代表他就不能胜任工作。因此，公司在进行“末位淘汰”时，不能简单地将排在末位的员工直接以“不能胜任工作”为由进行开除处理，有最高人民法院的法官专门提出了公司采取“优胜劣汰”方式的合法性操作方式：“并不是说‘末位淘汰’制度本身是违法的，关键要看是否以‘末位淘汰’为由来解除劳动合同。现实中，有的用人单位将处于末位者调离原岗位，或经过培训后仍然处于末位的，在劳动合同到期后不再与之续签，这种形式的‘末位淘汰’

就是合法的。”[①]

以案说法

王某在中某通讯公司从事销售工作。公司的《员工绩效管理办法》规定：员工半年、年度绩效考核分别为 S、A、C1、C2 四个等级，分别代表优秀、良好、价值观不符、业绩待改进；S、A、C（C1、C2）等级的比例分别为 20%、70%、10%；不胜任工作原则上考核为 C2。

2008 年下半年、2009 年上半年及 2010 年下半年，王某在公司的考核结果均为 C2。公司认为，王某不能胜任工作并对王某进行了调岗，调岗后公司仍然认为王某不能胜任工作，因此在向王某支付了一笔补偿金的情况下解除了与王某的劳动合同。王某认为公司属于违法解除劳动合同，应当支付经济赔偿金。

【判词摘录】[②]

中某通讯以王某不胜任工作，经转岗后仍然不胜任工作为由解除劳动关系，应对此负举证责任。根据《员工绩效管理办法》的规定，“C（C1、C2）考核等级的比例为 10%”，虽然王某曾经考核结果为 C2，但 C2 等级并不完全等同于“不胜任工作”。在中某通讯未能提交考核依据等有效证据的情况下，仅凭该限定考核等级比例的考核结果不能证明王某不能胜任工作的事实。

证据指引

1. 员工绩效管理办法中关于对末位员工的处理方法

公司的员工绩效管理办法中不能规定对考核处于末位的员工直接进行开除处理，但可以规定公司有权对末位员工进行岗位以及对应绩效奖金的调整。

---

① 杨心忠等:《劳动合同纠纷裁判精要与规则适用》，北京大学出版社 2014 年版，第 178–179 页。

② 最高人民法院第五批指导性案例第 18 号民事判决书、杭州市滨江区人民法院（2011）杭滨民初字第 885 号民事判决书。

2. 员工不能胜任工作的证据

考核处于末位并不能直接证明员工不能胜任工作，公司如果要证明员工不能胜任工作，需要有明确的证据，如员工犯错给公司造成损失的证据、公司管理层或人事部门负责人与该员工的谈话记录以及员工不能完成公司交付的合理工作任务等证据。

法律依据

《劳动合同法》

第三十九条 劳动者有下列情形之一的，用人单位可以解除劳动合同：

（一）在试用期间被证明不符合录用条件的；

（二）严重违反用人单位的规章制度的；

（三）严重失职，营私舞弊，给用人单位造成重大损害的；

（四）劳动者同时与其他用人单位建立劳动关系，对完成本单位的工作任务造成严重影响，或者经用人单位提出，拒不改正的；

（五）因本法第二十六条第一款第一项规定的情形致使劳动合同无效的；

（六）被依法追究刑事责任的。

第四十条 有下列情形之一的，用人单位提前三十日以书面形式通知劳动者本人或者额外支付劳动者一个月工资后，可以解除劳动合同：

……

（二）劳动者不能胜任工作，经过培训或者调整工作岗位，仍不能胜任工作的；

……

六、推定协商一致解除劳动合同的认定

风险提示

员工离职的原因，是公司是否需要向员工支付经济赔偿金或补偿金的重要依据。但在司法实践中，很多员工离职的案件中，员工和公司都没有办法证明员工的离职原因，劳资双方各说各话，使得法院难以判定责任。

有鉴于此，法院在审理员工离职纠纷案件时，如果员工和公司都没有办法证明员工的离职原因，法院通常会判决“视为用人单位提出且经双方协商一致解除劳动合同”。若被法院认定为双方协商一致解除劳动合同，公司需要向员工支付经济补偿金。所以对于公司来说，员工离职的原因很重要，公司应当在处理员工离职时固定证据，避免难以证明是出于员工的原因解除劳动合同而产生责任风险。

以案说法

黄某是标某汽车用品公司的普通工人。因为与公司产生纠纷，黄某在公司的最后工作日期为 2014 年 11 月 17 日。

黄某在离职后，以公司违法解除劳动合同为由提起诉讼，要求公司支付经济赔偿金。黄某称公司是口头通知对她进行解雇，而公司则否认口头开除黄某的事实，称黄某是自己旷工没来上班。双方均没有证据证明自己的主张。

【判词摘录】①

公司主张黄某因旷工按自动离职处理，黄某主张是公司口头通知其不用再上班，但双方就其各自主张均没有提交相关的证据予以证明……公司作为用人单位，有义务在员工没有回来上班的情况下，通知员工上班并告知员工不上班的法律后果，并且向工会汇报并据此解除双方的劳动关系。因此，对黄某的离职可视为公司提出且经双方协商一致解除劳动关系，公司应向黄某支付经济补偿金。

证据指引

1. 员工离职申请书

员工离职申请书是证明员工提出离职以及离职原因的重要证据。申请

① 广州市中级人民法院（2016）粤 01 民终 2773、2774 号民事判决书。

书由员工签名确认并由公司保存，对于出于个人原因离职的员工，建议公司要求员工在离职申请书上写明离职原因。

2. 限期返岗通知书

对于有的员工口头提出辞职却不再回公司办理离职手续的情况，公司不能就此认为员工已辞职，而需要要求员工回公司办理离职手续或交付离职确认书，如果员工不予配合，为避免日后无法证明员工的离职原因导致公司存在支付经济补偿金的风险，建议公司向该员工发出限期返岗通知书，要求员工在限定期限内回到公司上班（公司需注意给出的期限需合理），同时保留通知书的底稿和邮寄凭证，便于日后出现纠纷时用于举证。

法律依据

《劳动合同法》

第三十六条 用人单位与劳动者协商一致，可以解除劳动合同。

第四十六条 有下列情形之一的，用人单位应当向劳动者支付经济补偿：

……

（二）用人单位依照本法第三十六条规定向劳动者提出解除劳动合同并与劳动者协商一致解除劳动合同的；

……

第三节 劳动关系的终止

一、员工离职时企业应做好工资等费用的结算

风险提示

员工离职时，公司应当与员工结清工资以及相关费用。双方协商一致

解除劳动合同的，可能还会涉及双方协商确定的补偿金等费用。因为离职补偿费用的实际金额往往无法通过公式等方式明确算出（笔者在为企业提供法律顾问服务处理公司与员工协商解除劳动合同案件时，双方往往会通过“一口价”的形式确认最终的结算工资以及补偿等费用），所以员工离职时尤其是在双方协商一致解除劳动合同时结算的费用数额往往是通过双方协商确定，公司需要与员工签订一份离职确认书，列出结算的金额以及相关明细，同时要约定费用已结清双方不存在任何争议，以避免员工在离职后以费用未完全结清为由向公司主张其他费用。

以案说法

王某在某公司工作 3 年，后双方因产生劳动纠纷，通过协商解除劳动合同。

公司与王某商定，不管是经济补偿金还是工资、加班费等，一次性向王某支付款项 50000 元，王某嫌麻烦便同意了公司的决定。于是，双方签订了一份协商一致解除劳动合同的协议书，简单约定了在王某离职当日公司向王某支付补偿金 50000 元。

王某离职后，认为公司在他离职时支付的费用不足，遂提起劳动仲裁并举证证明自己离职前一年中多次加班的事实，要求公司补充支付加班费。公司认为其在王某离职时支付的 50000 元中已经包含了所有费用，并没有拖欠王某的加班费。

【律师评析】

公司与王某协商解除劳动合同，在签订解除协议时，应当明确约定公司支付的 50000 元包含了哪些项目。本案中，公司仅在协议中约定了向王某支付 50000 元补偿金，就意味着这 50000 元并不包括其他有可能涉及的未支付款项。王某有证据证明自己加班的事实，而公司在王某离职前没有对其结算加班费的，就需要向王某补充支付该笔费用。

证据指引

1. 员工离职时双方结算费用的文件

员工离职时公司应当与员工结清费用，避免费用没有结清而引发后续争议。当员工离职时，公司应当列清结算费用项目要求员工确认，必要时还需要让员工明确双方不存在未结清费用纠纷。

2. 协商一致解除劳动合同协议书中的离职补偿费用条款和兜底条款

针对公司与员工协商解除劳动合同的情形，公司往往会在协议中约定需要向员工支付的补偿费用。建议公司在协议中明确支付费用所包含的项目，注意要在列明的项目之前增加“包括但不限于”六个字（如包括但不限于经济补偿金、加班费、津贴）。同时，考虑到约定时所列项目有可能无法涵盖所有项目而导致纠纷的发生，公司可以在协议中设定兜底条款，明确约定员工在领取协议约定的费用后，双方不存在任何劳动纠纷，员工不得向劳动仲裁委员会和法院提起法律程序以及向劳动管理部门投诉。

法律依据

《劳动合同法》

第三十六条 用人单位与劳动者协商一致，可以解除劳动合同。

二、公司需要支付代通知金的情形

风险提示

笔者在为企业提供法律服务的过程中，常常有 HR 会提出问题：“我们公司打算和某员工协商一致解除劳动合同，除支付经济补偿金外，是不是还要提前一个月通知这个员工？如果不提前通知，到时公司是不是还要支付代通知金？”不少 HR 会在人力资源管理以及处理员工关系的过程中产生这个疑问，主要是因为没有弄清楚代通知金的支付条件，以至于会误以为只要没有提前 30 日通知就必须支付代通知金。

代通知金，是指在特定情形下用人单位在依法提出解除或终止劳动合同时未依法提前 30 日通知的，以给付一个月工资作为代替。根据《劳动合同法》第四十条的规定，用人单位不提前 30 日通知劳动者便与劳动者解除劳动合同时需要向劳动者支付代通知金的情形只有以下三种：（1）劳动者患病或者非因工负伤，在规定的医疗期满后不能从事原工作，也不能从事由用人单位另行安排的工作的。（2）劳动者不能胜任工作，经过培训或者调整工作岗位，仍不能胜任工作的。（3）劳动合同订立时所依据的客观情况发生重大变化，致使劳动合同无法履行，经用人单位与劳动者协商，未能就变更劳动合同内容达成协议的。

从《劳动合同法》第四十条可以知道，代通知金的适用范围很窄，只限于上面所提到的三种情形。但是，发生上述三种情况之一，公司提前 30 日通知劳动者解除劳动关系的，也无须向员工支付代通知金。像 HR 常问到的劳资双方协商一致解除劳动合同的情形，其实并不在公司应当支付代通知金的三种法定情形之内，所以公司无须向员工支付代通知金。

以案说法

刘某于 2017 年 11 月 1 日入职某信息科技公司，双方签订了期限为一年的劳动合同，期限从 2017 年 11 月 1 日至 2018 年 10 月 31 日。

2018 年 10 月 15 日，公司向刘某告知劳动合同到期后公司将不与其续签劳动合同。刘某认为自己的权利受到了损害，公司没有提前一个月告诉她不续签的事情，耽误了自己再找工作的时间。

于是，刘某提起劳动仲裁程序，她认为公司没有提前一个月通知不续签劳动合同事宜，应支付一个月工资作为代通知金。

【律师评析】

刘某的劳动合同到期公司决定不与其续签劳动合同，不属于法律规定的必须提前 30 日通知的情况，所以公司没有提前 30 日通知刘某，也不需要向她支付代通知金。

证据指引

公司提前30日解除劳动关系的证明

当出现《劳动合同法》第四十条规定的三种情形时，公司需要提前30日通知员工解除劳动合同，否则就需要额外支付一个月的工资作为代通知金。公司在履行通知义务时需要注意保存证据，在发生纠纷的时候需要提交能够证明自己已经提前30日通知员工的证明（如确认签收的信函、录音录像文件等）。

法律依据

《劳动合同法》

第四十条　有下列情形之一的，用人单位提前三十日以书面形式通知劳动者本人或者额外支付劳动者一个月工资后，可以解除劳动合同：

（一）劳动者患病或者非因工负伤，在规定的医疗期满后不能从事原工作，也不能从事由用人单位另行安排的工作的；

（二）劳动者不能胜任工作，经过培训或者调整工作岗位，仍不能胜任工作的；

（三）劳动合同订立时所依据的客观情况发生重大变化，致使劳动合同无法履行，经用人单位与劳动者协商，未能就变更劳动合同内容达成协议的。

三、劳动合同期满后劳动者仍在岗工作的法律风险

风险提示

根据《劳动合同法》第四十四条第（一）项的规定，劳动合同期满，公司和员工的劳动合同即终止。有的公司在员工的劳动合同期满后没有与员

工续签劳动合同但安排员工继续上班，公司误认为劳动合同期满继续用工等同于自动延续了原来的劳动合同内容。实际上，员工在劳动合同期满后仍留在公司继续上班的，视为旧的劳动合同期满，双方又建立了一个新的劳动合同关系，在新的劳动关系建立的情况下公司没有与员工签订书面劳动合同的，则面临支付双倍工资的风险。

以案说法

赵某在某信息技术公司工作，双方签订的劳动合同期限从 2015 年 6 月 1 日起至 2018 年 5 月 31 日止。

2018 年 6 月 1 日，赵某与公司的劳动合同已期满，但公司没有与赵某沟通是否续签劳动合同的问题，而赵某也在未与公司协商的情况下继续到公司工作。直到 2018 年 10 月，赵某因与公司产生纠纷而提出辞职，并称在 2018 年 6 月 1 日至离职双方没有签订书面的劳动合同，要求公司支付双倍工资差额。

【律师评析】

劳动合同期满，双方的劳动关系即终止。2018 年 6 月 1 日之后，赵某与公司本已不存在劳动关系，但是赵某继续在公司上班且公司没有提出异议，实际上双方从 2018 年 6 月 1 日开始存在了新的劳动关系，如果双方超过一个月没有签订新的书面劳动合同，那么公司就要从 2018 年 7 月 1 日起向赵某支付双倍工资。

证据指引

书面劳动合同

公司应汇总全体员工的劳动合同期限信息，每月通过查询掌握员工的劳动合同期限是否届满的情况，如果需要与员工续签劳动合同，要安排续签事宜，准备新的书面劳动合同。

法律依据

《劳动合同法》

第四十四条 有下列情形之一的，劳动合同终止：

（一）劳动合同期满的；

……

四、"长期两不找"的劳动关系认定

风险提示

所谓的"长期两不找"，是指员工某日突然不辞而别不来上班，公司也没有联络员工，两方于是不再联系，在这个时间段内，员工没有给公司提供过任何劳动，公司也没有给员工发放任何工资及福利待遇，但是公司一直没有正式与员工解除劳动关系。在这种情况下容易出现的问题是过了一段时间后，该名员工突然出现并要求回公司上班以及索要待岗期间的工资酬劳。

与本章第一节之五所述内容相似，员工不来上班一段时间后，公司没有向员工发出返岗通知并与员工正式解除劳动关系的，并不能简单地理解为员工自动辞职。目前的法律法规并没有针对这种"长期两不找"的行为应如何认定作出明确规定，但是司法实践中许多地方法院会认定双方的劳动合同从员工离开之日起即解除，但属于推定双方协商一致解除劳动合同的情形，公司要向员工支付经济补偿金。因此，当员工出现突然离开不辞而别的情形，公司应当催促其返岗并保留相关证据，证明自己已作出催促行为并在员工未按要求返岗后合法地解除与该员工的劳动合同，以免双方的劳动关系一直处于一种不确定的状态。

以案说法

于某是某纸盒厂的印刷工人。2017 年 6 月 1 日，工厂发现于某没有到工厂上班，打电话过去发现于某的手机关机，无法联系，工厂认为于某的行为属于自己辞职，也没有对这件事有过多关注。

2018 年 3 月，于某在春节假期后回到工厂要求上班，工厂认为于某从 2017 年 6 月起没有请假便不再上班，属于辞职，便不同意于某的上班要求。于某提起劳动仲裁要求裁决恢复自己与工厂的劳动关系。

【律师评析】

于某从 2017 年 6 月 1 日起便没有到工厂上班，也没有向工厂提出请假申请，在较长一段时期内工厂也没有正式与于某解除劳动合同。这种情况属于“长期两不找”，法院一般情况下会按照推定双方协商一致解除劳动合同的情况进行处理，认定双方的劳动合同在 2017 年 5 月 31 日解除，工厂需要按照于某的工作年限向于某支付经济补偿金。

证据指引

1. 限期返岗通知书

员工在没有请假、没有与公司沟通的情况下便长期不来上班，公司需要尝试用各种方法联系员工了解情况。公司如果放任这种“长期两不找”的情况发生，法院会认定劳资双方属于协商一致解除劳动合同，公司需要支付经济补偿金。公司应在员工不到岗的情况下发出限期返岗通知书，以证明不来上班属于员工的过错，即员工没有按照公司规定请假就不到岗上班。

2. 解除劳动合同的公告文件

针对长时间不返岗上班又无法联系的员工，公司应当尽快与员工终止劳动关系。公司向员工发出限期返岗通知书但没有得到回应的，公司可以考虑解除与该员工的劳动合同，以防止双方的劳动关系继续处于不确定的状态。考虑到员工不辞而别，公司无法正常联络员工，公司可以将解除劳动合同的文件张贴在公司的公告栏或工厂门外，笔者建议可以购买张贴公告当天的报纸，将报纸头版和公告一起张贴，以证明公告文件贴出的时间，虽然这样操作也有造假的可能性，但是在涉及纠纷的时候，法院还会针对是否存在高度盖然性进行判断，一般情况下如果公司证据材料充分，法院还是会采信公司所提出的主张的。

法律依据

《劳动合同法》

第三十九条 劳动者有下列情形之一的，用人单位可以解除劳动合同：

（一）在试用期间被证明不符合录用条件的；

（二）严重违反用人单位的规章制度的；

（三）严重失职，营私舞弊，给用人单位造成重大损害的；

（四）劳动者同时与其他用人单位建立劳动关系，对完成本单位的工作任务造成严重影响，或者经用人单位提出，拒不改正的；

（五）因本法第二十六条第一款第一项规定的情形致使劳动合同无效的；

（六）被依法追究刑事责任的。

第二十六条 下列劳动合同无效或者部分无效：

（一）以欺诈、胁迫的手段或者乘人之危，使对方在违背真实意思的情况下订立或者变更劳动合同的；

……

《北京市高级人民法院、北京市劳动争议仲裁委员会关于审理劳动争议案件法律适用问题研讨会会议纪要》

14. 劳动者长期未向用人单位提供劳动，用人单位也长期不再向劳动者支付劳动报酬等相关待遇，双方长期两不找的，可以认定此期间双方不享有和承担劳动法上的权利义务。

《上海市高级人民法院民一庭关于审理劳动争议案件若干问题的解答》

（十二）、劳动合同履行过程中，劳动者长期未提供正常劳动，用人单位又未依法解除劳动关系的，双方之间的关系如何认定？

答：劳动者长期不提供正常劳动，用人单位又未解除劳动关系的，可以认定双方劳动关系处于中止履行状态，中止履行期间用人单位和劳动者不存在劳动法上的权利义务关系。

《江苏省高级人民法院劳动争议案件审理指南（2010）》

（笔者注：第三章第二节二之4）劳动者长期未提供劳动，用人单位又未依法与其解除劳动关系，双方“长期两不找”，可以认定双方劳动关系处于中止履行状态，中止履行期间用人单位和劳动者不存在劳动法上的权利义务关系，也不计算为本单位工作年限。如此后一方当事人提出解除劳动关系，另一方因不同意解除而申请仲裁，法院经审查后如认为上述解除符合有关法律规定的，应当确认解除。

五、已达退休年龄或已享受基本养老保险的员工与公司的劳动关系终止

风险提示

已达退休年龄或者虽然没有到退休年龄但是已经开始享受基本养老保险的员工，属于已退休的劳动者。这两种情况下，员工与公司的劳动关系终止。如果上述员工继续在公司上班，双方建立的是劳务雇佣关系（详见本书第一章第三节之三）。

以案说法

许某于2008年9月9日与某服务公司签订了退休人员返聘协议，被公司派往服务的单位担任清洁员。许某当时已满51岁，已达退休年龄。

2010年6月，许某与某服务公司之间因岗位调整以及加班费结算等问题产生矛盾，许某提起法律程序要求公司支付加班费及违约金等共计5万余元。某服务公司认为许某是退休人员，双方不存在劳动关系，只是劳务雇佣关系，所以只需要按照返聘协议的约定向许某支付劳务费用即可，无须支付许某要求的加班费和违约金等费用。

【判词摘录】[①]

1.《劳动合同法》(2008 年 1 月 1 日实施)第四十四条规定:“有下列情形之一的,劳动合同终止:(一)劳动合同期满的;(二)劳动者开始依法享受基本养老保险待遇的……”《劳动合同法实施条例》(2008 年 9 月 3 日实施)第二十一条规定:“劳动者达到法定退休年龄的,劳动合同终止。”这说明退休是劳动者的法定权利,同时也意味着劳动者劳动权的终止。

2. 根据原劳动部《关于实行劳动合同制度若干问题的通知》第十三条规定,已享受养老保险待遇的离退休人员被再次聘用时,用人单位应与其签订书面协议,明确聘用期内的工作内容、报酬、医疗、劳保待遇等权利和义务。离退休人员聘用协议的解除不能依据《劳动法》第二十八条执行。因此,离退休人员被用人单位聘用或者被返聘回原单位不再签订劳动合同。被用人单位聘用或者被返聘回原单位的离退休人员,与用人单位或者原工作单位之间不存在劳动关系。

3. 据此,达到退休年龄的个人与其他用人单位建立用工关系的,不宜按劳动关系处理,应当按照雇佣关系处理。因此,自 2010 年 9 月 14 日起施行的《最高人民法院关于审理劳动争议案件适用法律若干问题的解释(三)》第七条规定:“用人单位与其招用的已经依法享受养老保险待遇或领取退休金的人员发生用工争议,向人民法院提起诉讼的,人民法院应当按劳务关系处理。”为此,《广东省高级人民法院、广东省劳动争议仲裁委员会关于审理劳动人事争议案件若干问题的座谈会纪要》〔粤高法发(2012)284 号〕第十一条规定:“用人单位招用已达到法定退休年龄但尚未享受基本养老保险待遇或领取退休金的劳动者,双方形成的用工关系按劳务关系处理。”

4. 本案起诉于 2010 年,因而应适用该相关规定……认定许某与公司之间的用工关系为劳务雇佣关系,是合理有据的。

① 广东省高级人民法院(2014)粤高法审监民提字第 55 号民事判决书。

证据指引

员工身份信息或已享受基本养老保险待遇相关证明文件

员工已达退休年龄或者未达退休年龄但已开始享受基本养老保险待遇的，公司与其不存在劳动关系，双方形成的用工关系按照劳务关系处理。公司若想避免承担与劳动关系相关的义务，则需要证明员工已在法律上无法与公司建立劳动关系，员工的身份信息中的年龄或已享受基本养老保险待遇的相关文件资料是重要的证明材料。

法律依据

《劳动合同法》

第四十四条 有下列情形之一的，劳动合同终止：

（一）劳动合同期满的；

（二）劳动者开始依法享受基本养老保险待遇的；

（三）劳动者死亡，或者被人民法院宣告死亡或者宣告失踪的；

（四）用人单位被依法宣告破产的；

（五）用人单位被吊销营业执照、责令关闭、撤销或者用人单位决定提前解散的；

（六）法律、行政法规规定的其他情形。

《最高人民法院关于审理劳动争议案件适用法律若干问题的解释（三）》

第七条 用人单位与其招用的已经依法享受养老保险待遇或领取退休金的人员发生用工争议，向人民法院提起诉讼的，人民法院应当按劳务关系处理。

《广东省高级人民法院、广东省劳动争议仲裁委员会关于审理劳动人事争议案件若干问题的座谈会纪要》

11. 用人单位招用已达到法定退休年龄但尚未享受基本养老保险待遇或领取退休金的劳动者，双方形成的用工关系按劳务关系处理。

《广东省高级人民法院、广东省劳动人事争议仲裁委员会关于劳动人事争议仲裁与诉讼衔接若干意见》

十六、劳动者达到法定退休年龄或者已经享受基本养老保险待遇的，劳动关系终止。劳动者所受伤害如被社会保险行政部门认定为工伤，劳动者要求用工单位参照《广东省工伤保险条例》规定的工伤保险待遇支付有关费用的，应予支持，但不包括一次性就业补助金。

《人力资源社会保障部关于执行〈工伤保险条例〉若干问题的意见（二）》

二、达到或超过法定退休年龄，但未办理退休手续或者未依法享受城镇职工基本养老保险待遇，继续在原用人单位工作期间受到事故伤害或患职业病的，用人单位依法承担工伤保险责任。

用人单位招用已经达到、超过法定退休年龄或已经领取城镇职工基本养老保险待遇的人员，在用工期间因工作原因受到事故伤害或患职业病的，如招用单位已按项目参保等方式为其缴纳工伤保险费的，应适用《工伤保险条例》。

《浙江省高级人民法院民事审判第一庭、浙江省劳动人事争议仲裁院关于审理劳动争议案件若干问题的解答（二）》

十四、超过法定退休年龄的劳动者在工作中受事故伤害或者患职业病，其向聘用单位主张工伤保险待遇的，应否支持？

答：劳动者超过法定退休年龄，仍接受单位聘用的，其与聘用单位之间构成劳务关系，劳动者因工伤亡或者患职业病而向聘用单位主张工伤保险待遇的，不予支持。但劳动者尚未享受基本养老保险待遇或者领取退休金，且聘用单位已为其缴纳工伤保险费的，其工伤保险待遇应予支持。

《上海市高级人民法院关于适用〈劳动合同法〉若干问题的意见》

十六、如何看待“退休年龄”和“依法享受基本养老保险待遇”作为终止劳动合同的依据的关系

《劳动合同法》第四十四条规定，劳动者开始依法享受基本养老保险待遇的劳动合同终止，而《实施条例》第二十一条规定，劳动者达到退休年龄的劳动合同终止。用人单位依据前述规定，均可以终止劳动合同。

图书在版编目(CIP)数据

HR高效解决方案：法律风险防范与证据指引／张扬著．—北京：中国法制出版社，2019.5

ISBN 978-7-5216-0211-1

Ⅰ.①H… Ⅱ.①张… Ⅲ.①人力资源管理—法律—风险分析—中国 Ⅳ.①D920.4

中国版本图书馆CIP数据核字(2019)第084978号

责任编辑：王佩琳(wangpeilin@zgfzs.com) 熊林林　　封面设计：李　宁

HR高效解决方案：法律风险防范与证据指引

HR GAOXIAO JIEJUE FANGAN：FALÜ FENGXIAN FANGFAN YU ZHENGJU ZHIYIN

著者／张　扬

经销／新华书店

印刷／三河市国英印务有限公司

开本／710毫米×1000毫米 16开　　印张／17.5 字数／251千

版次／2019年5月第1版　　2019年5月第1次印刷

中国法制出版社出版

书号 ISBN 978-7-5216-0211-1　　定价：68.00元

北京西单横二条2号 邮政编码 100031　　传真：010-66031119

网址：http://www.zgfzs.com　　**编辑部电话：010-66038139**

市场营销部电话：010-66033393　　**邮购部电话：010-66033288**

(如有印装质量问题，请与本社印务部联系调换。电话：010-66032926)